하나님이냐, 돈이냐

Business as Mission

하나님이냐 돈이냐
Business as Mission

초판 1쇄 인쇄 2019년 2월 28일
초판 1쇄 발행 2019년 2월 28일

지 은 이   백바울
펴 낸 이   이경호
편   집   변태순
디 자 인   studio 마음씀

펴 낸 곳   신덕학사
출판등록   제 2017-000012호
주   소   경기도 양평군 양동면 윗고슬길 46번길 5
전   화   (031) 912-1018
이 메 일   keiholee@empal.com

ISBN 979-11-960853-1-5-03230
값 16,000원

이 도서의 국립중앙도서관 출판예정도서목록(CIP)은 서지정보유통지원시스템 홈페이지(http://seoji.nl.go.kr)와
국가자료공동목록시스템(http://www.nl.go.kr/kolisnet)에서 이용하실 수 있습니다.(CIP제어번호: CIP2019003816)

하나님이냐

BUSINESS AS MISSION

돈이냐

백바울 지음

잔디학사

신경규 박사
고신대학교 교수, 선교목회대학원장

비즈니스 선교에 관한 백바울 선교사님의 책이 출간됨을 진심으로 축하 드리며 감사를 드립니다. 타 문화권에서 극적으로 예수님을 인격적으로 만난 후, 그 곳 머물며 비즈니스 선교를 실천해 오시면서 겪으신 일들을 지속적으로 기도하고 말씀으로 조명하면서 어떻게 비즈니스와 일상 속에서 예수 그리스도를 증거 할 지를 고민하면서 살아오신 내용과 비즈니스 선교에 관한 실제와 이론이 책에 고스란히 녹아 들어있습니다.

그리스도인들은 복음을 '증거'해야 할 뿐만 아니라 삶과 비즈니스 속에서 복음을 '증명'해야 합니다. 그런 면에서 비즈니스 선교는 결코 쉬운 일이 아닙니다. 한국의 그리스도인들, 아니 세계의 거의 모든 그리스도인들은 삶을 통해 복음을 증명하는 일에 어려움을 겪고 있습니다. 그렇다고 피할 수 있는 일도 결코 아닙니다. 교회에서 하는 일은 거룩하고 일상적인 비즈니스와 삶은 덜 거룩하거나 마귀적이라는 이원론적인 사고를 가지고 있는 한국의 상황에서 '비즈니스 선교'를 말한다는 것이 결코 쉬운 일이 아닙니다. 그러나 이러한 사고는 전혀 성경적이지 않으며 때로는 악마적이기까지 합니다. 남아공 케이프타운에서 열린 제 3차 로잔 복음주의 대회에서도 분명히 밝혔듯이 이러한 이원론은 대단히 잘못되었고 비 성경적입니다. 이런 사고를 극복하지 않으면 그리스도인들은 끊임없이 세상 속에서 갈등하며 지낼 수밖에 없을 것입니다. 바라기는 백 선교사님의 책이 이러한 이원론을 극복하는 데에 좋은 길잡이가 되기를 소망합니다.

비즈니스 선교는 이론으로만 되는 것도 아니고 이론이 없어서도 안 됩니다. 한 편으로는 비즈니스(context) 속에 있으면서 다른 한 편으로는 끊임없이 말씀(text) 속에 그 삶과 비즈니스를 반추해 보아야 합니다. 그런 면에서 백 선교사님은 당신의 비즈니스와 삶을 끊임없이 말씀에서 점검하시는 삶을 사셨고, 그리하여 대단히 영향력 있는 삶을 살아오신 분입니다. 실제로 백 선교사님은 선교학 교과서와 같은 Missiology의 대표 저자이신 John Mark Terry박사로 부터 선교학을 지도 받고 연구하였기에 성경적이면서도 신학적으로도 탄탄한 기반을 지니신 분으로 비즈니스와 그 삶을 신학적으로도 조명하실 수 있는 탁월한 실력자이시기도 합니다. 바라기는 이 책을 통해 비즈니스 선교의 열정이 조용하면서도 강렬하게, 깊이 있으면서도 지속적으로 계속되는 계기가 되기를 바랍니다.

Dr. John Mark Terry

『선교학(Missiology)』 대표저자

『바울의 선교 방법들(Paul's Missionary Method)』 저자

Mid-America 침례교 신학대학 선교학 교수

　1974년 랄프윈터는 전세계의 복음주의 리더들에게 세계를 복음화의 비율에 따라 모든 민족을 구분하여 선교 전략을 세울 것을 제안했습니다. 그 결과 많은 선교단체들이 미전도 종족(UPGs)에 대하여 연구하기 시작하였습니다. 전세계 인구의 약 90%에 달하는 미전도종족이 선교사들에게 비자를 허가하지 않는 나라에서 살고 있다는 사실을 발견하게 되었습니다.

　접근이 제한된 국가에서 미전도종족을 전도하겠다는 선교지도자들의 의지는 선교사들을 그곳에 배치하는 것에 대하여 창의적으로 생각하도록 만들었습니다. 접근제한국가에 대해 합법적으로 선교사를 배치 할 방법을 찾기 시작했습니다. 선교단체들이 고안해 낸 첫번째 방법은 비 거주 선교사입니다. 이 접근방식을 통해 선교사는 우호적인 나라에 거주하면서 주변의 접근이 제한 된 나라들을 드나 들 수 있었습니다. 하지만 선교사들의 빈번한 이동에 따르는 고비용과 (그들과 함께 지낼 수 없는 환경에 따라) 이렇게 드나들며 사역하기에는 복음화와 제자화의 한계를 발견하게 되었습니다.

　자연스럽게 다른 방법에 눈을 돌리게 되었습니다. 그들은 "플랫폼" 개

발에 힘썼습니다. 이 플랫폼은 선교사들이 접근제한국가에서 합법적으로 거주할 수 있는 방법을 말합니다. 선교단체가 만든 플랫폼은 외국인들만 수학이 가능한 대학에서 공부하거나, 제2외국어로써 영어를 가르치는 것, 그리고 지역사회 개발에 참여하는 것이었습니다. 하지만 얼마 가지 않아 선교사들이 이와 같은 플랫폼을 사용하고 있음이 노출되게 되어 더 이상 유효하지 않게 되었습니다.

플랫폼의 폐쇄로 인해 선교리더들은 다시 새로운 접근 방식을 찾게 되었습니다. 이런 배경에서 Business as Mission은 창의적 지역에 접근하기 위해 선교의 새로운 대안이 되었습니다.

아이러니한 사실은 기독교 선교의 시작부터 선교사들은 Business as Mission을 해왔다는 것 입니다. 사도바울은 텐트메이커로써 자신과 팀의 사역을 도왔습니다. (사도행전 18:1-4) 사도 바울과 같이 오늘날 일부 선교사들은 Business as Mission을 통해 자비량사역을 하고 있습니다. 어떤 선교사들은 Business as Mission을 통해 접근제한국가의 문을 여는 플랫폼으로 사용하고 있습니다. 최근 몇 년 동안 기독교 사업가들은 Business as Mission을 세계 빈곤층을 돕는 방법으로 사용하기 시작했습니다.

백바울 형제는 Business as Mission을 알리기 위해 이 책을 출간하였습니다. 백바울 형제는 이 책을 쓰기에 독특한 이력을 가진 적임자 입니다. 그는 성공한 사업가입니다. 아울러 백바울 형제는 침례교 신학대학에서 선교학을 연구했으며, 많은 선교 단체의 컨설턴트로 일해왔습니다. 나는 Business as Mission이 현대 선교에 어떻게 활용될 수 있는지를 이해하고자 하는 모든 이에게 이 책을 추천합니다.

In 1974 Ralph Winter challenged the leaders of world evangelicalism to identify and evangelize all the people groups of the world. As a result, many missions agencies began research efforts to identify the world's Unreached People Groups (UPGs). They discovered that about 90 percent of the UPGs are located in nations that do not grant visas to missionaries.

The determination to evangelize UPGs in those restricted access countries motivated mission leaders to think creatively about placing missionaries in those nations. They sought legal ways to place missionaries in restricted access countries. The first solution they developed was the non-residential missionary approach. Using this approach, missionaries lived in "friendly" countries and traveled in and out closed nations; however, the frequent travel proved expensive, and evangelizing and discipling proved difficult, with the missionaries going in and out.

Eventually, mission leaders tried another approach. They worked to develop "platforms." A platform is a legal reason for a missionary to live in a restricted access country. The platforms established by missions agencies included: studying at a foreign university, teaching English as a second language, and community development. After awhile, the governments of the restricted access countries discovered that missionaries were using these "platforms, and they closed them.

The shutdowns of the platforms prompted mission administrators to seek a fresh approach. Thus, Business as Mission became the new "platform of choice." This fact is ironic because missionaries have used Business as Mission since the beginning of Christian missions. The

Apostle Paul sometimes supported himself and his team by working as a tentmaker (Acts 18:1-4). Like the Apostle Paul, today some missionaries support themselves financially through Business as Missions. Other missionaries use Business as Mission as a platform to gain entrance to a closed country. In recent years Christian businessmen have begun to use Business as Mission as a way to bless people who live in poverty around the world.

Paul Baek has written this book to promote the use of Business as Mission. He is uniquely qualified to write this book. He is a successful businessman. He has studied missions at the Baptist Seminary, and he has served as a consultant to many missions agencies. I recommend this book to all who seek to understand how Business as Mission can be used in contemporary missions.

이대행
선교한국 상임위원장

이 책은 예수를 주로 고백하는 하나님의 백성들이 자신의 삶을 돌아보고 전진할 수 있도록 돕는다. 세상에 보내심 받은 자의 정체성과 목적을 발견하고 능동적으로 이해하고 참여하도록 친절하게 안내하고 그 길을 갈 때의 가치가 담겨있다. 전략적 논리와 신학에 국한되지 않고, 저자의 삶의 여정을 통해 일하신 하나님의 실재로 증거하고 있어 재미와 흥미가 넘치기도 하나님의 승리에 대한 통쾌함을 함께 누리게 한다. 또한 저자가 고민하는 과제에 대한 공감도 높아진다. 저자는 이미 위대함을 선택하라는 전작을 통해 BAM에 대한 논지를 흥미롭게 풀어낸 바 있다. 전작을 읽었다면 이 책은 보다 더 정선된 고민과 적용에 대한 저자의 발전을 엿보게 한다. 전작에 대한 이해를 전제하지 않아도 BAM에 대한 흥미로운 이야기로 책을 열게 하며, 한국적 상황의 BAM에 대한 지난 15년간의 발전과정 설명에 독자를 향한 친절함을 발휘한다. 새로운 전략과 개념이 소개될 때 발생할 수 있는 오해와 갈등에 대한 부분도 BAM이 피해갈 수 없음을 직면하여 다룬다. 저자는 하나님 백성으로 이 세상을 살아갈 때, 그 일은 흥미롭게 능동적으로 감당할 수 있으며 그 영역이 다양하다는 점을 자연스럽게 동의하게 한다. 그리스도인의 발길에 닿는 모든 곳에서 하나님 나라의 가치와 영향력이 드러나길 소망하는 저자의 도전과 간증, 깊은 고민과 하나님 나라에 대한 열정이 배어 있다. 열정만 있고 온전한 방향성이 부재해서는 안되고, 방향성이 있으되 열정이 없는 기형적 섬김도 안된다고 강조한다. 하나님 나라를 향한 열정과 세상의 흐름에 대한 분별력을 가진 방향성의 중요성을 독자들이 발견하기 소망하는 저자의 고민과 통찰이 곳곳에 스며있다. BAM에 대한 이해와 접근은 재정적 측면의 지원의 감소와 선교지의 상황변화로 이해하기 보다는 새로운 환경을 열어 가시며 교회의 능동적 대처를 기대하시는 하나님의 마음을 이해하는 가운데 진행될 필요가 있다. 현재까지 주류로 이해되었던 선교 사역은 19세기-20세기의 환경, 즉 식민주의 시대, 교통의 발달로 이동이 가능, 종교권이 비교적 선명한 단계에서 이루어졌다. 21세기는 세계화, 자본의 시대, 자본이 인간성을 말살하는 시대, 인구이동으로 인해 종교적,문화적, 인종적 장벽이 무너지는 가운데 인류 모두가 어떤 형태로든 연관될 수 밖에 없고 자본이 지배하는 새로운 단절이 가속화되는 환경이다. 이에 비즈니스는 중요한 접촉점이자 관계망이 될 수 있다. 사람을 중심으로 하는 비즈니스는 유일하게 기독교적 세계관을 가진 이들에게만 가능한 영역이고 또 능동적으로 자본의 논리와 세계관을 넘어선 인간에 대한 하나님의 관점을 반영해야만 한다. 저자의 깊은 고민이 담겨 있는 이 책을 읽게 된다면 하나님의 관점에서 21세기를 이해하는 BAM 천리길의 한 걸음이 시작될 것이다. 일독을 강추 한다.

최근봉
세계 한인 선교사협의회(KWMF) 대표회장, 중앙아시아 연구소장

선교현장의 BAM은 생물生物 이다. 시시각각 끊임없이 변하는 비즈니스 환경에 대해 성경적인 원칙과 적용이 필요하기 때문이다. 그간 내가 지켜본 한국의 BAM의 이해는 강의들과 한국의 성공한 사례들에 지나치게 쏠려 있는 것은 아쉬움이었다.

선교현장에서 사역하는 나로서는 BAM은 원리와 적용이 선명해야 한다는 것을 강조하고 싶다. 원리는 세계관과 원칙의 문제이고, 적용은 현장의 다양한 성공과 실패의 사례들을 두고 말한다. 전쟁보다 더 심한 각축전이 계속되는 비즈니스 세계를 꿰뚫고, 성경의 통찰력과 적용 두 영역을 다루고 있는 책이 이 책이다. BAM을 제대로 이해하게 만드는 길라잡이 역할을 할 책으로 일독을 권한다.

앤드류 김
William Carey International University 교수
Global Connections for Advancement 대표

현대 선교에서 비지니스 선교 (BAM)는 선교의 새로운 대안으로 그 중요성이 커지고 있다. 현장 사역자로서 아쉬운 것은 BAM에 대해 이야기하는 분들이 많이 계시지만 BAM에 대해 실제적 방향성을 제시할 수 있는 분들이 의외로 찾아보기 어렵다는 것이다. 백바울 선생은 닫혀진 나라의 한 도시에서 창업을 하여 젊은이들과 어울려 살아가면서 비지니스 영역과 선교를 통섭적으로 연결하기 위해 온 몸으로 씨름한 분이다.

우리가 백바울 선생을 주목하는 이유는 그가 이 시대에 찾아 보기 힘든 실천적 BAM 실천가라는 것과 '비지니스 현장에 하나님의 나라를 접목하기 위해 끊임없이 고민하고 씨름하는 Reflective Practitioner'라는 점 때문이다. 이 책을 통해 이 시대를 향한 하나님의 마음을 만나고, 비지니스가 이윤 창출을 넘어 하나님의 선교 도구로 온전하고 거룩하게 쓰임 받는 변혁이 일어나길 기도한다.

진용삼
Global Partner(GP선교회) 한국대표

백바울 선교사님의 글과 강의는 한 초점에 집중된다. 하나님의 존전 앞에서 예배 하듯이 우리의 매일의 삶이, 일터가 그렇게 하나님 앞에서 진행되어야 한다는 것이다. BAM이 선교 유행처럼 피었다가 사라지지 않기 위해서는, 본인이 선교현장에서 경험하였고, 지금도 많은 젊은 후 배들과 한국 교회를 깨우듯이, 돈이냐 하나님이냐의 선택을 근본적으로 하라는 것이다. 백선교사님의 강의와 글에 그의 삶과 철학 그리고 늦게 하나님을 만나면서 갖게 된 열정이 농축되어 오늘의 선교계와 한국 교 회에 제 3의 길을 제시하고 있다. 누군가에게는 부담스러울 수 있지만, 그의 삶의 여정을 짧게나마 지켜보고 경험하였던 나로서는 백선교사 부 부에게 지속적인 격려와 지지를 보내고 또한 그의 사역과 삶을 위해 오 늘도 기도하는 바이다. 하나님의 모든 성도들에게, 필자의 소중한 글들 을 기도하는 마음으로 정독할 것을 권한다.

Bryan Chun

CEO of New Creation Engineering & Builders, Inc (California, USA)

Founder of YOU ARE ABLE Ministry

Jesus ministered in the marketplace, so as followers of Christ, we should too. Not only did He call us into the marketplace, He also wants us to be the salt and the light by living out our faith as His ambassadors. It is a holy calling because He is holy!

God is increasingly using Business As Mission(BAM) as a new paradigm for global missions, and there is a growing number of Christians who are showing interest in BAM. This book is written from a man who not only wrestled with the idea of BAM, but also has been practicing BAM for many years. I highly recommended this book to those who desire to know more about Business As Mission.

예수님은 인간들의 일터에서 일을 하셨기에 그의 길을 따르는 우리도 당연히 그렇게 살아야 합니다. 예수님께서는 우리를 단지 일터로 부르신 것만이 아니라 그 곳에서 하늘나라의 대사로 소금과 빛의 역할을 감당하도록 부르셨습니다. 이는 거룩한 부르심 입니다. 왜냐하면 우리를 부르신 예수님은 거룩한 분이시기 때문입니다.

하나님은 세계 선교를 위해 Business As Mission(BAM)을 새로운 패러다임으로 점점 더 사용하시며, BAM에 대하여 관심을 갖는 사람들의 숫자도 늘어가고 있습니다. 이 책은 백바울 선생이 BAM에 관련한 생각들과 씨름한 이론들 뿐 아니라 오랜 기간을 손수 실천한 이야기를 적은 기록입니다. 이 책을 BAM에 대하여 더 많이 알기를 원하는 모든 분들이 읽으시기를 강력히 추천합니다.

정 대권 박사

항공대학교 전자공학과 교수, 평안교회 장로

"한 사람이 잠에서 깨어 잠자리에 들 때까지 모든 행위는 넓은 의미로서의 비즈니스가 아닌 것이 없기에 삶이 곧 비즈니스이고 선교적 삶이 곧 Business As Mission 인 것이다."

대사명을 위임 받은 지역교회와 성도들의 선교의 열정이 식어감에 선교전문가들과 선교단체들은 위기의식을 느끼며 선교의 새로운 돌파구로 여겨지는 듯한 BAM이 몇 년간 활발히 논의되어 왔으나, 여전히 BAM은 정의에 머물러 있고 구체적 액션 플랜이 없어 아직도 일부 몇 교회를 제외하고는 지역 교회에 접점을 찾지 못하고 있다. BAM의 이해에 있어서도 개인이나 기관들은 BAM을 통해 Business 와 Mission 을 동시에 성공적으로 가져가려는 Business and Mission 의 두 마리 토끼를 쫓는 형국이 되어 가고 있는 듯하다.

이즈음, 지속가능성 포기와 insider buy-out의 공동체 확립과 핵심가치 재생산 및 배증이라는 백 선교사의 BAM개념은 이론적인 연구가 아닌 BAM 실천가의 삶을 살아낸 경험에서 얻어 냈기에, 기존의 서구 BAM이 이익, 유지 가능성, 선한 영향력이라는 각각의 핵심가치들을 단순히 연결하는 개념을 넘어선다. "BAM은 하나의 선교 운동을 넘어 모든 선교 운동의 종착역이 되어야 한다"는 그의 주장은 매우 현실적일 뿐 아니라 감동적으로 압도된다. 이 책이 BAM이 새롭게 이해되고 구체적으로 실천되는 매뉴얼 역할로 충분하길 기대한다.

강석하

화평교회 장로, FOM(Friends of Missionaries)대표

이 책은 백바울 선교사의 20여년에 걸쳐 살아 온 BAM실천가로서의 삶 전체가 농축된 내용으로 청년, 선교사 그리고 모든 성도들에게 Business As Mission을 알기 쉽게 풀어 낸 책이다.

선교적 삶의 최후의 목표를 예수의 제자의 재생산(Reproduction)과 배증(Multiplication)으로 설정한 백바울의 다짐은 BAM의 핵심 가치들에 대한 재조명과 반성을 불러 일으킨다.

한국교회의 선교의 열정이 다시 살아나가 위해서도 모든 성도들이 한번을 읽어야 할 책으로 권한다.

차례

20여 년을 이 길을 걸어오면서 느낀 바가 있다.

경영학적 지식이 풍부한 사람들은 타 문화권(Cross-cultural setting) 특히 복음에 적대적인 이른바 창의적 지역에서 비즈니스(business)와 선교(missions)가 분리될 수 없는 하나임에 대한 상상력의 한계를 보인다. 한편, 이런 지역에서 선교(missions)에 오랫동안 머무는 선교사들은 전통적인 선교 그러니까 제자훈련, 교회 개척, 보육원, 양로원과 같은 긍휼 사역 이외의 선교 방법론에 대하여 닫혀있는 경향이 있다. 영혼의 구원이라는 프레임은 이제 현지 사람들이 던지는 질문인 "구원 이후의 삶"에 대하여 침묵할 수밖에 없다. 후방의 교회는 비즈니스(business)와 선교(missions)의 직접 경험과 깊은 이해가 부족하기에 Business As Mission을 거룩함의 선교와 Money business의 혼합 내지는 타협으로 본다.

포스트모더니즘의 가장 큰 영향권에 들어가 있는 청년들에게 기독교 세계관에 대한 이해는 턱없이 부족하거나 화석화된 지식의 파편에 불과하다. 오히려 기독교 밖의 지성에 의해 옳고 그름을 판단하고 삶의 지표를 설정한다. 이들에게 선교(Mission and missions)는 공허한 구호이며 가까이 가고 싶지 않은 다른 세계의 삶이다.

Business As Mission은 이러한 환경의 한 가운데 서 있다.

이 책은 하나님의 선교라는 거대한 모자이크의 모퉁이에 'Business As Mission'이라는 보일 듯 말 듯 한 크기의 한 조각의 삶을 배경으로 한 느낌을 기록한 책이다. 따라서 학문적으로 기댈만한 내용보다는 어떻게 한 사람을 통해 하나님께서 함께하시며 하나님의 나라를 세우시고 넓혀 가시는지에 대한 관점으로 읽으면 좋겠다. 이 책이 읽히기를 기대하는 대상은 나와 같은 성도들이다. 오늘날 교회 안의 성도들은 '평신도'라는 이름으로 갇혀있다. '평신도'는 성도였다. 성도라는 이름으로 그리스도인은 모두가 하나였다. '예수를 주(Jesus is Lord!)'라고 고백을 한 성도들이 '교회(Body of Christ)'였고 이들이 모인 공동체를 '교회(Ecclesia)'라고 불렀다. 교회는 잘 조직된 군대의 모습이 아니라 연약한 모습의 종, 노예, 천한 신분이 대부분이었던 사람들의 공동체였다.
전쟁이 없는 평화의 시대에는 육군, 공군, 해군, 해병대와 같이 구별을 한다. 각 군대는 땅에서, 바다에서, 하늘에서 각자의 임무를 성공적으로 완수하기 위해 훈련을 한다. 훈련의 방법도 다르고, 잠자는 시간도 다르고, 복장 또한 다르다. 하지만 전쟁이 시작되면 육군, 공군, 해군, 해병대가 아니라 국군이다. 각 군의 사령관도 합동참모본부 의장의 지휘를 받는다. 지금은 평화의 시대가 아니라 삶의 모든 영역에서 영적 전투가 치열한 전쟁의 한 중간에 있다. 교회의 목회자, 장로, 권사, 선교사, 성도의 구별이 의미가 없는 시대에 우리는 살고 있다. 우리는 모두 하나님 나라의 군인이어야 하고 우리의 유일한 지휘관은 예수 그리스도시요 성령님 한 분이어야 한다.

전투에는 지고 이기는 일이 일상이겠지만 전쟁에는 오직 승리가 목표다.

그동안 '선교'라는 이름으로 많은 전략이 드러나고 사라졌다.

- 10/40 Windows
- 미전도 종족 선교 운동
- 북방 선교 운동
- 백 투 예루살렘 운동

이러한 대업을 이루고자 동원된 전략, 자원, 시간의 결과는 예상하지 못했던 모습으로 우리 앞에 다가왔다. 2만 명이 넘게 외국으로 보내어진 선교사들의 피와 땀의 헌신의 결과는 대부분의 나라에서 우호적이기보다는 추방이라는 적대적 반응으로 돌아왔다. 왜 그럴까? 목숨까지 내어 주겠다는 각오로 사역지의 사람들을 섬겼는데 왜 그들은 우리를 내보내려고 할까? 밖에서는 선교사들이 추방당하고 한국의 교회들의 상황은 더욱더 절망적이다.

교회를 떠나는 성도들 특히, 젊은이들에게 교회는 더이상 진리의 등대가 아니다. 일자리를 찾지 못하고 하루하루 소망을 잃어버리고 살아가는 젊은이들이 넘친다.

교회와 선교의 위기를 말하기는 하지만 위기에 적절한 대응을 하고 있는지 의문이다. 미전도 종족에게 복음을 전해야 한다고 하면서 왜 그들이 주종족인 나라들에는 하나님의 일군들이 보이지 않을까? 복음에 적

대적인 지역보다는 비교적 안전하고 복음전파의 자유가 어느 정도 보장
된 나라들에서는 선교사들을 만나기가 왜 어렵지 않은 것일까?

왜 아직도 세례와 성만찬의 이슈로 어렵게 일구고 세워진 사역지를 떠나
신학교에서 목사 안수를 받으려는 사람들이 생겨날까? 포탄이 머리 위로
지나다니고 옆의 동료가 피 흘리며 쓰러지고 밤을 새워 진지를 지켜 내기
에도 벅찬 전쟁터에서 취사병 외에는 밥을 지을 수 없는가? 파편에 맞아
죽어가는 전우에게 응급처치는 자격증을 갖춘 의사만이 해야 할 일인가?
이런 일들은 누구나 가능해야 하지 않을까?
왜 세례를 외국인인 우리가 주어야 하는가? 그들에 의해 세례와 성만찬
이 이어져야 하지 않을까?

선교적 삶은 꼬리에 꼬리를 무는 의문투성이의 삶이다. 아무도 대답을 해
줄 수 없는 질문이고 이 질문들에 대하여는 오직 내가 나에게 답을 해야
한다. 그 해답들의 힌트는 물론 그분으로부터 오게 되지만……

성령의 역사는 지금도 계속되고 있다.
우리는 성령의 역사의 한 가운데 살고 있다.
오순절 다락방의 성령 역사는 아주 오래된 2천 년 전의 전해지는 성경
의 이야기가 아니라 오늘 우리 곁에서 생생하게 펼쳐지는 현재진행형의
역사다.
답은 다시 기도와 말씀으로 돌아가는 것이다.

"오직 성령이 임하시면 너희가 권능을 받고…"

성령의 임재 없이 행해지는 선교 운동은 소모적이고 지속할 수 없다. 오직 성령이 임하시면 언제 어디서 무엇을 하며 살아도 영혼의 구원이 일어나고 구원받은 백성들은 '예수가 주!'라는 고백을 삶에서 예배로 드려지게 된다.

일용할 양식 이외에 넘치게 주시는 그 무엇은 나눔을 위함이다.
젖과 꿀이 흐르는 가나안 땅을 이스라엘 백성에게 허락하신 이유는 그곳의 고아와 과부를 돌보기 위함이었다.
나눔을 꿈꾸며 지금도 나눔의 삶을 사는 사람들에게 신실하신 하나님께서는 우리에게 하신 약속을 지키시며 살아 계심을 증명하고 계신다.

> 먼저 하나님의 나라와 의를 구하라. 그리하면 이 모든 것(마시고,
> 먹고, 입을 것)들을 우리에게 더하여 주시리라. (마태복음 6:33)

이 책에서 인용한 내용 이외에 혹시 내가 주장하는 것처럼 읽히는 주제가 있다면 그건 온전하게 나의 '주관적' 생각이다. 물론 나의 주관적 해석과 판단은 일반화가 가능하다는 신념은 있다. 하나님께서 함께하시는 삶은 매우 독특하게 우리의 삶에 들어오기도 하고 보편적으로도 그렇다. 그리고 순환적이다.
'선교'는 교회나 선교단체 또는 선교사만의 전유물일 수 없다. 선교는

교회의 존재 이유다. 선교가 교회의 존재 이유라면 그리고 우리 모두가 '선교적 삶'으로 부르심을 받았다면 우리의 모든 생각은 '선교' 또는 '선교적 삶이란 무엇인가?'로부터 시작해야 한다.

이 책의 생각 대부분은 하나님께로부터 온 것이고 먼저 믿음의 삶을 살아가신 선배들이 남겨 준 생각을 받은 것이다. 온전히 내 것은 없다는 것을 고백한다.

2002년 2월 3일, 내가 다시 태어나던 날부터 지금까지 그리고 2015년 5월 2일 쓰러져 사경을 헤매던 날부터 지금까지 내 곁을 지키며 동지로, 멘토로, 스승으로 그리고 가정의 주인으로 함께 한 아내(김선식), 아버지가 하는 일을 위해 기도하겠다며 모순투성이의 나를 인정해 준 딸(다미)에게 먼저 이 책을 바친다. 선교학을 지도해 주신 Dr. John Mark Terry, 앞서 이 길을 걸어가신 많은 선교사님께 경의를 표한다. 이경호 대표의 채근이 없었으면 아직도 원고를 미루고 있었을 것이다. 감사한 친구에게 다시 한번 감사를 전한다.

양평, 고송리 골짜기에서
2018년이 저물어가는 만추의 하루
백바울

1. Why Business As Mission?

네 하나님 여호와를 기억하라 그가 네게
재물 얻을 능력을 주셨음이라

Remember the LORD your God, for
it is he who gives you the ability to
produce wealth

신명기서 8장 18절

Why Business As Mission?

사례-1

20년 전부터 교회로부터 후원받고 선교단체에서 파송 받은 선교사. 그가 일하고 있는 곳은 유럽에서도 가장 가난한 나라에 속해있다.

교회 개척이라는 20년 전의 목표만을 위해 앞만 보고 달려왔다. 그래서 여럿의 현지교회를 개척하고 현지인 제자들을 양육해서 교회의 지도자로 세웠다. 개척된 교회의 예배당을 짓고 비품을 채우고 이제 그 교회들도 제법 모습을 갖춰가고 성도들이 채워져 간다.

눈물과 땀으로 뿌려진 씨앗이 열매를 맺는 시기에 온 듯하다. 하지만 이렇게 세워진 현지교회들과 사역자들의 재정자립이 눈앞의 문제로 다가왔다. 선교사가 받는 후원으로는 개척된 현지교회를 돕는 일은 너무 벅차다. 그동안 자신의 후원금을 쪼개어 현지인 사역자들과 나눠 썼지만 이제 그의 자녀들도 고등학생, 대학생이 되어 더는 그럴 여력이 없다.

그런 A선교사는 동료 선교사로부터 'Business As Mission'이라는 말을 듣고 Business As Mission 해외 창업학교인 JES(Jubilee Entrepreneurship School)를 찾아왔다. JES-2기 훈련을 거쳐 전혀 비즈니스 경험이 없던 그가 사업을 시작하여 이제 BAM Practitioner로 열심이다. 그가 일으킨 사업은 현지 사역자들의 일이 되었고 사역자들이 일하는 모습으로 성도들 앞에 서게 되었다. 그 지역의 사람들, 특히 비즈니스가 아니면 만날 수 없었던 사람들을 거의 매일 자유롭게 만날 수 있다. 이제 '어떻게 다가가야 할 것인가?'라는 고민은 사라졌다. 대신 만나서 '어떻게 삶을 통해 그리스도의 영광을 드러낼 것인가?'라는 새로운 고민이 시작되었다.

전통적인 선교사에서 BAM사역자로의 변혁의 사례다.

사례-2

33세 청년B, 기독교 대학에서 공연영상학과를 전공했다.

대학 졸업 후 케이블TV의 PD로 사회에 첫발을 내디뎠다.

밤과 낮이 없는 고된 일, '갑과 을' 사이에서의 갈등들, 세속적인 리더십에 의한 가치관의 충돌 등. 짧은 기간 동안 청년은 교회와 기독교 밖의 세상의 참모습을 보게 되었고 매일 계속되는 밤샘 근무에 건강을 해치게 되고 결국 사직을 한다. 집안사람들 가운데 회교권 선교사로 가 있는 친지의 권유로 가족과 함께 이주를 결심한다. 당시 외동딸 아이는 2살.

그 역시 중동에서 개최된 BAM창업 학교에 왔다. 그리고 Business As Mission을 통한 영상 선교의 가능성을 발견했다.

마음에 품고 있던 '영상을 통한 선교'의 첫발을 내디뎠고 그의 첫 작품이 '2014년 대한민국 기독영화제'에서 금상을 받는다.

2015년, 회교권이며 창의적 접근 지역* 으로 구분되는 나라에서 Business As Mission기업의 창업을 위해 분주한 나날을 보내고 있다.

사례-3

북미 출신 형제 부부,

북미주 국가에서 공대를 졸업했다. 가족은 아내와 자녀 둘이다.

2014년 초, 한국의 아동복 제품을 미주와 캐나다에 판매하는 온라인 쇼핑몰을 창업했다.

2015년 3월, 'BAM기업'이라고 알려진 아동복 회사 사장과의 계약 내용의 이견과 정직성의 문제를 놓고 고민하던 중, 이 사업의 한계를 느끼고 폐업했다. 보기 좋게 망한 사례가 되었다. BAM기업이란 어떤 모습이어야 하는지에 대한 실제적인 고민을 하게 되었다.

현재, 자신이 가장 잘할 수 있는 영역의 일 가운데 하나를 선택하여 새로운 사업을 준비하고 있다.

이 사업은 정말 매력 있는 사업이다. 잘 될 것 같다는 생각이 든다. 촉이 좋다. 이들 부부의 마음에 품은 국가는 회교국이다.

사례-4

D는 37세의 영국 청년이다.

대만 선교사였던 부모님을 따라 회교국인 현재 살고 있는 나라를 방문했던 1996년 이후, 그 나라의 원주민들의 친구가 되어 지금껏 사역을 이어오고 있다. 말레이어를 주로 사용하는 외국인 선교사들과 달리 원주민언어에 능통하다. 조상 대대로 생업의 터전으로 이어오던 땅(Traditional land)을 벌목꾼과

---

* 창의적 접근지역(Creative Access Area)는 세계 인구의 2/3정도를 차지하는 나라로서 복음에 적대적이며 교회를 제한하는 정부의 통치아래 있는 나라를 의미한다.

협잡한 정부관리들에 의해 빼앗기고 점점 설 자리를 잃어가는 원주민들. 이들 원주민의 주 수입원은 코코아, 채집된 고무, 수공예품, 바나나와 같은 자연으로부터 얻는 수확 품이다. 이들의 물품을 사러 정글로 들어오는 무역상들은 싼값에 이들의 물건을 사들이고 비싼 값에 공산품을 팔아 이중, 삼중의 이익을 챙기고 있다. 이런 원주민들을 향한 불공정한 경제구조에 맞서 저렴하게 공산품을 사게 해주고 그들의 물품을 팔아주는 비즈니스를 시작했다. 신앙 공동체가 경제 공동체로 확장되고 있다. 안정된 이익을 주던 사업이 중단하게 된 위기에 처한 무역상들의 반발과 모함, 중상모략, 그리고 공격이 이어진다. Business As Mission이 영역의 전쟁터가 되는 현장을 보고 있다. 영적 싸움이 혼자가 아닌 공동체의 싸움이기에 교회의 중요성을 실감하고 있는 D는 얼떨결에 시작한 비즈니스를 유지하고 새로운 상품을 개발하여 소비자를 찾아 나섰다. D에게 사역과 비즈니스는 일상의 연속이고 이음새가 없는 하루의 일과가 되었다.

사례-5

디아스포라 성도

국내 재벌기업의 현지법인 사장으로 발령받아 간 나라에서 2002년 2월 3일 인격적으로 주님을 만났다. 그 다음날부터 그동안 만나던 비즈니스 파트너들과의 인연을 이어가면서 문화 사역을 시작하고 2009년에는 중, 고등학교 재단을 설립하여 개교하고 이듬해인 2010년에 초등학교를 개교한다. 이 학교는 현재 500여 명의 재학생이 있으며 그 나라의 명문 기독교 사립학교로 명성이 높다. 특이한 점은 이 학교가 세워진 후 2018년까지 모두 6개 도시에 같은 초, 중고등학교가 세워졌다. 40여 년을 폐교 상태에 있던 건물들, 교사와 학생이 한 명도 없는 상태에서 건물을 고치고 교사를 채용하고 학생을 모집하는 일 모두를 50일 만에 마치고 개교하는 가운데 이 일에 협력하던 현지 사업가들(훗날 이들 모두가 학교의 이사들이 되었다)이 하나님의 권능을 함께 보는 증인들이 되었다. 이 학교가 세워 지면서 전국 각지에 폐교로 남겨졌던 학교 6곳이 2018년 현재 다시 세워져 개교했다. Business As Mission을 통한 재생산(Reproduction)과 배증(Multiplication)의 사례로 소개되고 있다.

사례들의 의미_ 1. 독특성(Uniqueness)

앞서 소개한 한국 BAM의 사례들은 Business As Mission이라는 개념이 한국에 소개되기 이전에 이미 다양한 삶의 현장에서 발견되었다는 점이다. 이 점은 서구 또는 서구적 BAM운동이 지향하는 이론 위주, 내지는 이론 우위의 구조와는 사뭇 다르다. 사례 가운데 사례-1과 사례-2는 BAM 창업의 훈련과정을 거쳤지만, 그 이전에 그들은 BAM의 토양 위에 이미 살고 있었다는 점이다.

이러한 한국 BAM의 사례의 표본 수가 늘어나서 이를 이론화할 이유가 있을까?

사례들의 공통점 가운데 특이한 점은 각 Business model이 그들의 경험이나 지식과 같은 Knowledge base에 기초하고 있지 않다는 점이다. 사례자들은 창업의 업종과 전혀 다른 삶의 배경을 갖고 있었다. 목사, 선교사였고, 영상을 전공한 프로듀서였으며 화학공학 배경의 국제 영업사원이었다.

사례는 독특하고 특별하다. 독특하고 특별함은 사례의 중심에 계시는 하나님 때문이다.

사례들의 의미_ 2. 보편성(Universality)

성경의 이야기는 우리의 이야기가 된다.

아브라함의 하나님이 나의 하나님이다.

선교적 삶의 주체는 하나님이시고, 하나님의 인도하심에 대한 우리의 마지막 반응은 '순종'이다.

선교적 삶이란 좋아하는 일, 하고 싶은 일을 하는 것이 아니고 해야만 하는 일을 하는 것이다.

하나님의 나라는 돈으로 세워질 수 없다. 하지만 돈 없이는 가능하지 않다는 이중적 현실이 우리를 늘 따라다닌다. 매일 매일의 삶은 "하나님이냐 돈이냐?"라는 질문으로 이어지지만 주어진 일을 마친 후에 늘 고백되는 말씀은 "먼저 하나님의 나라와 의를 구하면 마시고 먹고 입을 것을 더하여 주신다"라는 말씀이다.

Business As Mission이라는 이름으로 드러나는 사례들의 범위는 다양하다. 선교사, 청년 그리고 디아스포라 한인들을 포함하며 외국인의 사례도 있다.

BAM 사례는 독특함과 함께 보편성을 지닌다. 독특함은 하나님의 임재의 증거이며 보편성은 선교의 하나님께서 일하심의 증거가 된다. BAM의 사례연구는 몇 가지 중요한 요소들에 대하여 집중한다. 하지만 사례의 연구에서 종종 무시되거나 배제되는 요소들은 뜻밖에도 '성공적 사업'이라던가 '놀라운 이익'과 같이 우리에게 익숙한 단어들이다.

Business As Mission은 이렇게 우리가 생각하는 것보다 훨씬 크고 넓은 영역의 이야기인데 Mats Tunehag은 Business As Mission의 영역을 12가지의 예를 들며 BAM이 '창의적 지역에 접근'이나 '이윤 창출' 그리고 더 나아가 '기업의 사회적 책임, Corporate Social Responsibility(CSR)'을 넘어서는 가치를 지닌다고 강조한다.

BAM의 영역_ 1. 정의로서의 비즈니스(Business as Justice) : 하나님은 정의를 사랑하고 불의를 미워하신다. 하나님께서 선지자와 예언자들을 이 땅에 보내신 이유는 불의를 고발하고 불의 한 일들을 정의로 바꾸기 위함이시다. 정의가 세워지는 곳이 비즈니스 현장이다.

BAM의 영역_ 2. 참 종교로서의 비즈니스 (Business as True Religion) : 진정한 예배는 고아와 과부를 돌보는 것이다. (야고보서 1:27) 누군가가 비즈니스를 통하여 고아와 과부들에게 장래의 희망을 갖게 해준다면, 그들에게 일할 기회를 제공하고 그들 자신의 수입으로 홀로 설 수 있게 된다면 그 비즈니스야말로 참 종교이다.

BAM의 영역_ 3. 평화로서의 비즈니스 (Business as Shalom) : '샬롬'은 성서적 개념으로 선하고 조화로운 관계들을 뜻한다. 하지만 하나님과 우리의 관계가 우리의 죄로 인하여 깨지고 망가졌다. 이 깨어진 관계를 다시 세우시고 예수 그리스도가 오셨다. 비즈니스는 직원, 동료, 고객, 의뢰인, 공급자, 가족, 공동체, 세무서 등의 관계들로 얽혀있다. 비즈니스를 통해 이런 관계 가운데 샬롬을 다시 세울 수 있지 않을까?

BAM의 영역_ 4. 청지기로서의 비즈니스 (Business as Stewardship) : '청지기'는 샬롬과 더불어 성서적 개념으로 매우 중요하다. 비즈니스 현장 또는 우리의 소유와 관련하여 우리에게 청지기란 무엇을 의미하나? 하나님으로부터 창조적으로 기업을 세울 수 있는 자질과 능력을 받은 사람들이 있다. 이러한 창업의 능력은 판매나 장부 정리를 잘하는 재능과 같다. 비즈니스를 통하여 자신의 재능과 능력을 발휘할 수 있도록 서로 격려해야 한다.

BAM의 영역_ 5. 섬김의 리더십으로서의 비즈니스 (Business as Servant Leadership) : 예수님께서는 섬기러 오셨다. 예수님은 섬김의 리더십의 좋은 사례이다. 많은 책이 예수님의 섬김의 리더십을 주제로 섬김의 리더십의 중요성과 관련하여 소개하고 있다. 섬김의 리더십은 말 그대로 쉬운 일이 아니다.

비즈니스의 상황 속에서 어떻게 주님과 같이 사람들을 섬길 것인가를 고민해야 한다. 산업에 따라 그리고 문화에 따라 상황은 다르겠지만 핵심적 원리는 사람과 공동체와 민족, 그리고 하나님을 섬긴다는 원칙에 있다.

BAM의 영역_ 6. 인간의 존엄성으로서의 비즈니스 (Business as Human Dignity) : 각 사람은 하나님의 형상을 따라 창조되었다. 우리는 모두 창조주와 관련한 존엄성과 가치를 지닌다. 하나님께서는 우리를 창조적으로 만드셨고 우리의 재창조를 통해 다른 이들에게 유익을 줄 수 있도록 우리를 만드셨다. 실업자가 되는 것은 죄가 아니지만 일할 기회를 얻지 못하고 아울러 가족을 부양할 능력을 잃게 된 것 그 자체가 인간의 죄로 인한 결과이다. 존엄성의 상실이다. 이런 사람들에게 일을 하게 하고 직업을 제공하고 존엄성을 회복하게 하는 일이 거룩한 일이다.

BAM의 영역_ **7. 화해로서의 비즈니스 (Business as Reconciliation) :** 사도바울은 그리스도인들은 화해의 도구라고 말한다. 세상에는 깨어진 관계, 이해의 충돌이 늘 있다. 인종과 종교 사이의 긴장과 폭동도 보게 된다. 비즈니스맨이 화해의 장을 만들 수 있지 않을까? 사업가들이 갈라진 인종과 종교 사이에서 화해의 다리의 역할을 할 수 있지 않을까? 인도네시아에는 오랜 역사를 지닌 심각한 갈등이 무슬림과 기독교인 사이에 있었다. 하지만 중국계 그리스도인 사업가들이 인종 간, 종교 간의 관계 사이에 있는 이러한 문제들을 '정의, 청지기, 샬롬, 섬김의 리더십' 등의 원칙을 통하여 변화를 끌어내는 것을 보았다. 하나님의 대사로서, 화해자로서의 비즈니스를 할 수 있다.

BAM의 영역_ **8. 창조물 돌봄의 비즈니스 (Business as Creation Care) :** 하나님께서는 세상을 창조하시면서 매일 평가를 하셨는데 이를테면 창조물에 대하여 품질관리를 한 셈이다. 창조물에 대한 하나님의 평가는"보기 좋았더라"이었다. 아울러 하나님께선 그의 창조물에 대한 청지기역할을 우리에게 맡기셨다. 이처럼 비즈니스를 통해 우리의 생산품들이 만들어질 때 우리가 기뻐할 수 있어야 하며 그 생산품 또는 서비스들이 사람들에게 유익해야 한다. 환경친화적 비즈니스의 중요성은 경제적 (이윤), 사회적(사람), 그리고 환경적(지구) 영역에서 모두 유익함을 포함한다.

BAM의 영역_ 9. 이웃사랑으로의 비즈니스 (Business as Loving Your Neighbor) : 하나님 사랑에 이은 두 번째 영적 의무는'이웃사랑'이다. 비즈니스는 사람을 섬기고 아울러 사람들의 다양한 요구에 맞출 수 있다. 예를 들면 '실업(unemployment)'은 영양결핍, 기아, 노숙, 인신매매, 질병, 치료기회 상실 등에 더하여 부채와 범죄의 원인이 된다. 따라서 비즈니스를 통해 일자리를 만들어 주는 일은 이러한 원인을 예방할 수 있게 된다. 따라서 CSR(Corporate Social Responsibility, 기업의 사회적 책무)는 새로운 것이 아니며 성경적 원리에 기초한다.

BAM의 영역_ 10. '대 사명'으로의 비즈니스 (Business as Great Commission) : 하나님 사랑, 이웃사랑 그리고 이은 세 번째 성경의 명령은 모든 민족과 나라들을 향한 원심추진력이자 BAM운동의 주요주제인 '대 사명'이다. 어떻게 비즈니스를 통해 성령 충만함을 받아"예루살렘과 유다와 사마리아와 땅끝까지" 복음을 전할 수 있을까? BAM은 비즈니스를 통해 예수 그리스도를 따르는 삶인데 특별히 경제, 사회 그리고 영적으로 어둡고 도움이 필요한 곳이 관심 영역이다. 이런 이유로 BAM은 CSR+이며 이런 차원의 일들은 선택적이지 않다. 우리는 민족들 가운데서 하나님의 나라가 임하는 것을 보여주어야 한다. 이것이 대 사명의 수행자로서 비즈니스다.

BAM의 영역_ 11. 교회로서의 비즈니스 (Business as Body of Christ) : 신부, 목사와 같은 성직자가 교회에서 일하듯이 구두 수선공, 대장장이, 농부도 일터에서 일한다. 그 모든 일터를 통해 얻은 이득으로 다른 사람들에게 봉사할 수 있어야 하며 공동체 구성원 모두가 서로에게 도움이 되면서 영적, 육체적 유익을 나눠야 한다.

BAM의 영역_ 12. 하나님께 영광을 돌리기 위한 비즈니스 (Business as Glorifying God) : BAM은 Business as Mission의 약어다. 또 다른 약어가 있는데 AMDG 즉, 'Ad Maiorem Dei Gloriam'의 첫머리를 따온 약어인데 "하나님의 더 큰 영광을 위하여!"라는 뜻이다. 이 세상에서 하나님의 더 큰 영광을 더 높이 올려드리기 위한 비즈니스가 되어야 한다.*

왜 Business As Mission이 이 시대에 주목받게 되었을까?

Business As Mission이 세계 선교전략으로 주목받고 있지만 실은 새로운 전략은 아니다. 우리의 믿음의 선조들은 삶 자체가 비즈니스였고 비즈니스의 현장인 일터가 곧 믿음의 터전이며 전도의 현장이고 선교지였다.

Business As Mission이 주목받는다는 것은 Business 현장에서 선교적 삶을 사는 것 자체가 주목 받는 세상이라는 반증이기도 하다.

선교지 비즈니스 현장은 이익을 놓고 치열하게 만나는 곳이다. 아울러 이익은 한 번뿐 아니라 지속해서 내야만 회사가 유지될 수 있다. 이 역시 다른 비즈니스와 다른 점이 없다. 하지만 추구하는 목표(이익)가 같으니 충돌의 강도도 매우 강한 곳이 비즈니스 현장이다. 이런 일터에서 이익보다 더 귀한 것, 값진 것이 있음을 보여주는 것은 그 자리에 있는 사람들에게는 충격으로 받아들여진다. 이익을 의도적으로 희생하는 모

---

* Business as Mission is bigger than you think, Mats Tunehag, January 2013

습에서 사람들은 우리의 삶을 궁금해한다. 궁금하게 여기는 사람들은 관계가 이어지고 깊어지게 되면 질문을 던진다. 복음 그리고 선교적 삶에 대하여 질문하고 대답하고…… 이렇게 관계는 더 깊어지고 가까워진다. 집안의 작은 일부터 큰 문제까지 이야기하기 시작한다. 점점 더 인격적 관계로 발전하게 된다. 이러한 삶이 Business As Mission의 과정이다.

사업을 통해 만나게 된 사람들이 하나님 나라라는 공동의 가치를 발견하고 삶의 여정에서 싸인 역량을 다음 세대를 위한 학교설립으로 모으게 된 사건이 사례-5의 이야기다.

Business As Mission은 영혼의 구원이라는 영적 세계와 먹고, 마시고, 입을 것의 핵심인 돈에 대한 올바른 열정과 방향성을 요구받는다.

바울은 자신의 선택 기준을 명확하게 갖고 있었으며 이를 본받으라고 떳떳하게 교회에 권하고 있다.

> "그러므로 내가 달음질하기(Passion)를 향방(Direction) 없는 것 같이
> 아니하고 싸우기를 허공을 치는 것 같이 아니하여"
> (고린도전서 9:26)

열정과 더불어 중요한 것이 방향성이며 방향과 함께 꼭 붙어가야 할 것이 열정이다. 그런데 바울은 이 열정에 대하여 우리에게 매우 중요한 제시를 한다. 이 열정은 믿는 우리 가운데 발휘되고 뛰어남을 보여야 하기도 하지만 세상 속에서 실력을 발휘해야 한다는 점이다.

"유대인에게나 헬라인에게나 하나님의 교회에나 거치는 자가 되지 말고 나와 같이 모든 일 모든 사람을 기쁘게 하여 나의 유익을 구치 아니하고 많은 사람의 유익을 구하여 저희로 구원을 얻게 하라"

(고린도전서 10:32-33)

이런 바울의 삶은 어느 특정 장소나 지역에서 머물지 않고 그의 발길이 닿는 모든 곳에서 영향력을 발휘한 것이다.

그렇다면 이 말씀을 적용해야 할 곳은 현대적 의미에서 어디일까?

일터이고 사업장이며 가정이다. 일터와 가정에서 이루어져야 할 일이다. 내가 일하는 모습을 가족에게 보여줄 수 있고 일하는 동료들에게 내 가족을 떳떳하게 자랑스럽게 소개할 수 있는가? 그리하여 저희로 구원을 얻게 할 삶을 사는가? 이 질문이 현대 그리스도인에게 핵심이 되는 질문이며 이 질문에 답을 할 수 있어야 한다. 그렇기에 비즈니스 현장은 영적 전투의 현장이다.

사람들은 먹고, 마시고, 입을 것의 근원인 이익을 확보하기 위하여 상대방의 행복과 이윤까지도 탐내고 내 것으로 채우려고 한다. 내 것으로 채운다는 의미에서 진정한 우상은 돈이 아니라 실은 우리 자신이다.

Business는 이익을 지속해서 창출해야만 한다.

'Missional Life'는 나눔을 기본으로 한다. 이익 창출과 나눔이 하나가 되어야 한다. 비즈니스를 통해 계속하여 이익을 내기 위해서는 지혜와 함께 실력이 요구된다. 신앙적 열심만으로 되지 않는다. 신앙적 열정이 자신의 분야에서 증명되어야 한다. 쉽지 않은 일이다.

비즈니스와 마찬가지로 선교가 지속성을 유지하지 못하고 나눔이라는 가치에 머물게 될 때, 역사 속으로 사라진 많은 선교회처럼 화석화를 피할 수 없다. 지속해서 이익을 내지 못하는 기독인 개개인의 경쟁력은 장래에 한국선교의 큰 어려움을 가져오게 할 것이다. 취직 못 하는 젊은이들, 사업에서 뒤처지는 기독교인들, 생명력을 보여주지 못하는 교회들. 아울러 나눔을 멀리하고 창출된 이익을 개인이나 집단의 부로 축적되기 시작하면서 Mission은 그저 쌓인 이익 일부를 나누는 선심처럼 되면서 믿음에서 멀어지게 된다. 이 시대에 우리 그리스도인의 이웃사랑의 가장 확실한 실천은 일자리를 만들어 주는 것이다.

16, 17세기에 거의 모든 땅은 가톨릭 교도들의 소유였다. 그 들의 부는 계속 쌓여만 갔다. 하지만 19세기에 들어서면서 비즈니스에 종사하는 사람들의 90%가 개신교도였다. 땅이 없으니 상공업에 열심을 다 할 수밖에 없었던 셈이다. 이 당시 Theodore Parker 목사 같은 이는 "직업으로 비즈니스를 선택한 사람은 영적 성장의 기회에서 소외되었다고 걱정할 필요가 없다. 왜냐하면, 비즈니스에서 영적인 것과 물질적인 것이 하나가 되었기 때문이다"라고 말하면서 "19세기의 성자는 훌륭한 상인이다"라고 했다.* 왜냐하면, 개신교도들은 비즈니스의 성장의 열매인 이익을 나누었기 때문이다.

비단 미국의 경우만이 아니다. 영국의 퀘이커 교도였던 ROWNTREE라

---

* 김상신, 개신교가 미국자본주의에 끼친 영향

는 회사가 사회에 끼친 영향력은 지금까지 우리가 누리고 있는 혜택의 근원이었다.[*]

> 1891 종업원복지전담 직원 배치
> 1904 종업원복지전담 직원이 7명으로 늘어남.
> 이 숫자는 전체부서장의 숫자
> 1904 종업원의 건강관리를 위한 의사와 치과의사 배치
> 1906 종업원 연금제도의 정착
> 1918 유급휴일 제도의 도입

불과 100년 전에는 BAM practitioner가 세상에 일자리를 제공하고 세상에 유익을 주었다. 이러한 일은 이익의 포기 없이는 불가능하다. 이익의 선제적 포기는 "모든 것이 하나님의 것이다." 라는 신앙고백이 없이는 불가능하며 이 신앙고백은 하나님의 임재가 없이는 가능하지 않다. 이 고백은 체험적으로 만나는 하나님과의 인격적인 관계를 통해 알게 되는 하나님을 아는 지식이 없이는 불가능하다.

이렇게 성경의 가르침과 믿음의 선배들은 우리가 비즈니스 현장에서 어떻게 살아야 하며 돈에 대하여 어떤 자세를 가져야 할지를 보여주고 있다. 이렇게 삶 속에서 복음의 능력을 드러내며 예수의 사랑을 실천했던 선교적 삶이 우리 가운데 잊혀 가고 있었다.

다시 주목받는 Business as Mission(BAM)

1950년에 인구 천 만명 이상의 도시(메가시티)는 83개에 불과 했는데

---

[*]   Bridget Adams & Manoj Raithatha,Building the Kingdom Through Business

2007년에 이르러는 메가시티의 숫자가 468개에 이르게 되었다. UN의 인구통계 예측에 따르면 2030년에는 50억의 인구가 도시에서 살게 될 것이라 한다.(미래의 메가시티, Forbes.com 2007-06-11)

세계 총인구에서 기독교인의 인구는 완만하게 증가할 것으로 보이는데 1970년대 33.2%에서 2000년 중반에는 32.4%로 감소했다가 2014년 중에는 다시 33%대를 회복하고 2025년에는 33.7%로 증가를 예상한다.[*]

서구 선교는 도시화와 세계화라는 큰 흐름을 통해 닫혔던 세계가 열리는 것을 보게 되었고 열린 곳들이 예전과 같이 선교사를 환영하지 않는다는 달라진 미션의 의미를 비즈니스와 연결하려는 중요한 시도가 두 번이 있었다.

첫 번째는 2002년에 캐나다의 Regent 대학에서 진행되었던 Kingdom business forum이었고, 2003-2004년까지 진행되어서 태국에서 정리되었던 로잔운동본부의 BAM 글로벌 싱크탱크였다. 로잔운동본부의 BAM 싱크탱크(이하 BMTT)는 2004년과 2013년 두 번에 걸친 글로벌 미팅을 통해 BAM의 성서적 근거를 제시하였으며 특히 2013년 태국 치앙마이 BAM대회에서는 국가별 BAM보고서를 채택하고 출간하였다. (리포트를 보려면 http://bamthinktank.org를 참조하라)

1990년대부터 논의가 시작되었던 서구선교의 BAM운동에 비해 한국 선교의 BAM운동은 2007년 상해 한인연합교회에서 시작되어 2013년

---

[*] Status of Global Mission,Gordon-Conwell Theological Seminary,2014

부터는 서울에서 열리게 된 International Business Alliance Forum (IBA)으로 이어지고 있다. 앞서 소개한 한국 선교 25년의 역사도 짧지만 한국의 산업화 역사 또한 짧기에 어쩌면 당연한 일이겠다.

한국 Business As Mission 운동-서구의 영향을 받음

Business As Mission이 주목받게 된 가장 큰 이유는 돈(선교 재정)을 상징하는 'Business'와 '선교(Mission)'를 동시에 품는 용어였다. 여기에 한국 선교의 물적, 인적 자원의 급격한 감소로 영향을 받는 교회들의 상황이 아니었을까?

쉬운 말로 표현한다면 '돈도 벌고 선교도 한다?'

BAM이 한국 선교에서 주목 받게 된 다른 이유를 꼽자면 그럴 때가 되었기 때문이다. 한국 선교는 이슈에 따라 움직였다. '쏠림 현상'이라고 부를 수도 있겠다.

- 미전도 종족(Unreached People Group) 선교 운동
- 10/40 Window
- 북방 선교

이러한 선교 운동은 복음을 중심으로 개종을 목표로 한다. 그동안 한국 선교는 교회개척(CPM-Church Planting Movement)이 중심적 가치이고 목표였으며 모든 자원이 여기에 집중되었다. 사례 1과 같이 교회는 개척되어 세워지고 개척된 현지 교회의 리더들도 세워졌다. 교회는 성도들로 가득 채워지는 놀라운 선교의 결실을 보게 되었다. 그러나 '그 다음은?' 이 질문은 구원 이후 이어지는 삶에 대하여 아무런 대안이 없

던 한국인 선교사가 스스로 던졌던 질문이며 한국 교회와 선교회에 드리고 싶은 질문이다.

한국 선교는 서구 선교 운동을 열심히 따라간 역사라고 해도 지나치지 않다. 서구의 선교 이론을 비판의 과정이 생략된 채 무분별하게 이슈가 선도하는 분위기에 편승해 왔다. 여기서 '분위기'라 함은 실제로 선교 운동들이 지향하는 목적에 가까이 가지도 못했다는 뜻이다. 미전도 종족 운동이 왜 지금은 시들해진 것일까? 이유는 간단하다. 미전도 종족의 규정이 서구적 시각에 의해서 정해졌으며 그럼에도 미전도 종족의 나라에 선교사를 보내는 일에 그리 열정적이지 않았기 때문이다. 미전도 종족의 나라들의 특징은 선교사를 환영하지 않는다. 환영하지 않은 나라에 '선교사'라는 이름으로 진입할 통로는 원천적으로 봉쇄되어 있다.

쇠퇴는 현상 유지의 결과이기도 하다.
'아무려면 어때' 또는 '지금 이대로'의 관성의 법칙이 선교 운동에 깊이 자리하고 있다. 얼마 전 동방교회 역사 연구회 참석차, 키르기스스탄을 방문하여 유적지를 돌아보는 중에도 이런 현상이 적나라하게 보였다. 며칠을 함께 다니던 관광버스의 좌석이 아무도 정해 주지 않았음에도 늘 모든 사람이 같은 자리에 앉았다. 하루도 아니고 일정이 마칠 때까지 단 한 사람도 다른 자리에 앉을 생각을 하지 않는 듯했다.
선교 운동이 이렇듯 선교에 깊은 이해를 갖지 않거나 무관심한 절대다수의 성도들을 대상으로 하고 있고 아무도 방향성의 오류에 대하여 지적하지 않은 한, 실수는 반복되게 되어 있다.

2010년 2만5천 명인 한국 선교사를 2020년에는 2배인 5만 명으로 배가시키고 2030년에는 다시 2배인 10만 명의 선교사를 전 세계에 보낸다는 비전을 한국세계선교 협의회(KWMA)가 발표한 바 있다. '비전 2030'이라는 제목으로 KWMA 홈페이지에 게시되어 있는 이의 실행 계획인 각 교회 와 선교 단체의 선교 비전은 아래와 같다.

- 인터콥 2025년까지 10만 명
- UBF2014년까지 10만 명
- 한국 대학생선교회(CCC) 10만 명
- 순복음교회 자비량 선교사 10만 명
- 국제대학선교협의회 10만 명
- 미주 한인교회 10만 명
- 명성교회 1만 명
- 온누리교회 1만 명
- 수영로교회 5천 명

2만 5천 명이 2020년에 두 배가 되려면 어떤 과정을 살펴보면 가능한지 아닌지를 알 수 있을까?

'70의 법칙'으로 생각해 보자. 이것은 자산을 복리로 투자했을 때 언제 두 배가 되는지를 공식으로 수익률로 70을 나누면 알 수 있다. 예를 들면, 10%의 수익률로 복리로 투자를 하면 70을 10으로 나눈 7년 만에 두 배가 되는 것이다.

2010년 현재, 해외 파송 선교사는 2만5천 명이라고 한다.

10년 뒤에 2배가 되려면 70을 10으로 나눈 7, 즉 매년 7%씩 증가해야
한다. 따라서

2011년 25,000*1.07=26,750명으로 순증가 1,750명

2012년 26,750*1.07=28,622명으로 순증가 1872명

매년 이렇게 숫자가 늘어야만 10년 후인 2020년에 5만 명의 선교사를
보낼 수 있게 된다. 이 비전이 가능한지는 올해의 통계를 보면 알 수 있다.
비전을 계량화해서 비관적인 결론을 낸 것 같아 미안한 마음이 든다.
하지만 이 문제를 제기한 목적은 숫자에 있지 않다.

중요하게 살펴봐야 할 부분은 '한국의 교회와 선교회는 공동체인가?
단체인가?'라는 질문이다. 교회는 교회 밖의 사람들을 위한 공동체여야
한다. 교회 밖의 사람들을 위함은 곧 선교가 교회의 존립 이유다. 선교
없이 교회없다.[*] 교회는 선교 공동체였다. 교회와 선교회의 구분은 없었
다. 가는 선교사와 보내는 선교사라는 표어는 현대 교회가 더 이상 선교
공동체가 아님을 드러내는 것이다.

Business As Mission-교회와 선교회

존 스토트는 '구성원들의 선택의 자유를 보유하는가?' 아니면 '자유로운
선택의 어느 정도를 빼앗기는가?'에 따라 공동체와 단체를 구별한다.[**]
Business As Mission의 비즈니스(business)에 대한 이해의 출발점

---

[*] 방동섭,〈선교없이 교회없다〉, 생명의 말씀사

[**] 존 스토트,〈현대 사회 문제와 그리스도인 책임〉,p286, IVP

은 모든 것이 하나님의 것(시50:10-12)이며 재물을 얻을 능력이 하나님으로부터 온다(신명기8:18)는 고백이다. 우리의 삶 가운데 비즈니스(business)가 아닌 것이 없기에 비즈니스 현장이 곧 선교의 장이기 때문이다. 사랑과 정의가 구체적으로 실천되고 실현되어 하나님의 나라가 이 땅에서 이루어져야 할 곳이 비즈니스 현장이기 때문이다.

이는 전혀 새로운 것이 아니다. 초대교회 성도들의 삶이 각자의 삶 속에서 부활하신 예수의 권능을 드러낸 것이었다. 그들 대부분은 노예였고 종의 신분이었지만 복음의 능력은 가감 없이 드러났다.

우리의 비즈니스(business)가 비즈니스(Business)제국 아래서 공동체의 모습으로 세상에 드러난다면 특히 그런 삶의 현장이 미전도 종족이 주 종족이며 10/40 Window의 세계라면 그에 따른 선한 영향력은 그 사회를 변혁하기에 충분하다.

첫 번째 사례는 선교사였다.

그는 선교지 교회의 자립을 생각하고 돈도 벌고 선교도 할 수 있을지 모르겠다는 동료의 막연한 이야기를 듣고 BAM창업학교에 참가했다. 이른 아침부터 밤늦게까지 진행되는 강의를 빠짐없이 참석했고 나는 그를 주목했었다. 모두가 그분은 아니라는 생각을 하고 있을 때…

선교사는 강의 일정이 중간에 이르렀을 때, 내게 나지막하게 이야기를 건네 왔었다.

"선생님, 저 솔직이 하나도 못 알아듣겠습니다. 하지만 저는 저 강사님께서 방금 언급하신 그 사업을 하고 싶습니다. 저를 좀 도와주십시오!"

변혁의 시작을 알리는 조짐이었다.

신학교를 나와 선교사로 20년을 사역지에서 살아온 분이 마케팅, 조직관리, 회계 등의 내용을 이해할 리 만무했다. 하지만 A선교사는 이미 갖추고 있어야 할 대부분의 자질을 다 갖추고 있었다. 오직 한 가지 부족했던 점은 상황을 바라보는 관점이었다.

그는 그 나라에서 사업을 할 때 갖춰야 할 매우 중요한 요소들을 갖추고 있었다.

- 언어
- 문화에 대한 이해
- 사람에 대한 이해
- 물가정보
- 구매력
- 가격의 결정

누가 어떤 제품(상품)을 얼마에 살 수 있는지에 대한 조사가 필요가 없을 정도로 해박했다. 그의 사람에 대한 이해는 내가 마케팅이 아닌 Ethnography Study의 중요성을 깨닫게 해 준 이유가 되었다.* 이 선교사의 사례는 '지금, 여기(Here and Now)'의 삶에 최선을 다한다는 것의 의미의 재발견이다. 왜냐하면 교회 개척과 목양적 삶(pastoral care)은 비즈니스와는 전혀 관계가 없어 보이기 때문이다. 이 점이 BAM의 방향성에

---

* Ethnography Study에 대하여는 이 책의 부록을 참조하라.

대한 가장 큰 오해와 장애물로 남아 있기도 하다.

이 사례는 전통적 선교의 종착점이라 할 수있는 구원 이후의 삶에 대하여, Business As Mission이 돈에 관한 이야기 보다는 비즈니스 (business)를 통해 사회 전체의 변혁을 통한 하나님나라의 건설과 확장에 있음을 알게 되었다.

Business As Mission-공동체(community)

참된 Business As Mission의 실천은 공동체(community)의 모습이어야 하기 때문이다. 참 공동체란 선교 공동체이고, 이 공동체의 구성원들은 돈과 사람에 대한 가치를 공유하는 사람들이어야 하기 때문이다.

공동체(기업)는 영원하게 존속할 이유가 없으며 하나님 나라만이 영원히 존속 확장되어야 한다. 지속가능성의 포기는 이익에 대한 집착 내지는 지배구조에 대한 변혁적인 생각을 가능하게 한다.

창업자는 떠나야 한다. 내부자에 의해 공동체는 확장되고 유지된다. 창업주가 떠난 자리는 내부자(Insider buy-out)*에 의해 핵심 가치들이 재생산되고 배증된다.

이는 서구의 Business As Mission이 이익(Profitability), 유지 가능성 (Sustainability), 그리고 선한 영향력(Kingdom Influence)을 핵심 가치로 설정한 것과는 사뭇 다르다.

---

* Insider buy-out은 기업 내의 종업원들이 기업을 인수하는 방식을 말한다. 백바울의 학교 법인 W와 K-bob의 창업이야기는 insider buy-out이 계속되면서 기업과 예수의 제자의 재 생산(Reproduction)과 배증(Multiplication)이 핵심이다.

Business As Mission – 재생산(Reproduction)과 배증(Multiplication)

Business As Mission은 영혼의 구원과 구원 이후의 삶을 통하여 예수의 제자로 삼고 기업과 제자의 재생산과 배증을 통해 그리스도의 부활을 증거하고 실천하는 삶을 말한다. 이 삶을 살아내야 하는 현실은 제국의 속성이 가득한 세상이며 인간의 창의성은 말살되고 오직 성령이 임하심에 이 길에 들어선 도전자들에게는 한없이 적대적인 환경이다. 이런 비즈니스(BUSINESS)제국 아래서 비즈니스(business)를 통해 선교적 삶을 산다는 것은 '핍박과 고난'의 삶이다.

핍박과 고난의 상황에서 최적화된 비즈니스의 모습은 어떤 것일까?

바울이 보여준 모델을 살펴 볼 필요가 있다.

바울의 선교는 '세움'과 '떠남' 으로 정리될 수 있다. 세워진 교회에서 일군을 세우고 그는 떠났다. 모든 것이 하나님의 것이라는 Business As Mission의 대전제는 교회 개척과 같이 기업을 세우고, 경영에 적절한 일군을 세우고 창업자는 바울과 같이 떠나는 것이다. 따라서 BAM기업을 위해서는 매우 독특한 지배구조에 대한 이해가 필요한데 이 점에 대한 상세한 이야기는 다른 장에서 BAM vs. MBA에서 다루기로 한다.[*]

Business As Mission-제3의 길

전통적으로 선교는 지역 교회인 모달리티(Modality)와 선교회인 소달리티(Sodality)의 두 축이라는 견고한 구조 가운데 행해졌다. 물적(선교사) 자

---

[*] 백바울은 한국 BAM운동의 독창성 가운데 하나를 기업을 지배하지 않는'지배구조'를 꼽는다. 이는 경영학적 관점으로는 이성적이지 않지만 '성경적'이라는 견해를 유지한다.

원과 돈(선교 재정)은 교회의 몫이었다. 이 구조는 서구 선교 역사의 시작과 함께했고 현대 선교의 아버지라고 불리는 윌리엄 캐리(William Carey, 1761-1834)도 인도로 떠나기 전에 선교 후원금 모금이 지연되어 애초 예정했던 시기보다 늦게 인도에 도착하게 되었다. 오늘날 한국 교회는 더 이상 새로운 선교사의 파송을 주저하는 분위기다. 이의 주된 이유가 성도 숫자의 감소와 이에 따른 교회 재정의 어려움을 꼽는데 이의가 없다.

선교 동원의 관점에서 Business As Mission운동은 이전에는 볼 수 없었던 양상을 보인다. 보내는 교회나 선교회가 없이 미전도 종족들의 나라 또는 10/40 Window의 국가들에 진입한다. 사례 2, 3, 4가 보여주는 현실이다. 교회와 선교회가 그들을 보내지 않았지만, 그들은 그곳에 갔고 일을 하고 있다.

Business As Mission-선교 운동을 넘어서야 하는 과제

Business As Mission은 선교 운동의 종착역이어야 한다. 왜냐하면, 제국 속에서 하나님의 나라를 세우고 확장하라는 선교 명령의 핵심은 '지금 (Now)', '여기서 (Here)' 예수의 부활을 증거하는 삶을 살라는 것이기 때문이다.

다음 장에서 Business As Mission을 둘러싸고 있는 혼란스러운 용어들을 먼저 정리하여 소개하려고 한다.

비즈니스(Business)제국은 앗수르, 바빌론, 애굽 그리고 예수님 당시의 로마 제국과 같이 하나님을 대적하는 세력으로 읽어야 한다.

비즈니스(business)는 우리가 이 땅에서 태어나 죽을 때까지, 아침에 일어나서 잠자리에 들 때까지 모든 행위가 비즈니스(business)가 아닌 것이 없기에 삶이 곧 '선교'라고 읽어야 한다.

선교의 하나님(Missio Dei)께서 주관하시는 하나님의 선교(Mission)를 선교(Mission)로 읽어야 한다.

'예수를 주 (Jesus is Lord!)'라고 고백하는 성도 모두는 하나님의 선교(Mission)에 '선교적 삶(mission)으로 응답하고 참여해야 함'으로 읽어야 한다.

교회는 선교 공동체여야 하므로 교회와 선교는 하나이고, 선교 없이는 교회가 없다. 삶 전체가 비즈니스(business)이기에 우리의 삶과 선교는 분리될 수 없다는 의미로 As를 이해해야 한다.

2. 한국 BAM운동의
   뿌리를 찾아서

너희는 내게 배우고 받고 듣고 본 바를
행하라 그리하면 평강의 하나님이 너희
와 함께 계시리라

Whatever you have learned or
received or heard from me, or seen
in me—put it into practice. And the
God of peace will be with you.

빌립보서 4장 9절

두 가지 질문

질문-1

한국 교회는 성도들에게 BAM 의 중요한 가치들을 설명할 수 있을 만큼 충분히 이해 하고 있는가? (참고: Business As Mission은 2000년 초부터 서구 선교에 소개되어 2012년 한국에 본격적으로 소개되기 시작했다)

질문2

BAM은 한국의 선교단체들과 전략의 한 부분으로서 화학적으로 결합되어 있는가?

이익이 필수적인 조건이며 이런 이익을 통해 지속 가능한 사업을 지켜내야 하는 노력이 중요한 가치들 가운데 하나인 BAM*을 통해 소유를 하나님

---

* How are we doing?-Measuring the Impact and Performance of BAM Businesses,p.6, May 2014, BAM Global Think Tank

의 것으로 인정하고 "형제를 위해 목숨까지 내어 주어야 하는 것이 마땅한" (요1 3:16) 선교적 삶이 어떻게 가능한 것인가?

한국교회와 선교계는 BAM 의 핵심가치를 무엇으로 이해하고 있을까? 핵심가치에 대한 이해와 공유는 선교 운동의 가장 기본적 동력이며 어떠한 난관도 돌파할 수 있는 신념 체계를 만든다. 이에 대한 이해를 돕기 위해서 간략하게 BAM의 짧은 역사를 돌아볼 필요를 느낀다.

한국 BAM은 자생적이었나?

네비우스의 자립(self-supporting), 자전(self-propagating), 자치(self-governing) 세가지로 요약되는 3자 원칙(3-Self formula)은 한국 교회의 선교원리의 초석이었다. 따라서 타문화권에서 그들이 모든 결정을 할수 있도록 자생적인 교회를 세우는 일은 어쩌면 당연한 일이요 선교의 원칙으로 삼아야 할 것이다. 이 원칙으로 한교 선교를 돌아보고 스스로 평가를 해야 한다. 그런 점에서 최근에 한국 교회와 선교계에서 뜨거운 반향을 일으킨 Business As Mission 운동도 네비우스의 3자 원칙에 비추어 돌아 볼 때가 되었다.

BUSINESS AS MISSION(BAM)이 한국에서 본격적으로 논의된 계기는 2013년 서울 양재 온누리교회에서 열린 IBA서울 포럼이라 할 수 있다. IBA 서울 포럼을 2007년부터 2012년까지 계속된 SKBF(Shanghai Korean Business Forum)의 연장으로 보는 견해도 있지만 SKBF는 중국 상해에 모여 사는 한인들에 의해 시작되어 해를 거듭하면서 중국 밖의 한인 사업가 그리고 선교사까지 대상이 넓어 지면서 한인 디아스포라 기독교인들의 한 산물이라 할 수 있는데, 실제로 이 포럼의 주관자는 상해 한인 연합 교회였다. SKBF는 2010년 제4회 대회에 이르러 비로소 선교사 그룹이 비중 있는 참석자로 여겨졌으며[*] 2012년의 제6회 대회까지 상해에서 개최되며 이어졌다.

2013년의 서울 IBA포럼의 공식명칭이 왜 '제1회 IBA 서울포럼'이 아닌 '제7차 IBA서울 포럼'으로 명명되었는지에 대하여 명확하게 제시된 바는 없다. 하지만 IBA서울 포럼의 참가 대상이 그동안의 사업가와 선교사에서 청년이 중심이 되는 대중적 참여로의 이동이 확실한바 선교 운동(Mission Movement)의 의미로 한국 BAM운동의 시작점은 2013년의 제1회 IBA서울 포럼으로 두는 것이 타당하다고 본다.

여기서 선교 운동의 관점에서 '한국 BAM 운동은 자생적이었을까?' 라는 질문을 던져 본다.

'한국 BAM운동이 자생적이었을까?' 라는 질문을 통해 BAM 운동의 동인(Motive)을 살피려는 이유는 그동안 한국 선교에 열풍같이 다가왔다가 사라진 선교 운동들처럼 되어서는 안 되겠다는 안타까움 때문이며 BAM 운동이 한국적 현실에 기반을 둔 토착화 선교 운동으로 논의가 진전되어야 하겠다는 관심 때문이다.

---

[*] 전체 참석자 208명 가운데 선교사 43명, 사업가 112명 그리고 나머지 인원은 지역교회 목회자와 중보 기도자였다. 제7회 IBA자료집,p.27

랄프 윈터는 서구 선교의 실수를 12가지로 정리해서 발표 한 바 있으며[*] 한국 선교는 이를 반복하지 않아야 하겠다는 반성의 소리가 그동안 계속 있었다.

앞서 살펴본 바와 같이 한국 BAM 운동이 태동하기 이전에 서구 선교는 BAM 을 선교의 한 방법론으로 다루고 있었으며 이런 노력의 결실 중 하나로 BAM 보고서가 2004년에 로잔 위원회로부터 발간되었다.[**]

2008년의 제2회 SKBF에 주 강연자로 초대된 Mats Tunehag은 로잔 BAM위원이었고 "그의 참여로 인해 BAM의 정의가 1회에 비해 분명해졌고 또, 다양한 사례들의 등장으로 인해서 전 포럼에 비해 풍부함이 있

---

[*] 랄프 윈터,"서구 선교 12가지 실수,"크리스천 투데이, 2007.11.09
1. 대학교가 아닌 성경학교를 설립
2. '땅 위의 천국'이 아닌 '천국에의 구원'만을 강조
3. 교단이 선교기관을 거치지 않고 선교사를 직접 파송
4. 전문 선교보다 일반 선교에만 치중
5. 현지의 헌신적인 신자들이 스스로를 '기독교인'이라 부르며 서구교회와 동일시하게 함
6. 선교사 없이 물질만 후원
7. 장기 선교사 대신 단기 선교사 파송
8. 선교의 비즈니스와 비즈니스 선교를 이해하지 못함
9. 질병의 근절이 아닌 치료로 그침
10. 전쟁이 아닌 평화만 생각함
11. 과학을 적대시함
12. 사회 변화를 따라가지 못하는 복음전도

[**] Lausanne Committee for World Evangelization, "Business As Mission," Lausanne Occasional Paper No.59, 2004

었다"고 SKBF는 기록했다. 한국 BAM운동에서 이때 비로소 정리된 서구BAM의 정의가 등장하는데 다음과 같다. **

BAM은 상대적으로 복음이 적게 들어간 지역의 사람들에게 복음을 전하려는 의도를 가진 리더십에 의해 운영되는 재정적 유지가 가능한 진짜 기업을 의미한다. 하나님 나라의 가치에 근거하여 개인과 지역 사회에서 영적, 경제적, 사회적, 환경적 변화를 가져오려는 목적으로 진행하는 기업이다.

로잔 BAM상임위원이고 글로벌 BAM운동의 리더인 Mats Tunehag의 BAM정의는 한국 BAM운동에 지대한 영향력을 미치게 되고 한국 BAM은 BAM의 정의를 아래와 같이 소개한다.

BAM은 상대적으로 복음의 영향력이 적게 미치는 문화의 사람들에게 하나님 나라의 영향력과 소식을 전하기 위해서 참여하는 다양한 비즈니스 활동을 의미합니다. 하나님 나라의 가치에 근거하여 관련된 사람들과 지역사회에 영적, 경제적, 환경적 변화를 가져오려는 목적을 갖고 하는 비즈니스 활동을 BAM이라고 정의합니다.***

이후 4회(2010) SKBF에서 넓은 의미에서 BAM이라는 제목을 추가로 정의의 폭을 넓히려 했지만 새로운 정의라기보다는 비즈니스라는 용어가 주는 혼돈을 의식해서인지 비즈니스를 경영학의 관점에서 구체적으로

---

* IBA Global Think Tank, 제7회 IBA자료집,p.22, 2013

** IBA Global Think Tank, 제7회 IBA서울 포럼 자료집,p.22(이는 메츠 튜네헥의 미 발표 글인 God means mission; An introduction to business as mission, BAM을 인용한 것이다. 발제자 주)

*** ibid, p.79

설명한 듯하다.*

이렇게 정의한 BAM의 전개는 어떤 모양을 갖게 될까?
BAM을 '이익이 나는 지속 가능한 진짜 기업을 통해'라고 정의를 내리면 이
익을 어떻게 창출하고 이 이익을 지속해서 낼 수 있는지에 관하여 관심이
확장되고 이런 훈련이 필요하겠다는 교육과 훈련의 당위성은 BAM의
훈련 및 교육의 기관이 필요하다는 구조화의 길로 발을 내딛게 된다.
'진짜 기업'이라는 정의에 의해 BAM기업을 진단하고 분석하기 위한 방
법론까지 동원된다. 질문들은 진화해서 이제 이런 질문들이 공통으로
발견된다.

- 선교사가 사업을 하기 위해 어떤 준비를 해야 하나요?
- 제가 있는 Q국에서는 어떤 사업 아이템이 좋을까요?
- 좋은 사업 아이템이 있다고 후원자가 해 보라고 하는데 어쩌지요?
- BAM에 도전하고 싶은데 파송 교회가 어떻게 볼지 걱정이에요
- 적정 이윤은 몇 %인가요?

이렇게 한국BAM은 온통 비즈니스, 돈, 이익이 주제인 경영학에 물들고
있다.
위에서 간략하게 살펴본 바와 같이 한국BAM의 정의는 서구BAM이 정
리한 내용과 차이를 발견하기 어렵다. 한국 BAM운동의 뿌리가 우리 것

---

* 넓은 의미의BAM을 '소비, 투자, 생산, 관리에 이르는 비즈니스의 모든 활동들을 하나님
나라의 가치에 의해서 구속, 회복하며 이 회복을 상대적으로 하나님나라가 인정되지 않는
삶의 영역과 지역적 영역에 확장하려는 개인과 집단의 노력과 변화'로 소개한다. ibid,p.34

에서 출발한 것이 아니라 서구 BAM이 그동안 여러 선교 운동과 마찬가지로 한국에 소개되었고 우리는 그동안 비평 없이 서구의 BAM이 주장하는 바를 수용하고 있지는 않았을까? 의문을 던져 본다.

누구를 위한 BAM인가?

이 질문은 BAM이 한국 교회 및 선교회들과 화학적 결합이 가능한가? 라는 질문과 궤를 같이한다. 그동안 우리의 선교는 '보내는 교회(선교회)'와 '가는 선교사' 이 둘의 견고한 구조에서 성도는 양 진영의 자원 공급자(Resource provider)로 역할은 제한적이며 수동적이었다. 능동적이고 주도적으로 되라고 하신 "가서 제자를 삼으라"는 대 위임령은 선교사/선교회 그리고 교회의 전유물처럼 되었다.

 역사적으로 선교는 교회로 대표되는 모달리티(Modality)와 선교회로 상징되는 소달리티(Sodality) 이 두 개의 축으로 설명되고 이해되었다. 하지만 엥겐은 "건강한 선교 구조를 만들기 위해 교회와 선교회에 속하지 않은, 새로운 선교 모델을 개발할 필요가 있다"며 제3의 길의 가능성을 말했다.[*]

상해 SKBF와 IBA 서울 포럼이 시작하기도 전에, 하나님의 주권에 의해 창의적 접근 지역을 포함하여 다양한 국가, 지역 속으로 보내져서 BAM이 무엇인지도 모른 채 비즈니스를 통해 선교적 삶을 살아 온 한국의 실천가들이 있었다. 필자 역시 그런 삶을 2003년 이후부터 살고 있으며

---

[*] 엥겐(Charles E. Van Engen), 크리스천 투데이2013.03.06

모달리티와 소달리티에 속하지 않으면서 제3의 길을 걷고 있다.

필자가 주목하는 한국BAM의 뚜렷한 특징 가운데 하나는 이런 BAM운동과는 무관하게, BAM을 의도적으로 훈련 받고 교육받지 않은 사람들에 의해 세계 곳곳에서 실천가로 사는 사람(BAM Practitioner)들을 발견하게 되는 것이며 이 길에 들어서려는 다양한 사람들을 만나게 된다는 점이다. 이는 BAM의 성경적 근거들과 일맥상통하며 각 사례는 하나님 나라의 독특성(Uniqueness)과 보편성(Universality)를 포함하고 있다는 점이다. 이런 점에서 한국 BAM사례는 누구에 의해 시작된 것이 아닌 자생적이라는 공통점이 있다.

토착화 BAM을 생각한다

요즘 서구 BAM의 특징은 BAM의 정형화 내지는 정의를 내리는 일에 더 이상 적극적이지 않다는 점이다. 하지만 한국 BAM은 앞서 살펴 본바와 같이 서구 BAM의 기초적 이론을 비평과 비판의 과정이 생략된 채 들여왔음에도 더 진보하기보다는 서서히 동력을 잃어 가는 듯하다. 왜 그럴까? 일견 개념 정의의 흐름과 핵심은 유사할 수 있지만, 나라별 상황에 따라 이에 대한 해석과 적용에 대한 다양성을 열어두고 한국적 특성에 대한 구체적인 제안들이 도출되었다면 강력하고 시대적 흐름을 반영한 전략적 운동으로 자리매김할 수 있었을 것이다.

우리의 BAM은 무엇일까? 한국BAM논의의 시작은 서구BAM을 통째로 부정하는 것이 아니라 그들이 말하는 BAM에 관한 다양한 의견들이 우리의 상황에서 해석되고 정리되어 우리의 말로 우리 성도들에게 전해져야 한다는 것이다. 서구 BAM이 그들의 출처가 있듯이 우리의 BAM은 우리의 뿌리가 있다. 이제부터라도 한국 BAM의 출처를 찾아 내고 모아야 한다.

이제까지 필자의 선교적 삶과 그동안 정리된 사례들을 BAM의 여정이라 한다면 이는 분명한 하나님의 개입이라 믿으며 하나님의 이러한 개입은 정의에서 시작해서 방법론으로 전개되는 전형적인 서구적 세계관인 위에서 아래를 향하는 것이 아니라 각자의 현실 인식에서부터 시작된 선교적 삶에서 출발하여 각자에 의해 정리될 신학으로 우리만의 "밑에서 위로의 선교"라고 확신한다. 현장에서 발견되는 사례들의 모습이 그렇다. BAM실천가들은 서구BAM의 정의를 들어 보지 못한 사람들이 대부분이었으며 경영학적 관점과 선교 신학적 관점에서 BAM을 훈련받을 기회조차 없던 경우가 대부분이었다. 필자 역시 그런 사례의 주인공이라고 할 수 있다.

그래서 어쩌란 말인가?

이제 핵심적 질문과 만나게 된다. 그래서 어쩌란 말이냐?

BAM을 말하는 사람들이 받게 되는 가장 곤혹스러운 질문이다. 성도들의 관심은 결국 "그래서 어쩌란 말이냐?"로 귀결된다.

한국 BAM운동은 그동안 BAM이란 무엇인가?에서 이의 전파를 위한 방법으로 크게 두 가지의 방법론을 택하고 있다. 포럼, 컨퍼런스와 BAM 창업을 위한 훈련이다.

필자는 어쩌면 한국 BAM운동으로는 최초라고 할 BAM School인 JES(Jubilee Entrepreneurship School)의 시작을 주도했던 경험이 있다. IBA의 BAM School의 커리큘럼이 JES에 비해 BAM의 성경적, 선교신학적 기초를 추가하여 진전을 보이지만 여전히 BAM Practitioner들이 삶에서 만나는 세부사항을 담기에는 너무도 큰 간극이 있다. 유감스럽게도 이 간극은 교육과 훈련을 통해 좁혀지거나 해결되지 않을 수도 있다는 생각을 한다. 이제까지의 대부분의 사례는 토지, 노동, 자본이라는 경제이론까지도 무색하게 하기도 한다. 하나님이 개입하시는 일들의 독특성과 보편성이기도 하지만…

포럼이나 컨퍼런스를 통한 설익은 네트워크는 선교의 현장에서 신뢰를 쌓아 온 그동안의 노력을 한순간에 물거품처럼 사라지게 하기도 한다. 동역이 아닌 동업의 무서운 결과다. 헌신의 동기가 어디서부터 왔는지에 대한 점검이 빠진 교실에서의 훈련은 "비즈니스도 하고 선교도 한다"라는 낭만적 절망의 구렁텅이로 빠지게 할 수 있다. 비즈니스도 선교도 모두 엉망이 될 수 있다는 냉혹한 현실을 잊게 한다. 이런 점에서 사람과 사례의 재생산(Reproduction)과 배증(Multiplication)과 같은 BAM의 핵심적 가치를, 삶을 통해 보여주는 사례들을 지금보다 더 많이 찾아내어 그들이 선교적 삶의 현장에서 보고 배우는 모든 것들을 실천하게 하는 실천적 선교 동원에 힘써야 한다. 바울이 그랬던 것처럼 말이다.* 그것을

---

* 너희는 내게 배우고 받고 듣고 본 바를 행하라. (빌립보서 4장9절)

위해서는 하나님 나라의 세계관으로 무장된 BAM의 Practitioner들 발굴에 사활을 걸어야 한다. 그리고 그들이 미래의 Practitioner 들을 견인하도록 개별적이고 세밀한 연결을 절대적으로 필요로 한다. BAM은 거대 행사보다는 다양한 케이스를 세밀하게 연결하고 로드맵을 제안하고 길을 내는 일에 우선순위를 두어야 한다.

역설적이지만 가장 뜨겁게 복음이 전해졌던 주후(A.D.) 200년까지는 단 하나의 건물 교회가 없었다.* 젊은이 5명으로 시작한 Haystack Prayer Meeting이 미국의 선교 운동의 실마리가 되었다. 지금도 세계 곳곳에서 자생적으로 시작되어 점점 영역을 넓히고 있는 아직은 소수의 한국의 BAM Practitioner들에 의해 '제3의 길'을 만들어 낼 것으로 기대한다. 이론 우선에서 실천이 먼저인 세계관으로의 이동이 발제의 핵심이다. 이를 선교의 '제3의길'이라고 감히 부르려 한다.

고대 희랍 사람들은 세계의 질서와 원리를 정관(Theorein)하고 이를 통해 인식된 세계의 원리에 따라 자기 자신의 삶을 모방(Mimesis)하고 훈육함으로써 삶의 실천을 도모했다.** 이론 우위의 이런 서구적 세계관에 의해 정의된 서구BAM은 선교와 비즈니스를 이론화하고 이를 교육과 훈련으로 실현할 수 있다고 말한다. 이런 접근 방법은 필연적으로 선교 운동을 조직화하고 기구화한다. 조직화는 재정이 필요하게 되고⋯⋯.

---

* 마이클 그린, 『초대교회의 복음전도』,홍병룡 역(서울:복있는 사람,2010),p.34

** 강원돈, 『물의 신학』,p.97,한울 1992

하지만 현장에서 보이는 사례들은 세상이 불변의 체계가 아니며 일하는 우리 인간 각자의 실천에 의해 변혁될 수 있음을 보여 주고 있다. 각 사례는 누구에 의한 훈련이나 재정적 도움을 통해 시작되지 않았다. 재정의 필요는 매우 제한적이었다. 그나마 필요한 재정의 조달도 인위적 방법으로 동원되지 않았다. 행동이 우선이었지 이론이 앞서지 않았다.

이러한 동력을 잃지 않고 사례의 재생산과 배증을 위해서 한국 BAM운동은 아직은 이론보다는 행동 우선의 BAM 세계관으로 중심축이 옮겨져야 한다고 믿는다. 삶으로 살아낸 BAM의 이야기가 더 많이 쌓여야 한다.

한국 BAM운동은 좀 더 많은 에너지와 자원들을 BAM사례의 발굴, 사례 연구, 사례의 선교 신학화 하는 작업에 집중하면 좋겠다.

하나님 나라!

하나님 나라를 세워야 할 곳이 BUSINESS세계이고 business현장이다. BUSINESS 제국 속으로 들어가기 위해 예수를 주라고 고백하는 성도 모두는 선교의 하나님(Missio Dei)의 임재 아래 머물러야 한다. 우리를 통치하시는 선교의 하나님께서 우리를 business현장으로 이끄신다. business현장에서 선교적 삶(Missional Life)를 살아 내는 것, 그 일을 통해 하나님은 우리의 필요를 채우시고, 먹고 마시고 입을 것(이익)을 더해 주실 것(마 6:31)이고, 재물을 얻을 능력을 주실 것(신명기 8:18)이다.

이 시대에 하나님의 선교를 향한 열정(Passion)과 방향성(Direction) 이 둘 사이의 촉매제(Catalyst)로 BAM이 서 있다.

3. BAM을 둘러싼 오해들

오직 성령이 너희에게 임하시면 너희가
권능을 받고 예루살렘과 온 유대와 사마
리아와 땅 끝까지 이르러 내 증인이 되
리라 하시니라

But you will receive power when the
Holy Spirit comes on you; and you
will be my witnesses in Jerusalem,
and in all Judea and Samaria, and to
the ends of the earth.

사도행전 1장 8절

Business As Mission(BAM)을 둘러싼 오해들

비즈니스(Business)와 선교(Mission) 그리고 이 두 단어 사이의 'As'는 많은 오해를 불렀고 이들 오해는 아직 진행형이다. 용어가 주는 혼란은 우리만의 문제가 아니었고 범세계적 현상이었다. 이와 관련하여 BAM Global Think Tank의 리더 중 한 명인 Mats Tunehag이 2015년 1월에 인터뷰한 내용 일부를 소개한다. (아래의 글은 The BAM Review 의 편집장 Jo Plummer 가 Mats Tunehag과의 인터뷰 내용이다.)

Jo Plummer: 매츠, 지난 15~20년간 지켜본 BAM 의 변화는 무엇이 있습니까?

Mats Tunehag: 우선은 오늘날 그리스도인으로서 비즈니스를 하는 것이 무엇인가에 대한 재발견을 목격하고 있습니다. 하나님과 공공의 이익을 위해 비즈니스를 하는 이들이 엄청나게 늘었습니다. 15년이 지난 지금에 보니 그전에는 없던 것들이 오늘날에는 생겼습니다. 이제는 많은 이들이 우리가 Business As Mission이라고 부르는 개념에 대한 공통된 이해를 하고 있습니다. 그룹마다 사용하는 용어들이 다를지라도, 우리의 이해가 일맥상통하고 있습니다.

15년 전에 Business As Mission이라고 하면, 많은 이들이, "그게 뭐냐", "우리가 신경 써야 할 부분인가?"라고 물었습니다. 이제는 세계 어디를 가도, 사람들이 서로 이해하고 또 실천하고 있는 것이 Business As Mission입니다. BAM의 가장 큰 변화라고 할 수 있겠습니다. 그리고 또 다른 변화는 BAM에 참여하는 이들이 이제는 세계적으로 잘 연결되어 있다는 것입니다. 전 세계적으로 BAM에 참여하는 이들이 많습니다. 이는 비즈니스 오너들뿐만 아니라, 전문인들과 그들에 대한 보조 지원을 제공하는 이들을 포함합니다. 갈수록 많은 선교단체, 교회들, 학교들, 그 외에 많은 이들이 통합적인 영향력을 위해서 비즈니스가 필요하다는 것을 깨닫고 있습니다. 그러므로 이제는 BAM에 대한 개개인의 노력을 넘어서서 세계적인 협력이 있는 것입니다.

Jo Plummer: 앞으로는 어떻습니까? BAM 운동에서 가장 큰 기회들은 무엇이겠습니까?

Mats Tunehag: 세계적으로 가장 심각한 문제들에 대한 해결책을 비즈니스가 제공할 수 있다는 것을 인정해야 합니다. 더 나아가서, BAM은 이러한 문제들을 해결하는데 독특한 기여를 할 수 있습니다. 몇몇 통계에 따르면, 세계적으로 18억의 일자리가 부족하다고 합니다. 이 숫자는 지금도 증가하고 있고, 특히 아랍계와 아시아의 젊은 세대들을 포함합니다. 현재 우리가 직면하는 가장 큰 어려움 중 하나가 이 실업률, 고용 부족, 그리고 존엄성을 인정받지 못하는 일자리입니다. 그런 의미에서 이는 단순한 고용 창출을 필요로 하는 것은 아닙니다. 마피아도 고용창출을 하고 성매매도 고용 창출을 하지요. 이는 존엄성을 갖추고, 하나님께 영광이 되며, 사람과 사회에 선한 고용 창출에 관한 것입니다. 그리고 많은 국가가 거대한 환경문제를 안고 있습니다. 우리는 이러한 문제들이 기술개발과 기존의 기술들을 상용화함으로 인해서 해결될 수 있다는 것을 압니다. 또 하나는 빈곤 국가에 만연한 고질적인 부패입니다. Business As Mission은 Business As Justice입니다. 정의로서의 비즈니스입니다. 이는 구약 성서의 선지자들이 그러했듯이 우리가 뇌물, 노동 착취, 고객과 공급자들의 부정행위 등에 저항하는 것입니다. 어떻게 하면 우리의 비즈니스와 그 협력관계들이 부정부패의 악습과 싸울 수 있도록 만들어 갈 수 있을까? 이미 언급한 세계적인 협력관계를 더욱 강력히 해서, 영향력 있는 숫자의 그리스도인들이 의도성을 가지고 이를 함께 실천해야 합니다. 우리가 어떤 용어를 사용하든지, 어떤 산업에 속해 있든지, 어떤 비즈니스를 하고 있느냐와 상관없이 말입니다.

Jo Plummer: 무엇이 우리를 저지하고 있는 것 같습니까?

Mats Tunehag: 끊임없이 직면하는 문제는 가치관의 문제입니다.
Business As Mission은 어떠한 기술이 아니고, 세상의 시장 속에서 그리스도를 중심으로 한 가치관을 갖고 사는 것입니다. 성경에 기반한 이 가치관은, 부를 창출하는 창의성과 행위를 사람들과 사회에 선한 것으로 이해하는 것을 포함합니다. 이는 또한 사람들이 하나님과 공공의 유익을 위해서 비즈니스의 현장에서 일하는 이들을 확신시키고, 훈련하고, 파송 하는 것을 포함합니다. 전 세계 그리스도인들의 삶 가운데 성, 속의 분리가 교회와 가치관 가운데 깊이 뿌리 박혀 있습니다. 그래서 단순히, 비즈니스 테크닉을 조금 바꾼다고 되는 것이 아닙니다. 비즈니스와 일을 이해하는 우리의 성경적 가치관의 온전한 재발견이 있어야 합니다.*

2000년부터 2015년까지 Global BAM 운동이 진행되면서 많은 진전이 있었지만, 여전히 풀어야 할 과제로 Mats는 가치관(Value System)을 들고 있다. 기독교 세계관을 전제로 했을 때 Business As Mission을 바라보는 가치관의 문제는 어떤 의미일까?

BAM 세계관(Worldview)

Mats가 BAM운동의 장애물로 '세계관'을 꼽은 것에 전적으로 공감한다. 이는 한국 BAM운동의 장애물이기도 하기 때문이다.

세계관이 중요한 이유는 생각이 행동을 좌지우지 하기 때문이다. 생각하는 대로 행동하기 때문이다. 생각은 의식적이든, 무의식적으로 행하든 우리의 행동의 뿌리이기 때문이다.

'Business는 아무나 하나?'라는 생각이 기저에 깔린 사람들은 Business As Mission운동에 대하여 냉소적이다. 주로 교회 안에 있는 사업가들이 이 그룹에 속한다.

아울러 '선교는 아무나 하나?'라는 생각의 선교사들이 Business As Mission운동에 대한 반응 역시 냉소적일 수밖에 없다. 여기에 하나 더해서 끊임없이 이익을 창출하고 지속, 발전해야 하는 비즈니스에 쏟아

---

* BAM: The Global Movement Today & Challenge Ahead, Jan 31,2015 by Mats Tunehag (http://matstunehag.com/2015/01/31/bam-the-global-movement-today-challenges-ahead/)

야 할 열정에 '어떻게 내 목숨까지 내어 주는 것이 마땅한(요일 3:16) 선교적 삶의 병행이 가능하단 말인가?'라는 지극히 합리적인 의문은 Business As Mission이란 용어에서 아예 멀어지게 만든다.

왜 그럴까?

기독교 세계관을 공유하고 있는 크리스천 사업가와 오직 하나님 나라를 위해 의심 없는 헌신의 삶을 사는 선교사들이 Business As Mission에 대한 반응이 냉소적인 이유는 무엇에서 찾아야 할까? 이유를 Business As Mission 세계관의 부재에서 찾고 싶다. 기독교 세계관을 구성하는 가치관들에 대한 성경적 이해가 소홀하게 다뤄진 이유다. 경제, 비즈니스, 돈, 이익, 재물과 같은 핵심적 가치들에 대한 성경적 이해가 확고해야 한다. 이를 위해서 세계관이란 무엇인지에 대한 정확한 의미를 파악할 필요가 있는데 이 장에서는 사이어(James W. Sire)의 정의를 인용한다.

"세계관이란, 세상이 어떻게 운행되며 그 기본적인 구성이 어떠한가에 대해 우리가 의식적으로든, 무의식적으로든 신념으로 갖는 일련의 전제들이다."(James W. Sire)

이 정의를 구절 별로 나누어 살펴보면,

- **일련의 전제들**: 진실이라고 믿는 추정 또는 원칙들

  의식적으로든, 무의식적으로든 갖는: 세계관은 우리의 마음속에 깊이 자리 잡고 있으며, 모든 인간이나 문화가 적어도 하나씩은 갖고 있다. 무의식적으로 보유하고 있다면 문화화, 사회화를 통해 갖게 된 것이며, 의식적으로 보유하고 있다면 가정과 그 결론을 비판적으로 검증한 결과로 갖게 된 것이다. 이상적으로 말하자면, 모든 사람은 그들의 믿음 체

계를 '비판적으로 의식'해야 할 것이다.

- **신념으로:** 세계관이 검증된 단계라면 그 세계관은 합리적인 믿음의 진술이 될 것이고, 그렇지 않다면 비이성적인 것이 될 것이다. 인간은 그 누구나 무엇인가를 믿음으로 모든 사람은 종교적이며, 중립적 입장이란 존재 하지 않는다.

- **세상이 어떻게 운행되며 그 기본적인 구성이 어떠한가에 대해:** 세계관은 인식론, 형이상학, 도덕 등 실체의 모든 측면을 다룬다. 또한, 세계를 해석하고 설명하며 정의한다. '무엇인가'에 대한 정의만 내리는 것이 아니라, '어떻게 해야 하는지'에 관한 비전을 제시해 준다. *

Business As Mission의 바른 이해와 실천을 위한 세계관이 정의해야 하고 제시해야 하는 비전의 주제들은 무엇이어야 할까?

많은 주제가 있지만, 이 책에서는 다음의 네 가지를 제시하려 한다.

- 비즈니스
- 선교
- 돈
- 일

용어의 정렬

서구의 자본주의는 개신교의 시작과 함께한다. 막스 베버는 칼빈이 말한 근면과 성실, 그리고 금욕으로 요약되는 이른바 '프로테스탄트 정신'

---

* Darrow L. Miller, 『생각은 결과를 낳는다』, 예수전도단, 1999, p.45-46

이 자본주의를 만들었다고 했다. 비즈니스라는 단어만큼 자본주의를 상징하는 단어도 드물다. 돈과 비즈니스는 서로에게 필요 충분 조건이다. 자본이 전제되지 않는 비즈니스를 상상할 수 있을까?

결국은 세계관이다. 의식적이든지, 무의식적이든지 우리의 생각을 지배하는 가치가 있다. 비즈니스는 돈, 선택된 사람, 특별한 사람, 개 같이 벌어서 정승같이 쓰자는 생각들이다.

선교는 어떤가?

선교 역시 특별한 사람들의 특별한 삶이 떠오른다. 이 특별한 삶은 비즈니스와는 정반대로 황금을 돌 같이 봐야 할 사람들의 삶이다. 선교사가 사업을 하고 돈을 번다? 이를 이해하고 후원할 한국의 교회들이 있을까? 돈을 중심적 가치로 볼 때, 비즈니스와 선교는 결코 한 방향을 함께 걸어갈 수 없다. 이런 선교의 환경에서 '가는 선교' 그리고 '보내는 선교'라는 구호도 등장한다. "너희는 가서"라는 예수님의 말씀은 우리에 의해 이렇게 때로는 나뉘기도 한다. 예수를 주(Jesus is Lord!)라 고백하는 우리는 모두 선교적 삶으로 초대받았다. 바꿔 말하면 예수를 주라고 고백하는 우리 중에 선교적 삶을 살지 않아도 되겠다는 초청을 받은 사람은 누구인가? 그런 사람, 그런 삶이 있을까?

이런 비즈니스와 선교에 대한 이해는 용어가 주는 혼란에서 시작한다. 영어 가운데 우리말로 옮기면 명확해지기도 하지만 반면에 혼란을 일으키기도 하는 단어가 있다. 예를 들자면 God(신)과 god(신)이다. 대문자이든지 소문자로 표현하든지 "신"이다. 하지만 God은 유일신 하나님, 창조주 하나님이며 god(s)은 우상을 뜻한다.

선교는 MISSION과 mission(s)로 설명이 되는데 MISSION이냐 mission(s)이냐에 따라 의미는 전혀 다르다. 나는 여기서 비즈니스를 BUSINESS와 business로 용어를 구별하여 정리하려 한다.

비즈니스(BUSINESS/business)

비즈니스(BUSINESS)

사업을 뜻하는 비즈니스가 아닌 '비즈니스 제국 또는 비즈니스 세계'를 의미한다.

BUSINESS 제국은 구약성경에 등장하는 바빌론, 앗수르와 같은 제국들 그리고 신약의 로마 제국과 같은 복음에 적대적인 세력과 같은 제국을 뜻한다. 이러한 제국의 특성은 군사, 문화, 경제의 힘을 통한 억압적인 통치를 통해 하나님의 형상을 따라 지음 받은 하나님의 백성들을 노예로 삼으려 한다. 따라서 비즈니스(BUSINESS) 제국에서의 우리의 삶, 그러니까 하나님의 말씀대로 살려는 우리의 삶은 더 많은 물질, 그로 인해 더 풍요로운 삶을 추구하면 할수록 결국은 제국 속에서 작은 제국을 이루려는 허망한 삶이 될 수밖에 없다는 것이다. 비즈니스 제국에 대한선 이해는 무엇보다 중요하고 우선순위에 있어야 한다. 왜냐하면, 예수께서 70인을 각 동네와 각 지역으로 두 명씩 짝지어 보내실 때 하신 당부와 관련이 있기 때문이다.

"이르시되 추수할 것은 많되 일꾼이 적으니 그러므로 추수하는 주인에게 청하여 추수할 일꾼들을 보내 주소서 하라. 갈지어다 내가 너희를 보냄이 어린 양을 이리 가운데로 보냄과 같도다"(눅10:2-3)

주께서 우리 모두를 선교적 삶을 살도록 보내시는 곳은 구체적으로 어디일까? 그곳은 비즈니스(BUSINESS) 제국 속이며 그곳은 이리들이 득실대는 곳이다. 그곳에서의 삶은 결코 낭만적이지 않다. 비즈니스 제국은 하나님의 말씀대로 살면서 이 땅에 하나님의 나라를 세우고 확장하기 위한 그리스도인들이 이익을 창출하고 기업이 지속할 수 있도록 우리에게 우호적인 환경이 결코 아니다.

비즈니스(BUSINESS)제국의 특성은 이렇다.

> 권력의 조직적 중앙집중화에 기초
> 사회경제적, 군사적 통제 체제에 의한 안전보장
> 강력한 신화들에 의한 종교적 정당화
> 민중의 상상력을 사로잡는 제국의 이미지들을 유포함으로 유지*

수탈과 착취의 제국 속성은 조작된 이미지에 의해 우리의 상상력을 말살한다. 제국은 평화를 앞세운다. Pax Romana와Pax Americana 그리고 일본의 동아시아 침략의 슬로건은 대동아 공영이었다. 다 함께 잘 살자는 슬로건 아래서 강제징용, 위안부 동원이 강제되었다. 비즈니스(BUSINESS)제국의 이미지는 더욱더 교묘하다. 북미의 사람들이 하루에 의식적이든 무의식적이든 보게 되는 브랜드 이미지가 평균 15,000

---

* 브라이언 월쉬, 실비아키이즈마트, 『제국과 천국』, p.97, IVP

개라고 한다.

창조의 하나님, 구원의 예수님, 십자가, 부활 그리고 다시 오실 예수님으로 무장하는 기독교 세계관의 성벽은 돈, 이익, 권력, 섹스와 같은 작은 구멍들에 의해 서서히 무너져 간다. 우리도 모르는 사이에 돈과 권력이 우리를 지키는 가장 강력한 수단으로 믿게 된다.

제국의 이미지 가운데 가장 강력한 무기인 돈에 관한 예수님의 가르침은 Business As Mission의 세계관의 기초가 된다.

"어떻게 해야 영생을 얻을 수 있습니까?"(마가복음 10:17)

우리를 더욱 놀라게 하는 것은 '영생' 곧 부활에 대한 종교적, 신학적 질문에 대해 왜 예수님은 '돈' 문제로 응답했느냐는 것이다. 지금까지 부활에 대한 논쟁은 주로 '몸의 부활이냐? 육의 부활이냐?' '부활이냐? 영혼 불멸이냐?' '예수의 부활이냐? 죽은 자들의 종말론적 부활이냐?' 등 대단히 종교적이고 신학적인 질문을 중심으로 전개되어왔다. 그런데 예수님 자신은 자기 죽음과 부활을 세 번씩이나 예고하는 자리 어디에서도 이런 종교적이고 신학적인 질문에 부활을 연결해 이해하고 있지 않다. 이것은 무엇을 의미하는 것일까? 이것은 영생에 대한 질문, 신학적이고 종교적인 질문이 현실의 문제, 특히 물질과 돈의 문제는 단순히 윤리의 문제가 아니라 신학적 문제라는 것이다.

돈은 사람이 부리는 교환 수단일 뿐, 돈이 신(神)일 수는 없다고 주장하는 사람이 있다면 "하나님과 맘몬을 함께 섬길 수 없다"(마6:24, 눅16:13)는 예수님의 말씀을 다시 생각해 보아야 한다. 돈은 중립적이며 돈을 어떻게 누가 사용하는 가에 따라 선하기도 하고 악하게 쓰이기도 한다는 합리적이고 이성적으로 보이는 돈에 대한 신학의 소유자들은 다시 한번 성경이 돈에 대하여 무엇이라고 말하고 있는지를 되짚어 보아야 한다.

굳이 '돈'이라는 일상적 단어를 쓰지 않고 예수께서 '맘몬'이라는 단어를 사용하신 것도 돈이 가지는 신성 때문이었다. 더욱이 맘몬을 하나님과 병렬시킴으로써 예수님은 돈의 권세를 과소평가하지 않았다. 돈은 사람의 주인으로 섬김을 받으며 사람 위에 군림하는 권세다. 돈으로부터 자유로운 사람은 없다. 돈 걱정 없어 보이는 재벌도, 자발적 금욕과 절제를 실천하는 수도승도 돈으로부터 자유 하지 않다. 돈으로부터 자유는 자기 기만과 위선으로 위장될 수는 있지만, 현실이 되기는 쉽지 않다. 까닭은 돈이 윤리의 문제만이 아니라 영적인 문제이기 때문이다.

성경은 돈의 문제를 윤리적 차원에서 다루지 않고 영적인 관점에서 다룬다.

"돈이 있는 곳에 네 마음도 있다"(마6:21)

"어느 한 편을 사랑하든지 미워하든지 해야 한다"(눅16:13)는 예수님 말씀이나,

"돈에 대한 사랑이 모든 악의 뿌리이며, 돈에 대한 사랑에 빠진 사람은 믿음을 잃는다"(딤전6:10)라는 바울의 말씀은 돈의 문제가 윤리적 교훈의 문제가 아니라 영의 문제, 곧 하나님과 같은 권세와의 관계의 문제임을 보여준다.

사람이 돈을 쓴다는 것은 착각이다. 오히려 돈이 사람을 부리는 것이 현실이기 때문이다. 돈 때문에 사람은 스스로 목숨을 끊기도 하고, 돈 때문에 사람은 다른 사람의 목숨을 해치기도 한다. 돈 때문에 사람은 우정과 인륜을 서슴없이 버린다. 돈은 재판관의 양심과 예언자의 예언도 바꾼다. 세계의 어디에서나 돈 때문에 약탈과 살인, 구타와 고문, 전쟁, 강제 투옥과 굶주림 등이 난무하고 가정이 깨지고 종교적 믿음과 윤리적 이상이 유린당하고 있다.

그러나 돈은 다른 얼굴도 가지고 있다. 돈은 천박한 사람도 숭고하게 보이게 한다. 돈만 있으면 지식은 물론 학위까지도 사서 자신을 품위 있게 보이게 할 수 있다. 돈은 사람을 부지런하고 의젓하고 대범하게 만든다. 돈은 안 되는 일도 되게 한다. 감옥생활을 호텔 생활로 바꾸기도 하고 또 감옥에서 풀려나기도 한다. 돈은 사람의 목숨도 구해낸다. 돈만 있으면 다른 사람의 장기를 사서 이식 받을 수도 있다. 돈은 새로운 우정을 만들어 주기도 한다. 돈은 독재자도 대통령으로 만들 수 있다.

그러나 돈이 있어야 통일운동도, 평화운동도, 민주화 운동도 할 수 있는 것이다.

아, 돈은 심술 사납고 변덕스럽기도 하다. 그러나 자극적이기도 하고 유혹적이기도 하다. 돈은 천사이자 악마이며, 천국이자 지옥이며, 하나님이자 우상으로 이 돈 때문에 눈물을 흘려본 사람은 누구나 돈이 가진 이 두 얼굴의 정체를 알고 있다.

그러나 돈의 두 얼굴을 인정하는 사람도 돈이 신이라고 한다면 머리를 흔들지 모른다. 돈은 수단일 뿐 그 자체가 목적이 아니며 또 목적이 되어서도 안 된다. 그렇게 되면 사람이 돈에 예속되고 돈은 우상이 될 것이기 때문이다.

기독교는 우상숭배를 금지하고 있지 않은가? 어떻게 돈과 하나님을 혼동할 수 있단 말인가? 옳은 말이다. 그러나 이 믿음을 현실의 삶 안에서 지키기는 더 어려운 것도 진실이다. 돈이 없어서 진학이나 자녀 교육을 포기해야 했던 사람, 돈이 없어서 인간으로서의 최소한의 자존심도 지키지 못해 본 사람, 돈이 없어서 죽어가는 가족과 함께 병원에서 문전박대를 받아본 사람, 월세 돈이 없어서 쫓겨나 본 사람, 돈이 없어서 굶어본 사람은 돈이 하나님이 되는 순간을 경험했을 것이다.

돈이 중심이라면 비즈니스(BUSINESS)제국 속에서 우리의 삶은 고난을 받아야 할 삶의 현장이다. 예수 그리스도를 주라 고백하는 우리는 "하나님의 자녀이면 또한 상속자 곧 하나님의 상속자요 그리스도와 함께한 상속자니 우리가 그와 함께 영광을 받기 위하여 고난도 함께 받아야 할 것이니라"(롬 8:17)라는 말씀처럼 비즈니스를 통해 풍성하고 윤택한 삶이 아닌 고난에 동참하는 삶이라는 현실을 잊지 않아야 한다.

비즈니스를 복음에 적대적이고 제국적인 성향으로 볼 때 먼저 생각해야 할 주제는 경제이고 경제를 보는 우리의 관점이다.

'경제관'이란 돈은 무엇이며 돈이 어떻게 우리의 삶에 영향을 미치고 있는가에 대하여 신념을 가진 일련의 전제들이다. 일련의 전제라고 하는 것은 우리가 돈에 대하여 진실이라고 믿는 추정 또는 원칙들을 의미한다. 이런 전제들은 돈과 관련한 가정과 결론을 비판적으로 검증한 결과로 갖게 되는데 Business As Mission에서는 궁극적으로는 우리의 모든 결정의 원천인 "성경은 무엇이라 말하는가?"에 근거해야 한다.

경제(Economy)의 어원은 주택, 집, 소유물, 가족, 식구, 사람들, 국가를 의미하는 '오이코스(Oikos)'와 거주하다, 거처에 있다, 산다는 의미의 '오이케오(oikeo)'라는 말에서 나왔다. 경제는 이 땅에서 하나님의 나라를 세우는 것이지 돈에 관한 일이라고 생각될 때, 우리와 상호작용을 통해 이 땅을 관리해야 할 것들을 그것들로부터 분리하고 있는 것이다. 일, 돈, 재물과 같은 경제 요소들은 하나님의 이 땅을 향하신 경륜 속의 하나였으며 하나님의 백성들이 하루하루를 살아내는데 필요한 먹고 살기 위한 개념이 아니었다. 인간의 모든 불행의 근원은 하나님과의 관계의 단절이다. 경제가 하나님의 경륜과 멀어지고 단절될 때, 하늘과 땅에 있는 것들을 통일시키려는 하나님의 경륜(Economy-oikonomia)은 money business로 전락한다.

> "그 뜻의 비밀을 우리에게 알리셨으니 곧 그 기쁘심을 따라 그리스도 안에서 때가 찬 경륜(plan-oikonomia)을 위하여 예정하신 것이니 하늘에 있는 것이나 땅에 있는 것이 다 그리스도 안에서 통일되게 하심이라."(에베소서 1:9-10)

> "내가 마게도냐로 갈 때에 너를 권하여 에베소에 머물라 한 것은 어떤 사람을 명하여 다른 교훈을 가르치지 말며 신화와 끝없는 족

보에 착념치 말게 하려 함이라. 이런 것은 믿음 안에 있는 하나님의 경륜(work-oikonomia)을 이룸보다 도리어 변론을 내는 것이다."(디모데전서 1:3-4)

"그러므로 염려하여 이르기를 무엇을 먹을까 무엇을 마실까 무엇을 입을까 하지 말라. 이는 다 이방인들이 구하는 것이라. 너희 하늘 아버지께서 이 모든 것이 너희에게 있어야 할 줄을 아시느니라."(마태복음 6:31-32)

"네 하나님 여호와를 기억하라. 그가 네게 재물 얻을 능력을 주셨음이라."(신명기 8:18)

Business As Mission과 관련한 우리의 모든 질문에 성경이 답을 하고 있지는 않지만, Business As Mission의 중요한 개념들에 대하여 우리가 가져야 할 질문은 "성경이 무엇이라 말하는가?"로 해답을 얻어야 한다.

방향이 다른 세계관은 다른 행동을 부르게 된다. 성경 전체가 우리에게 말해주고 있는 경제관은 결코 나와 우리 가족의 재물의 풍성함이나 축적된 부가 하나님의 축복의 결과가 아니라는 점을 반복해서 강조한다. 재물이 하나님의 축복의 가시적인 결과물이라면 예수님께서 우리에게 "하나님과 돈을 겸하여 섬길 수 없다"라고 말씀하지 않으셨다. 예수님께서는 하나님과 돈 둘 사이의 양자택일을 강요하지 않으셨다.

비즈니스(Business)를 협의의 비즈니스(business, 사업, 장사)라는 개념으로 초점을 맞추게 되면 사업의 핵심요소들인 이익, 지배구조, 지속가능성, 합리적/효과적 경영, 마케팅과 같은 실용적인 주제들에 빠져들게 되고 이런 노력의 성경적 기준을 세우느라 이들에 적절한 성경 구절들을 인용하여 이론화의 유혹에 빠지게 된다. BAM은 경영학의 이론을 뛰어넘는 것이다. 경영학적으로 강조되는 부분들에 대한 깊은 이해에서 멈추거나 그의 응용에 급급하게 되면 어느새 자신들도 모르는 사이에 열정은 희석되고 방향성을 잃고 그저 그런 비즈니스맨 가운데 한 사람으로 남게 된다. Text proofing의 유혹도 찾아온다. 합리화의 유혹이다. 성경 전체가 하나님의 선교를 말하고 있고 우리에게 흔들리지 않을 기준들을 매 권, 장마다 제시하고 있지만, 선교적 삶이라는 큰 물줄기를 벗어나 사업의 유지, 이익의 극대화, 기업의 지속가능성과 같은 지류로 길을 드는 순간부터 우리의 사고는 블랙홀에 빠져들게 된다.

그 대표적인 사례가 바울을 다양한 모습으로 Business As Mission의 실천가로 소개하는 것이다.

바울-자비량 선교사, BAM실천가, Tentmaker?

서구의 Business As Mission은 BAM 기업의 핵심 구성 요소를 Profitability(이익), Sustainability(지속가능성) 그리고 Kingdom Influence(선한 영향력)로 정의한다. 1장에서 소개한 바와 같이 한국 BAM 운동은 여과 없이 이들의 구조를 들여왔다. 여기서도 드러나는 것이 이익이 없는 기업이 지속될 수 없다는 확고부동의 money business 원칙이다. 이 같은 세계관의 체계에서 Business As Mission의 이론

체계를 갖추기 위해서 Tent-maker 바울이 등장하기도 한다. 바울이 Tent-maker라는 주장은 예수님이 목수라는 명제와 같다. 바울이 천막을 만드는 직업을 가진 자비량 선교사의 모델이라는 주장 역시 '과연 그런가?'라는 질문을 던질 필요가 있다.

"그레코-로망의 문화적 배경 가운데 Patron-Client System의 관점으로 사회구조를 이해하면 바울이 왜 다른 곳에서와 같이 교회와 성도들의 후원을 마다하고 천막을 만들면서 자신의 재정적 수요를 채웠는지를 살펴볼 수 있기 때문이다. Patron-Client system 아래에서 Patron은 Client들에게 의식주를 제공하고 군대를 통해 그들을 안전하게 지켜 준다. 그러면 Client들은Patron에게 충성을 다하고 존경을 표하게 된다. 그렇게 악어와 악어 새와 같이 서로 주고 받던 문화가 있었다. 이는 결국 Honor-shame code와도 연결이 된다. 로마제국은 황제가 다스렸지만 사실 지역마다 Patron들이 있었다. 가문별로 일정 지역을 소유하고 있었다. 하지만 이 체계는 그렇게만 보기보다는 일종의 사회 구조에 대한 질서로 보는 것이 타당하다. 각 영주와 지주도 역시 자기 아랫사람에게 Client이면서 Patron 이 되기 때문이다.

따라서 고린도 교회 성도 중에는 막강한 권력과 부를 가진 사람들이 상당수 있었다. 이런 배경을 가진 성도들이 자랑했다. 고린도전서 5장에 소개되는 아비의 여인을 취한 사람(고린도전서 5:1)도 그런 부류의 사람이었다. 교회 안의 이런 사람들에게 후원하는 돈을 받게 되면 그들의 Client가 되어 결국은 그들에게 예속되는 것이다. 이런 상황이 되면 바울은 그들에게 하나님의 말씀을 전하며 그들에게 말씀으로 훈계할 수 없고 단지 그들의 말에 복종해야 하는 상황이 될 수가 있다. 그런 상황을 피하기 위해서는 돈을 받지 않아야만 했다. 그래서 바울은 고린도 교회의 귀족들에게 후원 받는 것을 거부한 것이다. 하지만 자비량 선교의 목적으로 돈이 떨어져서 천막 만드는 일을 했을 가능성을 완전히 배제할 수는 없다. 하지만 성경 본문 자체로 보면 돈이 떨어져서라는 증거를 찾기 어렵다.

오히려 Patron-Client System의 관점에서 귀족들로부터 돈을 받을 수 없었었다면 나머지 고린도 교회 성도들은 대부분 노예였기 때문에 그들로부터 재정적 후원을 받을 수 없었다고 추론할 수 있다. 바울은 노예직의 성도들을 불쌍히 여겨 자신도 일해가면서 복음을 전한 것이었다. 분명한 사실은 후원자가 있는데도 재정적 후원을 거부한 것이다.

반대로 빌립보는 가난한 성도들이 대부분이었다. 저들은 자신들도 힘겨운 상태에서 목숨을 걸고 바울을 후원한 것이었다. 그러한 재정적 후원은 가난한 성도들의 핏값이었고 목숨과 같은 것이었다.**

바울이 Business As Mission이라는 범주의 모델이기 보다 오히려 바울은 자신이 어느 한 영역, 직업, 전략의 중요한 자리로 드러나기보다는 "모든 이를 위한 모든 것"이 되기를 자청했다는 고백과 같이 하늘과 이 땅의 모든 것들을 통일하기 위한 경륜(일, work-oikonomia)을 실천한 실천가(practitioner)였다. 하지만 돈을 중심으로 Business As Mission을 설명

---

* 이 내용은 2017년 1월24일 재미 신학자이자 목회자인 안정섭박사와 필자와의 필담을 정리한 내용이다. 안 정섭 박사에 대하여는 https://www.facebook.com/jeongseop.ahn 을 참조

하는 것만큼 중요한 개념은 '일'이다. 비즈니스제국에서의 '일'과 이 땅에서 천국의 삶을 사는 그리스도인의 '일'은 다르다. 일에 대한 바른 이해는 돈 만큼 중요하다.

일에 대하여는 다음 장에서 다루기로 한다.

business(사업, 장사, 상인)

비즈니스(business)란 모든 문화의 사회 전체에서 이뤄지는 모든 활동을 의미한다. 이런 의미에서 비즈니스는 문화를 포함하고 초월한다.

전통적인 의미에서 비즈니스(business)는 돈을 주고받거나 노동을 제공하고 받는 대가였지만 이제는 서비스 내지는 지식의 제공에 따라 발생하는 유, 무형의 교환도 비즈니스(business)다. 따라서 우리의 삶은 모두 비즈니스적 요소들에 의해 구성된다고 해도 무리가 아니다.

사회 전체에서 이뤄지는 모든 활동이 비즈니스(business)이기에 비즈니스는 사회 전체에 영향력을 미칠 수밖에 없다. 그리스도인들의 삶이 복음을 드러내고 전하고 예수의 제자를 삼는 것이 목표라면 비즈니스(business)는 선교적 삶을 비즈니스(BUSINESS) 세계에서 드러내는 것이어야 한다. 이 삶은 늘 이익을 남길 수 없고, 지속 가능할지 장담할 수 없으며, 비즈니스 현장에서 만나는 사람들에게 목숨까지 내어 주는 것이 당연하기 때문에(요한1서 3:16) 흔히들 말하는 비즈니스(business)와는 사뭇 다르다.

로마 제국에 의해 지독하게 박해를 받고 있었던 초대교회가 이뤄냈던 부흥의 역사는 다름 아닌 성도들의 선교적 삶에 의해 가능했다. 초대교회의 성도들은 구약성경에서 저주받은 인간의 상징이었던 십자가에 매달려 죽은 예수 그리스도를 하나님이요 인간을 구원하러 오신 메시아로 전해야 했고, 이런 복음을 전해야 했던 그들의 대부분은 사회의 하층 계급, 노예와 종의 신분이었던 보잘것없는 사람들이었다.

그들은 역사가들에 의해 독특한 이름으로 기록되기도 했는데 그 이름이 '파라볼라노이' 즉, '위험을 무릅쓰는 자'라는 뜻이다. 이 칭호에 얽힌 이야기는 우리에게 감동을 준다.

> 주후 251년 말에 엄청난 전염병이 돌면서 수많은 사람이 죽어 나가고 시체가 도시에 쌓여 있었는데 그때는 디시우스 황제에 의해서 기독교인들이 이교도들에게서 심한 박해를 받았던 때였다. 전염병이 돌면서 죽은 사람들의 사체가 쌓이자 부유한 이교도들은 전염병을 피해 모두 도망을 쳤다.

> 이때, 북아프리카의 주교였던 키프리안은 전염병이 도는 위험한 상황 속에서 그리스도인들에게 핍박하는 이방인들에게 사랑을 실천할 좋은 기회가 주어졌다고 가르쳤다.

> 이 가르침을 따라 그리스도인들은 전염병에 걸려 죽을 수도 있는 위험을 무릅쓰고 동료 그리스도인들에게 뿐만 아니라 그리스도인을 핍박하던 이교도들에게 진정한 사랑을 보이게 된다.

> 그리스도인들이 죽음에 대한 두려움 없이 진정한 사랑을 실천하는 것을 본 이교도들이 이들에게 붙여준 칭호가 '파라볼라노이(위험을 무릅쓰는

자)'라는 칭호이다.

죽음을 무릅쓰고 사랑을 실천한 초기 그리스도인들!
이들은 실로 깊은 곳에 들어가 그물을 내려 수많은 생명을 취한 사람을
낚는 진정한 어부들이었다.

파라볼라노이!
이는 죽음을 두려워하지 않고 실로 깊은 곳에 들어가 그물을 내려 수많
은 생명을 취한 진정한 어부의 생생한 삶의 현장이다. 이런 진정한 어부
들에 의해 초기기독교는 엄청난 박해 가운데서도 큰 부흥을 이루었다.*

비즈니스(business)를 통해 우리는 이 땅(BUSINESS 제국)에 하나님의
나라를 세우고 확장해야 할 책임이 있다. 비즈니스(business)는 다양한
형태를 보일 것이다. 교사, 학생, 가정주부, IT 회사, 물류회사, 목사, 선
교사, 의사, 변호사 등 어느 곳에서 어떤 일을 하든지 우리는 비즈니스
(BUSINESS) 세계 안에서 모든 일이 비즈니스(business)인 삶을 살고
있다.
지금 여기(Here and Now)는 우리가 창조하는 삶의 생태계가 아니다. 우리
는 하루에 수천 번의 광고와 브랜드를 의식적이든지 무의식적이든지 접
하면서 살고 있다. 세뇌 당하는 삶이다.

---

* 이상규,기독교인의 이름 파라볼라노이,교회와 신앙
  (http://www.amennews.com/news/articleView.html?idxno=2312)

2001년 9월 11일, 화요일 아침 시간에 미국의 심장부인 뉴욕, 뉴욕을 상징하는 건축물 가운데 하나였던 World Trade Center 쌍둥이 빌딩이 납치당한 항공기에 의해 공격을 받았다. 2996명이나 죽었던 그 다음 날, 뉴욕 사람들은 뉴욕 어디의 월 마트가 문을 열었는지? 써브웨이에서 샌드위치를 먹을 수는 있는지를 생각했을 것이다. 이렇게 상품에 대한 정보들이 쉴 틈이 없이 우리의 삶 가운데 들어오며 생각 속에 자리를 잡는다. 알람 소리를 듣고 일어나서 수도요금을 내는 물로 몸을 씻고 향수를 뿌리고, 도시가스를 틀어 음식을 만들어 먹고, 기름 한 방울 나지 않는 나라에 산다는 사실조차 잊은 채 자동차, 버스, 지하철과 같은 교통수단을 이용해 일터로 향한다. 그렇게 살아가면서 스스로 묻고 자기 생각만으로 생각하는 시간은 하루에 얼마나 될까? 아무튼, 우리는 이렇게 나의 의지와는 상관없는 비즈니스의 홍수에 휩쓸려 살고 있다.

이런 세상 속에서 Business As Mission의 실천은 어떻게 가능할까?

바울의 고백이다. 비즈니스(business)가 삶의 모든 것을 포함하고 있음을 바울은 이렇게 고백했다.

> "약한 자들에게 내가 약한 자와 같이 된 것은 약한 자들을 얻고자 함이요 내가 여러 사람에게 여러 모습이 된 것은 아무쪼록 몇 사람이라도 구원하고자 함이니, 내가 복음을 위하여 모든 것을 행함은 복음에 참여하고자 함이라."(고린도전서 9:22-23)

MISSION-선교, 하나님의 선교, missions-우리의 선교적 삶

피터즈(George W. Peters)는 mission을 '예수 그리스도 교회의 총체적인 성경적 과업'으로 사용한다. 교회 안팎의 사역을 포함하는 포괄적인 용어로 쓰고 있다. 교회는 이 세상에 보내진 자라는 것이다. 그러나 missions는 특화된 용어라고 그는 말한다. 신약시대 교회가 변경(邊境)과 그의 직접적인 복음의 영향권 너머에 공인된 사람을 보내어 복음의 빈곤 지역에 예수 그리스도의 복음을 선포함과, 타 신앙 내지는 무신앙으로부터 예수 그리스도에게로의 회심자를 얻어내는 것과, 속한 단체나 나라에서 기독교의 열매를 거두며 활동하며 성장하는 지역교회를 세우는 일을 의미한다고 한다.

보쉬(David J. Bosch)에 의하면 MISSION(사명선교)은 '하나님의 선교, 즉 세상을 사랑하시는 자인 하나님의 자기 계시, 세상에서 또 세상과 더불어 동행하시는 하나님의 참여, 교회가 세상에 참여할 특권을 갖는 것이다'라고 정의한다. missions(해외선교)는 '하나님 선교의 구체적인 시기들, 장소들, 욕구들, 참여 등이다'라고 말한다.

MISSION과 missions,이 둘이 누구에 의한 것인지를 중심으로 구별한다. MISSION은 하나님이 주체이며 missions는 우리의 능동적인 참여로 이어지는 선교적 삶이라고 정의한다. 2003년 2월 3일에 나를 만나 주시고 나의 죄를 깨닫게 해 주시고 나에게 선교적 삶을 살도록 하신 하나님의 선교(MISSION)에 초청받아 여러 곳에서 다양한 삶을 통해 예수 제자의 재생산과 배증의 삶을 살도록 하심(missions)을 의미한다.

하나님께서는 이스라엘 백성을 애굽 땅으로부터 이끌어 내셨다. 그들을 젖과 꿀이 흐르는 가나안 땅으로 인도하셨다. 그 땅을 이스라엘 백성에게 주신 목적은 그들이 그 땅의 수확물을 가난한 사람, 이방인들, 고아와 과부들과 나누어야 한다고 말씀하신다. 그 땅으로 인도하심은 하나님(MISSION)이시고 이스라엘 백성은 그 땅에서 그 사명을 완수해야 할 명령 수행자(missions)다.

선교의 하나님께서는 우리를 제국 속에서 살게 하신다. 오른쪽을 봐도, 왼쪽을 바라봐도 소망이 없어 보이는 그런 곳으로 우리를 보내신다. 우리 눈에는 소망이 없어 보인다. 마케팅을 위한 시장 조사 결과로는 타당하지 않은 시장이며, 원가 대비 수익률은 기대치에 훨씬 못 미치고, 투자금의 회수가 가능해 보이지 않는 곳들이다. 에스겔의 눈에 비친 해골 골짜기와 같다.

> "여호와께서 권능으로 내게 임재하시고 그의 영으로 나를 데리고
> 가서 골짜기 가운데 두셨는데 거기 뼈가 가득하더라."(에스겔 37:1)

청년들이, 비즈니스 경험도 없고 초기 자본도 없는 그들이, 오늘의 비즈니스(BUSINESS) 세계 속에서 바라보는 세상과 같다.
화려한 스펙을 준비하느라 청년들이 바쁘다. 자격증도 갖추고 어학연수도 다녀왔다. 면접시험을 대비한 말 재주도 다듬었다. 주변의 정보와 인맥은 모두 동원해서 취업을 준비한다.
집을 장만할 때까지는 결혼도 미룬다. 이런 우리들의 청년들에게 선교

의 하나님께서는 다른 곳을 바라보라고 하신다.

제국 속에서 천국의 삶을 살라고 하신다. 천국은 하나님의 임재가 충만하고 하나님의 통치가 온전하게 이루어지는 곳이다. 제국 속에서 천국의 삶을 살라는 하나님의 말씀은 성경을 관통한다. 구약과 신약을 어우른다. 기드온의 삼 백 명의 용사의 이야기에서도 배울 수 있다.

> "여호와께서 기드온에게 이르시되 너를 따르는 백성이 너무 많은즉 내가 그들의 손에 미디안 사람을 넘겨주지 아니하리니 이는 이스라엘이 나를 거슬러 스스로 자랑하기를 내 손이 나를 구원하였다 할까 함이니라. 이제 너는 백성의 귀에 외쳐 이르기를 누구든지 두려워 떠는 자는 길르앗 산을 떠나 돌아가라 하시니 이에 돌아간 백성이 이만 이 천명이요 남은 자가 만 명이었더라. 여호와께서 또 기드온에게 이르시되 백성이 아직 많으니 그들을 인도하여 물가로 내려가라. 거기서 내가 너를 위하여 그들을 시험하리라…
>
> … (중략) 남은 백성이 삼 백 명이요"(사사기7:2-9)

전쟁의 승패는 병력의 숫자와 관계한다. 잘 훈련된 많은 병력, 여기에 성능이 좋은 무기가 더해지면 승률은 올라간다. 무엇이든 크고, 넓고, 많아야 시장을 지배하는 비즈니스의 질서와는 전혀 다른 방법이다. 삼만 이 천명에서 300명으로 병력을 줄이신다. 10%도 아니고 1%로 줄이신다. 매출 300억인 회사를 연 매출 3억으로 줄이라고 하신다. 기드온에게만 적용하신 것이 아니라 성경 전체를 관통하는 원칙이다.

모세도 그랬다. 근동 지역의 최강자인 애굽의 왕자인 모세는 평민으로 만들어 쓰신다. 왕자를 왕으로 세워 더 큰 일을 도모해야 하는 우리의 생각과는 전혀 다르다.

좋은 학력, 경력, 이력이 점점 더 성공의 가능성을 높여가는 비즈니스 세계의 원칙과는 다르다. Business As Mission에서 선교의 하나님께서는 전혀 다르게 일하신다.

missions-우리의 선교적 삶

비즈니스(BUSINESS) 세계 속에서 모든 것이 비즈니스(business)인 이 땅에 선교의 하나님께서 우리를 이 땅에 보내셨다(Mission). 이 땅에서 어떻게 선교적 삶을 살아 낼 것인가?(missions)

그동안 스스로에게 던졌던 질문 몇 개를 소개한다.

- 선교적 삶(missional life)이 우리의 의도와 의지로 가능한 일인가?
- 선교적 삶의 결과는 어떤 것이어야 하는가?
- 선교적 삶의 구체적 모습은 어떤 것인가?

BUSINESS 제국에서 business를 통해 천국을 세우고 천국을 사는 것이 우리의 의지로 가능한 일인가?

다윗과 골리앗의 대결은 우리가 어떻게 BUSINESS 제국을 상대해야 할 것인지에 대하여 보여주는 상징적인 사건이다. 골리앗의 모습은 제국의 형상 축소판이다.

"블레셋 사람들의 진영에서 싸움을 돋우는 자가 있는데 그의 이름은 골리앗이요 가드 사람이라. 그의 키는 여섯 규빗 한 뼘이요 머리에는 놋 투구를 썼고 몸에는 비늘 갑옷을 입었으니 그 갑옷의 무게가 놋 오천 세겔이며 그의 다리에는 놋 각반을 쳤고 어깨 사이에는 놋 단창을 메었으니 그 창 자루는 베틀 채 같고 창 날은 철 육백 세겔이며 방패 든 자가 앞서 행하더라." (사무엘상 17:4-7)

자본의 크기에 따라 사업의 승부가 결정되는 지금의 Business 제국의 모습과 흡사하지 않은가? 이런 비즈니스 제국 속에서 살아야 하는 우리의 모습은 초라하기까지 하다. 이런 거인의 모습으로 비춰지는 골리앗의 상대는 꼬마 다윗이었다. 그의 직업은 전쟁과 관계없는 양 치는 목동이었다.

다윗에게 하나님의 기름 부으심이 있었다. 하나님께서 다윗을 골리앗 앞에 세우시기 전에 먼저 그에게 기름을 부으셨다.

"사무엘이 기름 뿔 병을 가져다가 그의 형제 중에서 그(다윗)에게 부었더니 이 날 이후로 다윗이 여호와의 영에게 크게 감동되니라."(사무엘상 16:13)

사울은 하나님으로부터 쓰임 받다 버림받는다. 그리고 다윗이 사울을 이어 이스라엘의 왕으로 등극하는 절차를 밟는다.
기름 부으심!
다윗이 기름 부으심의 의미를 몰랐을까?
기름 부으심의 의식을 치른 다윗의 삶의 모습이 이어진다.

"다윗은 사울에게로 왕래하며 베들레헴에서 그의 아버지의 양을 칠 새에"(사무엘상 17:4)

왕으로 세움을 받은 바울은 원래 그의 삶의 터전이요 직무인 양 치는 자리로 간다.

"그 블레셋 사람(골리앗)이 사십 일을 조석으로 나와서 몸을 나타내었더라"(사무엘상 17:16)

양 치는 목동의 자리에서 다윗은 골리앗의 몸을 사십 일을 아침저녁으로 보게 된다. 골리앗의 약점을 살폈으리라. 하나님의 기름 부으심에 이어 다윗의 삶이 이어진다. 순종적 삶의 본이다. 신약성경에서도 제국의 아이콘인 골리앗을 상대할 다윗을 세울 때의 방법으로 BUSINESS 제국과 맞서게 될 우리에게 해 주시는 말씀이 있다.

"오직 성령이 너희에게 임하시면 너희가 권능을 받고, 예루살렘과 유대와 사마리아와 땅끝까지 이르러 내 증인이 되리라 하시니라."(사도행전 1:8)

다윗이 골리앗을 물 맷돌 한 방으로 쓰러뜨린 사건은 '오직 성령이 임하심'의 출발점이었다. 성령이 임하심이 유일한 전제 조건이다. (하나님의) 성령이 임하시면 땅끝까지 증인의 삶을 살 수 있게 된다.
어떻게?
그다음부터는 우리의 몫이다. 우리의 경험, 지식, 지혜, 인맥 등 삶의 모든 환경은 이제 증인의 삶을 위한 도구가 된다. 마케팅 지식, 회계 방법,

세금과 법률에 대한 지식 등을 쌓아야 한다. 이를 통틀어 선교적 삶을 위한 선교(missions)로 이해해야 한다.

'내려놓음'의 바른 해석이 요구된다.

학생은 공부에 최선을 다해야 한다. 학생에게 공부가 예배다.

일터에서 우리는 최선을 다해 열심히 일해야 한다. 일이 예배이기 때문이다. 지식, 경험, 재물까지도 하나님의 나라를 위해 준비해야 한다.

내려놓아야 할 것이 있다면 그건 모든 것을 선교(Mission)로 만들려는 '우리의 의지'이다. 성령이 임하시면 우리에게 하나님께서 부어 주시는 권능이 더해진다. 그 순간부터 우리는 비즈니스 제국과의 전쟁의 출발선에 서게 되는 것이다. 성령 충만함 그다음에는 우리의 뼈를 깎는 노력이 뒤따라야 하는 이유다.

As

난해한 단어다. 문법에 맞지 않는다. Be 동사의 위치에 전치사가 자리하고 있다. As를 어떻게 설명하는가? As를 어떻게 이해하는가? 는 어쩌면 Business As Mission 이해의 전부가 될 수가 있다.

영화 『Passion of Christ』를 회교국 극장에서 돈을 내고 봤다. 이 영화를 볼 때 내 기억에 가장 강렬하게 남았던 인상은 나 이외에는 모든 관객이 회교도였다는 것이다.

이 영화가 충격적이었던 이유는 CCC의 선교 목적의 영화인 『예수 (Jesus Film)』는 갖고 있었다는 이유만으로도 핍박을 피할 수 없는 영화였기 때

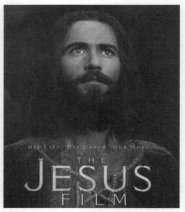

영화 『Passion of Christ』　　　　　CCC의 『Jesus film』

문이다. 복음 전도가 불법인 나라에서 회교도들이 입장료를 내고 예수의 일대기를 2시간 넘게 감상을 했다! 얼마나 많은 선교사가 동원되어 얼마나 큰 노력이 있어야만 가능한 일인가?

『Passion of Christ』는 선교인가? 비즈니스인가?

선교 목적의 영화는 상영금지뿐 아니라 지니고 있기만 해도 핍박을 받아야 한다. 한 가지 분명한 사실은 『Passion of Christ』는 선교의 의도성이 영화에 녹아 있었지만, 그 의도성을 드러내지 않았다는 것이다.

As는 의도성을 배제한다. 선교적 의도라는 의도성도 배제한다.

선교적 삶은 그 어떤 의도도 배제한 삶이다.

사도 요한은 선교적 삶을 이렇게 설파했다.

　　"(예수 그리스도께서 십자가에 달려 죽으시고 사흘 만에 부활하시어 부활하신 몸을 우리에게 보이시고 하늘에 오르셔서) 이로서 우리가 사랑을 알았습니다. 예수께서 우리를 위하여 목숨을 내어 놓으신 것 같이 우리도 친구를 위하여 목숨을 내어 주는 것이 마땅합니다."(요한1서 3:16)

K는 한 나라의 집권 연립여당의 실력자였고 명문가를 이룬 재력가였다. 나라에서 수여하는 작위 중 가장 높고 명예스러운 작위를 받은 사람이다. 그의 인생의 말년에 얻은 폐기종으로 그는 24시간 단 한순간도 산소 호흡기를 떼고 살 수가 없었다. 모든 것을 일구었고 원하는 모든 것을 소유하고 있었다. 그런 그는 외국인이었던 나를 수시로 불러 식사를 같이했다. 그의 형편상 집 밖으로의 외출도 불가능했기에 그와의 모든 약속은 집에서 이루어졌다. 논리가 빈틈이 없었다. 특히 내가 믿는 신앙에 대하여 그가 던지는 질문들은 즉흥적으로 대답하기에는 쉽지 않은 난제들이 대부분이었다. 논쟁은 가능한 피했다. 워낙 자기 신념에 확신이 넘치는 사람이기도 했지만 계속되는 질문 가운데 스스로 답을 찾아 나가기를 바라는 심정으로 수년간 그와 교제를 이어갔다. 비즈니스와 관련된 의제들에 대하여 의견의 일치를 보는 것이 오히려 수월했다. 거의 모든 시간을 그의 옆에 붙어 있던 수행 비서가 의아해할 정도로 그는 나와의 비즈니스에 우호적이었다. 그는 질문하고 나는 듣고……
그러던 어느 날, 그가 내게 이런 질문을 해왔다.

"폴, 나는 기독교인들이 못마땅해. 자기가 주도적으로 결정하고 책임져야 할 일들에 대해 왜 하나님 뜻을 들먹이는지……"

"K, 나는 2003년 2월 3일 이후부터 비로소 옳고 그름의 기준을 갖게 되었습니다. 그동안은 내가 기준이었고 내가 잘 모르는 경우 주변의 사람들의 의견을 듣고 결정을 했었지요. 하지만 예수님을 만난 그날 이후부터는 그분이 나의 모든 결정을 주도하시도록 나는 뒤에 물러서곤 합니다."

K의 질문이 쏟아졌다. 여전히 나는 논쟁거리는 피해가며 나의 경험담만 전해주었다. 내가 늘 K에게 강조했던 것은 나는 K를 기독교로 개종(그는 불교에 심취해 있었다)할 의도가 없다는 것이었다. K가 믿고 싶어 하는 불교에 관하여 깊이 공부하고 연구할 것을 권했다. 대신에 나는 내가 믿는 하나님에 대하여 그가 질문할 때만 이야기를 해 주고 있었다. 이야기가 길어졌다. 그러던 그가 내가 건네준 성경책 가운데 요한복음을 세 번을 읽었다. 그것도 하루에…… 그가 죽기 1주일 전, K는 가장 가까운 친구에게 내가 준 성경을 보여 주며 "이 성경책이 몇 년 전에 폴이 내게 준 것이네"라고 했단다. 이야기를 전해 준 친구가 하는 말,

"폴, 자네가 읽던 성경책을 K에게 줬던 게지?

"아닌데, 새 성경책을 사서 줬는데?"

K는 내가 준 새 성경책이 헤어져 너덜너덜해 질 때까지 읽었던 것이다. 그리고 K는 가족들에게 유언을 남겼다.

"내 장례식에 징 소리 울리지 말고, 중 부르지 말고……"

그 장례식의 주인은 K와 나였다.

비즈니스 파트너였다. 나는 K를 단 한 번도 개종 대상자로 여기지 않았다. 그는 내 생명을 내어 줘야 마땅할 친구였다. 물론 이 말도 그에게 한

적이 없지만……

Business As Mission의 사례는 As에 초점이 맞춰진 사례여야 한다. 많은 사례들이 사업의 성공에 집중하고 사람들은 성공한 비즈니스에 열광한다. 보이는 현상을 이렇지만 현상의 수면 아래에서는 절망하는 탄식과 좌절의 한숨 소리로 아우성이다. 손에 가진 것이 없고 제대로 해본 일의 경험이 없거나 부족한 청년들과 선교사들의 소리다.

선교(missions)의 사례들도 다를바 없다. 스포트 라이트를 받는 선교 현장의 사례들은 거의 예외없이 주인공은 한국 선교사이고 등장 인물들은 현지 사람들이다. 주인공이 사라지면 연극은 곧바로 막을 내려야 한다.

As가 중심이 되는 사례들은 양 방향성의 특징을 보인다. 다양한 선교적 삶을 살아내는 사람들 속에서 하나님 나라가 세워지고 확장되는 사례들이다. 반대로 교회개척, 긍휼사역, 고아원, 양로원...과 같은 전통적인 사역의 중심에서 선교적 삶을 살아낸 선교사들을 통해 비즈니스가 시작되고 확장되고 이를 통해 그 동안에는 전혀 볼 수 없었던 하나님 나라의 신세계가 펼쳐 지는 사례들이다.

수 년째 실종 상태로 미제 사건이 되어 있는 말레이시아의 MBB (Muslim Background Believer 회교 개종자를 뜻 함) 사역자 레이몬드 코 목사는 나와는 둘 만의 비밀이 꽤 있는 사역자였다. 3년이란 긴 시간 동안 숨어서 나를 지켜 보던 한 무슬림과의 첫 만남 이후부터 수 년간 이어진 마치 환타지 영화를 보는 듯 신비스럽게 펼쳐진 나의 선교적 삶의 이야기는 아주 가끔 사례 연구 시간에 소개되고 있다. 나의 비즈니스는 이 사람과는 전혀 관계가 없었다. 그 사람이 나와 만나게 될 확률은 거의 제로에 가까웠다. 왜냐하면 나는 남성이고 그는 여성이었고, 그녀는 여성만을 상대하는 직업이었다. 그것도 무슬림 여성만...

그녀를 만나기 전에는 심각하게 무슬림을 개종하거나 전도해야겠다는 열정을 가져 본 기억이 없다. 왜냐하면 나의 비즈니스 파트너들은 90% 이상이 중국계였고 내가 만나야 할 무슬림들은 거의가 국영기업 근무자 내지는 고위직 공무원들이었기 때문이다.

선교란 무엇인가?라는 명제에 대한 학문적 정리는 이제 새로운 시도가 필요가 없을 정도로 잘 정리되어 있다.

그러나 '선교적 삶이란 무엇인가?'라는 질문은 아직 진화중인 듯 하다.

As를 깊이 묵상하는 삶이 Business As Mission에서 가장 의미있는 시간이다.

As는 선교와 비즈니스를 통합하기도 하고 떼어 내기도 하고 함께 걷게 하는 순간도 있다.

어느 운동도 꼭 써야 할 근육을 잘 다듬고 만들어서 그 근육만 사용하면 효과적이다. 수영하는데 머리에 힘을 줄 이유가 없다. 골프를 잘 치기 위해서는 어깨와 팔, 손에 힘을 빼야만 한다.

선교적 삶을 잘 살아 내기 위해서는?

그 삶을 성공적으로 살아 내겠다는 '의지'를 내려 놓는 것부터 시작이다.

As는 드러나지 않는다.
As는 자신은 흩어지는 촛농처럼 사라지게 되지만 어둠을 밝힌다.
As는 어쩌면 우리의 생이 마친 이후에 드러나게 될 수도 있다.

4. Business As Mission, 일의 신학

여호와 하나님이 그 사람을 이끌어 에덴
동산에 두어 그것을 경작(abad)하며 지
키게(shamar)하시고

창세기 2:15

Business As Mission - 일의 신학

우리의 일상의 일은 하나님과의 관계에서 비로소 의미가 있다.

예수를 인격적으로 만난 그리스도인의 변화된 삶은 생활방식으로 드러난다. 이 변화된 생활방식이 세상에 큰 영향을 미쳤다. 초대교회 당시의 기독교가 고대 세계에 끼친 영향은 로마제국이 기독교를 국교로 받아들이게 된다. 우리의 삶의 변화가 세상의 변혁의 출발점이 된다. 개개인의 삶의 변화는 공동체에 영향을 준다. 초대교회의 성령의 역사는 교회의 부흥의 역사이고 부흥은 고난과 핍박의 역사이기도 하다. 삶의 변화는 일에 관한 생각, 행동 그리고 일의 결과로 얻어지는 수입에 대한 총체적 변화를 의미한다.

일함으로 얻어지는 모든 수입은 노동의 대가로 얻어지는 것이 아니라 하나님의 은혜임을 고백하게 된다.

땀 흘려 일하는 것이 저주가 아니라 축복이며 배려임을 고백하게 된다. 하나님과의 관계 속에서 일은 기독교 경제관을 세워가는 첫 단추이기도 하다.

경제학(Economics/Oikonomia)은 이 땅을 향한 하나님의 원대한 계획이었고 경륜이었다.

> 그 뜻의 비밀을 우리에게 알리셨으니 곧 그 기쁘심을 따라 그리스도 안에서 때가 찬 경륜(plan/oikonomia)을 위하여 예정하신 것이니, 하늘에 있는 것이나 땅에 있는 것이 다 그리스도 안에서 통일되게 하려 하심이라 (에베소서 1:9-10)

> 내가 마게도냐로 갈 때에 너를 권하여 에베소에 머물라 한 것은 어떤 사람을 명하여 다른 교훈을 가르치지 말며, 신화와 끝없는 족보에 착념치 말게 하려 함이다. 이런 것은 믿음 안에 있는 하나님의 경륜(work/oikonomia)을 이룸보다 도리어 변론을 내는 것이다 (디모데전서 1:3-4)

경제학(Economics/Oikonomia)이 나라를 세우는 것이라는 생각보다 단지 돈에 관련된 일이라고 생각될 때, 우리가 사람에 반하여 동물과 식물에 관한 관심으로 생태학을 생각할 때, 우리는 진정한 상호관계가 있는 것들을 그들과 분리하고 있는 것이다. 하나님은 우리를 그의 집의 관리인으로 부르셨다. 건물을 짓고, 개량하고, 정원을 가꾸고, 하나님의 창조물을 관리하도록 부르심을 받은 것이다. 우리는 그의 집을 관리함으로 그분께 영광을 돌리는 하나님의 형상을 가진 자들이다.* 경제를 하나님과 관계없는 학문으로 만든 결과는 우리와 하나님과의 관계가 단절되고 결국, 경제는 돈과 관련한 일(money business)이 되었다. 경제는 하찮은 단순 노동이 아닌 우리의 모든 지성이 동원되도록 위임 받은 일이다. 우리의 진정한 부의 근원을 지성(mind), 즉 문자적으로는 '자본주의(Capitalism)'라는 단어가 '카풋(caput; 머리)'이라고 상기시켜 준다.**

하나님과의 관계가 단절된 경제(oikonomia)가 온통 돈에 대하여 관심을 끌게 된 것과 같이 일(work)도 그렇다. 돈을 벌기 위해 일을 한다는 생각이 우리를 지배하게 되었고 돈 되는 일만 가치 있는 일이 되었다. 교회 안에서도 어떤 일을 하는가에 따라서 그룹이 나뉘어 진다.

"일은 본래 살기 위해 하는 것이 아니라, 그것을 하기 위해 사는 것이다."***

일은 사람에게 좋은 것이다. 일은 범죄한 아담을 위한 하나님의 배려고 은총이라는 의미다.

> "네가 네 아내의 말을 듣고 내가 네게 먹지 말라 한 나무의 열매를 먹었은즉 땅은 너로 말미암아 저주를 받고 너는 네 평생에 수고하여야 그 소산을 먹으리라"(창세기 3:17)

---

* 대로우 밀러, 『생각은 결과를 낳는다』,p.346,예수 전도단

** ibid, p.139

*** Dorothy Sayers, 『Creed or Chaos? Managing your time』 (Grand Rapids; Zondervan,1967) Pp.21-23

하나님의 말씀을 거역한 아담의 죄로 인해 저주받은 대상은 아담이 아니라 땅이었다. 아담에게 내리신 명령은 평생에 수고(일)해야 그 소산을 먹을 것이라는 말씀이다. 죄는 시간이 많아 한가한 사람들이 짓는다. 돈과 시간에 여유가 많은 사람이 죄를 짓게 될 확률이 높다. 하루를 땀 흘려 일한 사람은 죄지을 시간도 여유도 없다.

비즈니스(BUSINESS) 제국에서는 일의 힘든 정도나 일에 대한 대가(수입)에 따라 평가된다. 일은 나와 가족을 위함이다. 하지만 하나님 나라에서의 일은 다르다. 하나님께서는 젖과 꿀이 흐르는 땅을 이스라엘 백성에게 주시면서 그 땅에서 얻게 될 수확물을 가난한 자들, 이방인들, 고아와 과부들과 나누어야 한다고 말씀하신다. 그리고 신약에서의 가르침은 "도둑질하는 자는 다시 도둑질하지 말고 가난한 자에게 구제할 수 있도록 자기 손으로 수고하여 선한 일을 하라"(엡 4:28)이다. 회심한 도둑은 선한 목적을 도둑질을 통해 이루지 말고 자기 손으로 일해야 했다. 비즈니스 제국에서의 일은 자신과 자기가족의 안녕과 번영을 목적으로 하지만 하나님 나라의 일은 공동체를 이롭게 하기 위함이 목적이다. 토지의 경제성과 생산성은 사회 전체의 필요와 관계가 있다.

일을 통해 얻고 이루게 되는 그 어떤 것들보다 더 중요한 것은 하나님을 섬기는 것이다. 일을 통해 하나님을 섬기는 것보다 귀하고 중요한 것은 없다. 일은 곧 예배다(To work is to pray).

114

일의 신학 - Theology of Work

비즈니스 제국(BUSINESS)은 우리 삶에 관계하는 모든 것이 비즈니스(business)다.

성경에서 일(work)이 가장 먼저 언급된 구절은 창세기 2장이다.

> "하나님이 그가 하시던 일을 일곱째 날에 마치시니 그가 하시던
> 모든 일을 그치고 일곱째 날에 안식 하시니라. 하나님이 그 일곱째
> 날에 복되게 하사 거룩하게 하셨으니 이는 하나님이 창조하시며
> 만드시던 모든 일을 마치고 그 날에 안식 하셨음 이니라."
> (창세기 2:2)

하나님께서 태초부터 일하시고 우리에게 일의 본을 보여 주셨다. 일은 하나님께 속함을 하나님께서 일하심으로 보여 주셨다.

예수님께서는 "내 아버지가 이제까지 일하시니 나도 일한다"(요한복음 5:17)고 말씀하셨다.

많은 사람에게 일은 생존을 위함이다.

교회 안에 있는 성도들에게도 일은 소비하기 위함이다.

같은 소비를 하지 못함을 수치로 여긴다.

일에 대한 Business As Mission 세계관은 '하나님의 영광'을 위해서이다.

왜 일해야 하는가? 우리는 하나님의 영광을 위해서 일한다.

> "하나님이 이르시되 우리의 형상을 따라 우리의 모양대로 우리가
> 사람을 만들고 그들로 바다의 물고기와 하늘의 새와 가축과 온 땅

과 땅에 기는 모든 것을 다스리게(radah)하자 하시고, 하나님이 자기 형상 곧 하나님의 형상대로 사람을 창조하시되 남자와 여자를 창조하시고, 하나님이 그들에게 복을 베푸셨다. 하나님이 그들에게 말씀하시기를 생육하고 번성하여 땅에 충만하라. 땅을 정복하라. 바다의 고기와 공중의 새와 땅 위에서 살아 움직이는 모든 생물을 다스려라(radah)"(창세기 1:26-28)

우리는 다스리기(radah)위해 만들어졌다. 우리는 하나님께서 창조하신 온 우주 만물의 관리를 위임 받은 관리인(manager)이며 청지기(steward)다. 피조물을 다스림의 궁극적 목적은 하나님께 영광을 돌리기 위함이다.

"그가 바다에서부터 강에서부터 땅 끝까지 다스리니(radah)"
(시편 72:8)

하나님께서 창조하신 우주 만물을 우리에게 맡기셨다. 하나님과의 관계의 회복은 하나님께서 우리에게 주신 과업의 회복이다. 온 우주 만물이 다 하나님 것이다. 온 세상을 우리에게 위임하셨다. 땅, 산, 바다, 들, 강 모든 것들이 우리가 다스려야 할 대상이다. 하지만 우리는 여전히 땀을 흘리면서 일해야 한다.

어떻게 일해야 하는가?

왜 일해야 하는지에 대한 우리의 질문에 성경은 '다스리기(radah) 위해서'라고 명확하게 그 이유를 말해 주고 있다. 그렇다면 어떻게 일해야 하는가?

> "여호와 하나님이 그 사람을 이끌어 에덴동산에 두어 그것을 경작(abad)하며 지키게(shamar)하시고"(창세기 2:15)

> 그들이 회막 앞에서 아론의 직무와 온 회중의 직무(shamar)를 지키며(shamar) 이스라엘 자손의 직무를 위하여 성막에서 시무(abad)할지니"(민수기 3:7-8)

하나님 아버지 앞에서 정결하고 더러움이 없는 경건은 곧 "고아와 과부를 돌보는 일"(야고보서 1:27)이다. 더 많은 일, 더 귀한 일을 위해 돈을 더 많이 가져야 한다는 생각을 하는 그리스도인들은 이 말씀을 다시 한 번 되새겨야 한다.

하나님 나라를 위한 우리의 믿음은 더 많은 것을 소유하고 더 많은 것을 드림으로 참여한다는 생각을 하지만 예수님께서 하신 말씀은 다시 한번 우리의 관심을 오직 하나님을 향하게 하신다.

겨자씨만 한 믿음이면 족하다.

어떤 일을 하든지 우리 안에 하나님을 갈망하고 하나님의 나라를 소망하는 겨자씨만한 믿음이 있다면 그 믿음을 사용하시어 이 산을 저쪽으로 옮기실 하나님을 신뢰해야 한다.

땅을 갈고 씨 뿌리는 일(abad)이 성막에서 시무(abad)이며 에덴동산을 지키는 일이 회막에서의 직무(shamar)다. 일이 예배이고 예배가 곧 일이다.

올바른 일의 성경적 기준 - yatab

"가인아, 왜 화를 내니? 왜 얼굴을 붉히니? 네가 올바른 일을 하였
다면(yatab), 어찌하여 얼굴빛이 달아지니? 네가 올바른 일을 하지
않았으니, 죄가 저의 문에 도사리고 앉아서, 너를 지배하려고 한
다."(창세기4:6-7)

인류 최초의 살인 사건인 가인과 아벨 이야기의 핵심은 '올바른 일을 했
느냐?'였다. 목적도 시작도 그리고 과정과 마지막 마무리의 모든 일이
올바르게 행해졌는가?
일을 예배 드리는 것과 같이해야 한다.

타문화권에서의 BAM Practice는 기준이 없는 곳에 기준을 세우는 일
이기도 하다. 죄악이 일상이 되어 있는 문화 속으로 들어가 빛과 소금의
역할을 해야 하는 일이다. 뇌물이 일상인 곳에서 뇌물로 해결해야 할 수
많은 일을 뇌물을 거부함으로 고난의 길에 들어서는 것이다. 선교적 삶
을 시작하는 순간부터 돌아오는 것은 일하지 않고 도움 받으려는 사람
들의 손길이고, 적게 일하고 많이 가져가려는 탐욕이 가득한 종업원들
이고, 온갖 이유로 뇌물을 받아 내려는 탐관오리들의 분주한 발걸음이
기도 하다. 모든 이를 사랑하고 품겠다는 생각은 낭만적인 꿈이라는 사
실을 깨닫는 데까지 그리 오랜 시간이 걸리지 않는다. 이웃들은 의심이
가득한 눈초리로 감시한다. 24시간 움직이는 CCTV가 우리의 삶을 일
거수일투족까지 감시한다. 이런 적대적 상황에서 행해야 하는 올바른

일을 한다는 것이 가능하기는 한가?

A는 목사이자 선교사다.

창의적 접근 지역이며 복음에 적대적인 국가에서 조그만 봉제 공장을 운영하는 사업가이기도 하다. 그 나라가 개방되기 시작할 즈음에 들어갔다. 20년이 훨씬 지난 지금 그의 공장 터는 꽤 가치가 높아졌다. 사역 초기에 사업을 크게 시작할 형편이 아니었던 그는 주 정부로부터 받은 공장 부지의 절반만 이용하던 중에 사용하고 있지 않던 절반의 땅을 주 정부 관리와 결탁한 지역 사업가에게 빼앗기게 되었다. A목사는 지방정부와의 소송을 10년 가까이 변호사도 없이 홀로 감당하고 있다.

공단을 관리하는 간부는 지난 10여 년 동안에 A목사로부터 작은 뇌물이나 선물을 받아 본 적도 없고 받아 내려고 하지도 않는다. A목사는 그런 사람으로 이 지역에 알려져 있다. A목사는 그동안 수상실과 중앙정부에 편지를 보내 부당함을 알리고 중앙정부는 지방정부에 공문을 보내 더 이상 시끄럽게 만들지 말고 조속히 일을 마무리하라고 지시를 내리고, 이런 일의 반복이 10년이 다 되어 간다.

그러던 어느 날, 최근의 일이다. 지방정부 책임자들이 모여 회의를 하니 참석을 해 달라는 공문을 받고 잠시 고민하던 A목사는 회의에 참석하지 않기로 하고 평상시와 다름없이 공장에서 직원들과 함께 땀 흘리며 일하고 있었다. 아침 10시쯤 되었을까? 지방정부 책임자의 비서가 공장에 찾아왔다. 자신이 모시고 갈 터이니 회의에 꼭 참석해 달라며 재촉을 한다.

A목사는 정부 관리에게 '내 카운슬러와 의논을 해야겠다. 시간을 좀 달라'고 하며 집무실에서 기도로 지혜를 구했다. 기도 가운데 회의에 가지 말아야겠다는 생각이 강하게 들어 집무실 밖으로 나와 관리에게 이렇게 말했다.

"내 카운슬러가 오늘 회의에 가지 말라고 하네요. 그러니 그렇게 전해 주기

바랍니다" 정부 관리가 고개를 갸우뚱 하면서 A목사에게 다시 말을 걸어 온
다.
"내가 그 카운슬러와 통화를 좀 할 수 있겠냐?"

2018년 4월에 그 공장을 방문했을 때, 종업원들과 종업원들의 가족
들이 대부분인 그 지역 사람들이 A목사를 대하는 진지한 모습에서 어떻게 일
해야 바르게 일하는지에 대해 많은 생각을 하게 되었다. 종업원 가운데는 공
산당으로부터 그 공장에서 일하지 말 것을 강요당하고 심지어 협박을 당한
직원이 꽤 많았다. 이제 협박은 수그러들고 오히려 정부 관리들이 A목사의
눈치를 보는 형국이 되었다.

하나님께서 만드셨고 하나님의 형상을 닮은 사람들이 사는 이곳에 예수
그리스도께서 오셨다. 그 예수 그리스도께서 우리를 "가라!"고 하셨다.
그 분께서 보내시는 그곳으로……
비즈니스(BUSINESS)제국은 하나님께서 우리를 창조하신 분이고 우리
는 죄로 말미암아 죽을 수밖에 없는 존재이며 우리를 위해 예수 그리스
도가 이 땅에 오셔서 그 생명을 우리를 위해 십자가에 내어 주셨다. 그 예
수께서 다시 오셔서 이 모든 피조물의 세계를 창조의 원래 모습으로 회복
시켜 주시고 우리의 구원을 완성해 주실 것임을 증거해야 할 곳이다.

오늘날 가톨릭 교회의 예배를 뜻하는 '미사(misa)'는 라틴어 예배 의전의
마지막 문장인 '이테 미사 에스트(ite misa est)'에서 나온 말이라고 한다.
고상한 말로 옮기면"이제 여러분은 해산하십시오!"라고 할 수 있다. 투

박한 말로는 "나가시오!"* 세상으로 흩어지라는 말이다.

비즈니스(BUSINESS)제국에서 올바른 일(yatab)을 행하는 것은 결코 우리의 의지나 각오로 유지되는 삶이 될 수 없다. 그렇기에 예수님께서 이렇게 말씀하셨다.

> "오직 성령이 너희에게 임하시면 너희가 권능을 받고……"
> (사도행전 1:8)

이 땅에서 땅끝까지 복음을 증거하는 삶을 살 수 있는 동력은 오직 '성령이 임하심' 외에는 없다.

성경 전체가 선교를 말하고 있다.
신, 구약의 성경 속의 이야기는 하나님을 대적하는 세력, 제국의 힘으로, 제국화의 모습을 보이는 등장인물들을 통해 하나님께서 이 땅에서 하나님의 나라를 세우기 위해 우리를 어떻게 사용을 하는지에 관한 이야기다.

일에 대한 성경의 가르침은 비즈니스(BUSINESS)제국을 겨냥하고 있다.

---

* 존 스토트, 『현대사회 문제와 그리스도인의 책임』 p. 51,IVP

5. BAM 정체성
-나를 누구라 하느냐?

그리스도께서 나를 보내심은 세례를 베
풀게 하려 하심이 아니요 오직 복음을
전하게 하려 하심이라

For Christ did not send me to
baptize, but to preach the gospel

고린도전서 1:17

BAM Practitioner의 정체성

예비군 훈련 중에 동원훈련이 있었다. 이 훈련은 제대군인들을 한 병영에 모아서 며칠을 함께 보내는 집체 훈련인데 육, 해, 공군이 모두 한 내무반에서 지내면서 훈련을 받는다. 군 제대 후 몇 년 동안은 이 훈련을 참가했어야 했는데 30년이 더 지난 세월의 오래된 일이지만 당시 훈련 조교의 말이 아직도 생생하게 기억이 난다.

"육군은 좌로 타군은 우로 헤쳐 모여!"

육군, 해군, 공군으로 구별하지 않고 육군 외에는 모두 타군이었다. 육군 위주의 한국군대의 문화를 상징할 만한 경험이었다. 육군의 관점에서 해군과 공군은 모두 '타군' 에 불과하다.

교차문화권 사역(Cross-cultural ministry)의 현장에서는 '나' 라는 한 인간의 존재가 만나는 사람마다 다르게 규정되는데 한국사역자 모임에서도 유사한 일들을 경험한 적이 있다.

"목사, 선교사만 잠시 남아 주시고 평신도들은 가셔도 좋습니다."
평신도 이외에 '독립군', '무자격선교사'라는 명칭도 때론 들었다. 육군이외는 모두 타군으로 간결하게 정리가 되는 앞선 사례를 군사문화의 정형이라고 한다면 목사, 선교사 이외의 사람들을 타자로 구별하는 경우도 매우 독특한 구별이라 할 수 있다. 정체성의 문제는 외부자의 관점과 내부자의 갈등의 두 사이에서 일어난다. 따라서 BAM 실천가들은 늘이 두 관점에서 자신을 돌아봐야 한다.

Emic과 Etic의 관점은 정체성의 혼란에서 균형을 갖도록 도움을 줄 개념인데 하나는 수평적으로는 BAM 현장에서 만나는 사람들, 동역자들과의 관계 그리고 수직적으로는 하나님과의 관계를 늘 점검해야 한다. 비즈니스 현장에서의 선교적 삶의 유지와 지속가능성은 이익을 기초로 하는 기업의 지속가능성 이전에 '예수 그리스도 안에서 성령과 함께 하는 삶'이어야 하기 때문이다.

무엇이 문제인가?

동원훈련장에서의 보이지 않는 차별을 극복한다고 해군, 공군에서 육군으로 신분을 바꿀 이유는 없다. 왜냐하면, 전쟁터에서는 육군만 병력이아니라 해군, 공군도 적을 상대로 싸우는 동등한 신분이며 육군이든 해군이든 모두는 '국군'이기 때문이다. 사역지에서도 이런 환경이면 말할

나위 없는 좋은 상황이겠지만 목사, 선교사가 아닌 성도들의 사역에는 유형, 무형의 불이익과 불평등이 존재하며 이를 넘어서는 방편으로 다양한 방법으로 목사, 선교사가 되려는 사람들이 있는 것이 현실이다. 성도(평신도)를 파송하는데 열심인 교회는 드물다. 특히 성도의 삶을 살다가 타문화 사역으로 부름을 받는 경우에 교회 가 이들을 기쁘게 비즈니스 사역자(이 글에서는 'BAM Practitioner'라고 명칭 한다.)로 파송하는 사례는 거의 없다.

'평신도'라는 말이 성경에 없다면서도 끈질기게 유지되는 명칭의 이면에는 '의도성'이 있다. 평신도의 반대말은? 반대어보다는 비교급 명칭이 있는데 그것이 바로 '목사' '제사장' '선교사' '장로'와 같은 호칭이다. 이 글에서는 '성도'라는 이름으로 모두를 칭하려 한다. 굳이 이 세상 사람을 구별해야 할 필요가 있다면 '선교지'인 사람과 '선교사' 이 둘뿐이다. (방동섭, 『선교없이 교회없다』) 복음을 전하지 말라고 부름을 받은 사람도 있을까?

선교사란 누구인가? 이는 나의 문제였고 이 문제는 진행형이다. 선교사(missionary)라는 명사는 성경에 직접적으로 등장하지 않는다. 하지만 성경에서는 헬라어의 하나님의 복음을 증거하고 전하기 위해 '보냄 받은 자'라는 이름으로 자주 소개된다. (헬라어 'apostello'(send)는 신약성경에 135번 등장한다.) 선교사를 정의하는 단어 중에서 가장 중요한 의미를 지닌 '보냄sentness'을 헤셀 그레이브는 '선교사는 하나님에 의해

보냄 받은 자여야 하며 예수가 그 좋은 사례' 라고 한다.[*]

선교사란 '타문화권 복음전도를 위한 독특한 목적으로 하나님께 부름 받은 자'라는 의미에서 BAM Practitioner들이 선교사로 호칭됨에 문제가 없지만 교회나 선교단체로부터 파송받은 바 없고 정식 선교사 훈련을 받은 바 없이 사역하는 경우에는 전통적인 한국교회와 성도의 관점에서는 '무자격' 이며 선교사로 구별되지 않는다. 하나님께서 선교사로 부르심(소명)에 대하여 논한다면 나의 대답은 '예'와 '아니오' 보다는 사역에 대한 나의 능력과 그 능력의 적절한 행사를 고려한 부르심의 여부가 논점이 되어야 한다. 즉, 부르심이란 직책과 직분이 아니라 사역에 대한 부르심이라는 견해에 가깝다. 하나님의 부르심을 '일반적인 부르심과 특별한 부르심' 두 가지로 구별하기도 한다. 선교사로의 부르심에 확신에 대한 견해를 이렇게 소개한 적이 있다.[**]

'선교사로서의 부르심에 대한 확신, 즉 하나님의 뜻이 어디에 있는가?' 였다. 선교사로 헌신하려는 사람들뿐 아니라 선교사로 이미 사역지에 있는 분들 중에는 자신의 사역지가 과연 하나님께서 원하시는 곳인지, 사역지를 옮겨야 하는 것은 아닌지 갈등을 겪는 분들을 제법 많이 봐 왔

---

[*] 이 주제는 기독교 선교의 10가지 핵심적 질문 중 하나로 다뤄지고 있기도 하다. David J. Hessel- grave Paragigms in Conflict-10 Key Questions in Christian Missions Today, Kregel Academic & Professional, 2005 특별히 『Amateurization and Professionalisation』 chapter에서 다룬다.

[**] 백바울, 『위대함을 선택하라』, 샘솟는 기쁨, 2013, p.61

Background Believer)과 무슬림배경(MBB, Muslim Background Believer)들의 사례를 경험하면서 타 종교의 이해에 대한 중요성과 필요성을 느꼈다. 다른 종교를 가진 이들의 세계관을 이해하는 것이 구체적으로 이들의 문화 속으로 들어가는 성육신의 과정이라는 깨달음이 있었다. 이런 타문화권의 다원화된 종교의 생태 계 속에서 신학적으로 정형화된 양육의 프로그램의 적용은 거의 불가능하다.

비전임 사역자(평신도라는 용어로도 쓰임)들의 제자훈련을 위해 신학교육을 받아야 한다는 주장에 대한 반응은 다양하다. 이를 심각한 정체성의 도전으로 받아 들이게 되면 심지어는 사업도 접고 신학교를 가는 사례로 이어지고 반대의 경우에는 양육에 대하여 소극적이거나 방어적 태도를 보이기도 한다. '소극적'이라 함은 논쟁의 여지가 있는 신학적 주제에 대하여는 어정쩡한 자세를 유지하는 것이다. 세례와 침례가 그 대표적인 주제가 된다. 제자훈련의 수준과 질에 대하여 먼저 고려해야 할 점은 창의적 접근지역의 문맹률과 개인별 교육 및 지적 수준의 차이다. 문맹률이 높은 지역에서의 활자화 된 교제를 통한 제자교육은 재고해야 하며 문화적으로 문자보다는 이야기에 익숙한 경우에는 문자화된 양육의 과정보다는 '이야기 방식의 제자훈련(narrative discipleship training)' 방법이 더욱 유용하다.

창의적 접근지역에서 이야기 방식의 양육이 주는 유익 가운데 가장 중요한 것은 개종자들의 안전을 가능한 확보할 수 있다는 점이다. 핍박의 이유 가운데 가장 손꼽는 이유 중의 하나가 바로 '성경을 지니고 있다는 이유'이기도 하다는 점을 유의해야 한다. 개종자를 위한 양육의 수준을 감당할 수 있을 정도의 준비는 우리 모두가 갖춰야 한다. 하지만 이를 위해 제도권의 신학교육을 받아야 하는지의 필요성에 대한 견해는 여전히 회의적이다. 앞서 언급한 종족배경의 세계관의 차이는 성경의 진리 한 구절이 각각 다르게 해석되고 이해되어야 하는 상황화의 과정을 거쳐야 하기 때문이다. '예수의 어머니 마리아'라던가 '하나님의 아들 예수' 또는 '예수의 아버지 하나님'을 담은 복음이 무슬림 배경의 새신자들에게 적절하게 설명되고 이해되는 과정은 결코 신학교육만으로 쉽게 해결될 문제가 아니다. 더욱 더 어려운 교리인 '삼위일체'는 MBB들이 수 년간의 이야기 방식의 성경공부가 진행되는 과정에서 그들이 먼저 질문하기 전에는 설명하지 않았다. 하지만 이런 이야기 방식 양육의 방법은 개종자들이 재생산(Re- production)과 배증(Multiplication)이 지속적으로 일어나는 상황에서의 단순적용은 어렵다.

세상이 요구하는 자격에 대한 갈등과 충돌은 어제 오늘의 이야기는 아니다. 모라비안 공동체인 헤른후트 공동체를 이끌던 진젠돌프도 비합법적 평신도 설교자로서의 오명을 씻기 위해, 1974년에 루터교회의 신학자로서 인정되는 시험에 합격하였다. 그리고는 튀빙겐에서 루터교 목사직을 받았다. 이러한 과정을 거쳐 모라비안 공동체는 개신교에 속하는 감독교회임을 영국 의회법령에 의해 1749년 승인 받았다.*

---

* 김영선, 경건주의의 이해, p.219

세례와 성만찬

세례와 성만찬은 BAM사역 가운데 늘 만나는 주제다. 교회도 성도도 없는 지역에서 아내와 둘 만의 성찬식을 통해 새 힘을 얻고 무엇보다 예수 그리스도를 기념하기 위한 의식으로 특별하다는 생각을 갖고 있다. 하지만 둘 만이 아니라 여럿이 모였을 때 성만찬의 인도는 돌아가며 진행했다. 성만찬 예식의 집례는 큰 부담이나 이견이 없었지만 세례를 대하는 자세나 이해는 사람마다 다름을 발견할 수 있었다. 상황(context)과 말씀(text)사이에 묘한 긴장이 있다. 세례를 중심으로 사례와 함께 살펴보면 좋겠다.

세례(침례)는 '잠기다', '씻다'라는 뜻을 지닌 동사 'Baptein', 'Baptizein'에서 파생된 명사이다. 따라서 세례(침례)는 물 속에 잠그는 것이고 깨끗이 씻는 것이다. 세례는 기독교의 역사와 함께 변함없는 전통과 깊은 의미를 가지고 있는 하나의 성례전이다(Sacrament). 세례의 신학적 의미는 첫째, 세례는 예수 그리스도의 사람이 되는데 필요한 결정적 사건이다. 둘째, 세례는 자신의 죄를 회개하는 것과 동시에 하나님의 용서를 받는 예전이다. 셋째, 세례는 새로운 피조물로서의 탄생을 의미한다. 넷째, 세례는 크리스천 공동체의 일원이 되게 하는 의식이다.[*]

세계교회협의회는 다음과 같이 세례가 주는 5가지의 신학적 의미를 정한 바 있다.

---

[*] 정장복, 『예배의 신학』(서울: 장로회신학대학교출판부, 1999), p.277-80.

1. 세례는 그리스도의 죽음과 부활에 참여함이다.
2. 세례는 중생, 용서, 그리고 씻김을 말한다.
3. 세례는 성령의 선물이다.
4. 세례는 그리스도의 몸과 하나됨이다.
5. 세례는 하나님 나라의 표지이다 *

예수님께서도 세례를 받으심으로 이 땅에서 공적인 삶을 시작하셨다.

세례에 관한 신학적 이슈로 침례냐 관수례냐의 교리적 차이는 존재한다. 필자는 성결교회 배경에서 태어나서 장로교에서 세례를 받고 잠시 한국의 침례교를 섬겼으며 BAM사역은 현지의 감리교회와 밀접하게 동역하였고 선교신학의 연구는 침례교의 신학교를 통했다. 세례받은자에서 침례받은자로의 경험을 했고(이런 의미에서 나는 '재침례교도Ana-Baptist')라고도 할 수도 있겠다. 세례의 신학적 의미는 우리 기독교인들보다 MBB들의 이해가 더 심중하다. 그들에게 세례는 더 무겁고 의미심장하며 세례를 받음은 곧 과거와의 단절을 뜻한다. 세례의 중요성에서 이견은 없으나 '누가 세례를 베풀 것인가?' 에 대한 신학적 탐구는 한국교회 안에서는 여전히 제사장과 성직자의 몫으로 이견의 여지가 없는 교리로 확고하다.

과연 그런가?

---

* World Council of Churches. Baptism Eucharist and Ministry-Faith and Order Paper No. 111. (Geneva. 1982).

안수를 받지 않고 신학교육을 받지 않은 선교적 삶을 사는 성도들이 창의적 접근지역에서 세례를 주고 성만찬을 베풀었다는 소식을 들었을 때 한국교회의 반응은 어떨까?

A는 회교권 국가에서 현지어의 소통에도 어려움이 없을 정도이며 비즈니스도 정착단계에 접어든 7년 차 BAM실천가다. 자신의 사역의 방향(BAM)과 삶을 처음에는 이해하지 못하던 한국의 출석 교회의 전임 사역자(목사)와 교회리더들에게 그의 사역의 열매들이 무슬림 배경의 MBB들이라는 사실이 드러나면서 신학과정을 이수할 것과 목사안수를 받을 것을 계속해서 요구 받고 고민을 하는 모습을 지켜보았다. 그와 대화를 나누면서 기도와 동역의 필요를 간과할 수 없기에 파송교회의 요구를 못들은 채 할 수 없는 동전의 한 면과 신학공부를 위해 사역지를 얼마간 떠날 때의 공백은 물론 과연 신학과정의 공부를 꼭 해야만 하는지에 대한 실제적 필요를 느끼지 못하는 다른 한 면을 보면서 이 주제는 앞으로 BAM사역의 진행 과정에서 계속 이어질 것이라 생각이 든다.

무거운 주제일수록 우리의 판단의 근원인 될 성경은 뭐라 말씀 하시는지 먼저 살펴보자.

"내 형제들아 글로에의 집 편으로 너희에 대한 말이 내게 들리니 곧 너희 가운데 분쟁이 있다 는 것이라. 내가 이것을 말하거니와 너희가 각각 이르되 나는 바울에게, 나는 아볼로에게, 나는 게바에게, 나는 그리스도에게 속한 자라 한다는 것이니 그리스도께서 어찌 나뉘었느냐 바울이 너희를 위하여 십자가에 못 박혔으며 바울의 이름으로 너희가 세례를 받았느냐. 나는 그리스보와 가이오 외에는 너희 중 아무에게도 내가 세례를 베풀지 아니한 것을 감사하노니 이는 아무도 나의 이름으로 세례를 받았다 말하지 못하게 하려 함이라.

> 내가 또한 스데바나 집 사람에게 세례를 베풀었고 그 외에는 다른 누구에게 세례를 베풀었는지 알지 못하노라. 그리스도께서 나를 보내심은 세례를 베풀게 하려 하심이 아니요 오직 복음을 전하게 하려 하심이라"(고린도전서 1:11-17)

창의적 접근지역에서 무슬림의 세례는 복합적이다. 간단하지 않다는 말이다. 예수를 주라 시인하고 바로 세례를 받았던 초대교회의 상황과는 확실하게 다르다. 무슬림에게 세례의 의미 역시 특별하다. 이슬람 문화에서는 그리스도인이 된다는 것은 '서양인'이라는 뜻이다. '서양인'이라는 의미는 곧 '그리스도인'이다. 즉, 한 MBB가 세례를 받음의 의미는 '그리스도인'이 되었다는 것이고 그는 동시에 '서양인'이 되었다는 것이다.

대부분 무슬림의 눈에 기독교는 서양사회를 병들게 하는 낙태, 마약중독, 포르노, 그리고 범죄 등이 있는 문화에서 온다고 본다. 또한 현대 기독교인은 아프가니스탄과 이라크 침략에 일조하였다. 기독교인은 이스라엘 편이다. 기독교인은 모든 세계를 서양화 하는 목적이 있다. 그들은 물질만능주의에 사로잡혀있다. 교회는 이러한 비평에서 배우는 것이 현명하겠지만, 이슬람 용어사전을 다루는 것은 더 현명할 것이다. 비록 뜻이 틀리거나 정확하지 않아도, 이슬람은 우리에게 세례의 문제를 어떻게 다뤄야 할 지에 대해 많은 것을 가르쳐 주고 있다.[*]

세례를 주는 시간과 장소, 그리고 방법과 의미도 MBB마다 다르다. 그들에게 세례의 방법은 그다지 중요하지 않다. 침례이든 관수례든 신학적 배경에 관심이 없다는 뜻이다. 중요한 것은 이들이 세례를 받기까지의 결심과정이 우리보다 더 엄숙하고 심사숙고 한다는 점이다. MBB의 세례문제가 현실의 이슈로 등장하게 되었을 때, 머릿속을 스치던 첫 질문은 '내가 왜 이들에게 세례를 줘야 하는가?'라는 것이었다. 이는 세례자가 자격을 갖춘 안수받은 목사인가 아닌가의 피상적 관점이 아니라 세례의 본질에 대한 질문이었다. 아마도 바울도 세례의 본질에 대해 초대교인들에게 질문을 던지고 해답을 제시 했던 것 같다.

A의 경우 한국교회의 관심이 흠없는 세례에 대해서가 아니라 세례받는 MBB의 숫자, 그것도 보여주기 위한 숫자에 있다면 우리는 세례에 대한 본질을 놓치고 있는 것이다. 실제로 교회들이 선교의 결과나 선교사의 성과를 평가하는 잣대 중에 '얼마나 많은 세례교인을 배출하였고 몇 개

---

[*] Ripken, Muslim Background Believers and Baptism In Cultures of Persecution and Violence,2009. 립켄 박사는 대면 인터뷰에서 전세계에서 수집 된 600여 개의 핍박과 고난의 사례를 이야기하면서 이 사례들 중 대부분이 MBB와 관련이 되어 있으며 순교의 사례의 이유로 '세례'와 '성경의 소지'가 주된 이유 였다고 말했다. 보다 자세하게 핍박과 고난에 대해 알고 싶다면 립켄 박사의 『하나님의 광기』 예영출판사를 참조하면 좋겠다.

의 교회를 개척했는가?'에 있음이 현실이다. 이런 환경에서 실제로 한 MBB가 여러 번 각각 다른 선교사에게 세례를 받았다는 증언도 심심치 않게 듣고 있다. 세례받은 MBB의 숫자가 교회개척이나 교회성장의 허수로 이용되고 있는 것도 현실이다.

세례받은 MBB의 숫자가 제법 된다는 현지의 예배공동체가 그 중심에 섰던 선교사가 어떠한 이유로든 그들을 떠났을 때 너무도 쉽게 흩어지고 무너지는 것을 볼 때 과연 선교사가 세례를 주는 것이 옳은지에 대한 의문은 계속되었다. 이슬람 배경의 문화에서는 '세례받음'이 핍박의 가장 결정적인 이유가 된다. 100년 전에 같은 핍박이 한국 땅에서도 있었다. 세례받고 핍박받은, 심지어 죽임을 당한 교회사의 기록이 생생하지 않은가? 예배 공동체의 생명은 핍박을 공유하는 것이다.

무슬림 배경 신자들은 다른 신자를 선교사가 있을 때만 만난다. 만약 선교사가 다른 곳으로 재배치가 되거나 안식년으로 휴가를 떠나면, 무슬림 배경 신자들은 서로 만나는 것을 거부한다. 그들 모두가 외국인과 연루되었다는 이유로 감옥에 갇혔음에도 불구하고 왜 서로 만나기를 꺼려하는지 물어보면 이런 대답이 돌아온다. "이 나라의 사람은 믿을 수가 없소." "그럼 누구를 신뢰하죠?" "우리는 선교사를 신뢰합니다." "하지만 선교사와의 관계 때문에 당신은 감옥에 갔잖아요." "네 그렇죠. 그건 사실입니다. 하지만 그래도 우리는 선교사를 신뢰합니다."[*]

---

[*] Ibid,. p.8

서로를 신뢰하지 않고 외부자를 신뢰하게 만드는 잘못된 구조를 본다. 세례는 그들에게 맡기는 것이 좋겠다고 판단한 이유다. 바울이 강조했던 '세례를 주라 부름을 받은 것이 아니라 복음을 전하기 위해 부름 받았다' 라는 주된 이유를 잘 생각해 봐야 할 것이다. 세례를 주는 것은 세례를 줄 자격을 갖췄는지에 대한 문제로 접근하면 안 되는 것이 작금의 선교 환경이다. 이제는 교리와 세례 방법을 떠나 세례를 받을 하나님의 새로운 백성들의 처지에서 생각하기 시작해야 한다.

성만찬에 관련한 초대교회의 분쟁에 대한 바울의 지적과 가르침도 있다. 분쟁의 내용은 이렇다.

> "너희가 교회에 모일 때에 너희 중에 분쟁이 있다 함을 듣고 어느 정도 믿거니와 너희 중에 파당이 있어야 너희 중에 옳다 인정함을 받은 자들이 나타나게 되리라. 그런즉 너희가 함께 모여서 주의 만찬을 먹을 수 없으니 이는 먹을 때에 각각 자기의 만찬을 먼저 갖다 먹으므로 어떤 사람은 시장하고 어떤 사람은 취함이라.
>
> 너희가 먹고 마실 집이 없느냐 너희가 하나님의 교회를 업신여기고 빈궁한 자들을 부끄럽게 하느냐 내가 너희에게 무슨 말을 하랴 너희를 칭찬하랴 이것으로 칭찬하지 않노라. 내가 너희에게 전한 것은 주께 받은 것이니 곧 주 예수께서 잡히시던 밤에 떡을 가지사 축사하시고 떼어 이르시되 이것은 너희를 위하는 내 몸이니 이것을 행하여 나를 기념하라 하시고 식후에 또한 그와 같이 잔

을 가지시고 이르시되 이 잔은 내 피로 세운 새 언약이니 이것을
행하여 마실 때마다 나를 기념하라 하셨으니 너희가 이 떡을 먹
으며 이 잔을 마실 때마다 주의 죽으심을 그가 오실 때까지 전하
는 것이니라. 그러므로 누구든지 주의 떡이나 잔을 합당하지 않게
먹고 마시는 자는 주의 몸과 피에 대하여 죄를 짓는 것이니라. 사
람이 자기를 살피고 그 후에야 이 떡을 먹고 이 잔을 마실지니 주
의 몸을 분별하지 못하고 먹고 마시는 자는 자기의 죄를 먹고 마
시는 것이니라."(고린도전서 11:18-29)

분쟁의 선험적 교훈이 주는 유익이라 할까? 성령충만하고 자기의 것을
주장하지 않고 모든 물건을 서로를 위해 통용하던 초대교회의 이면에
이런 분쟁이 싹트기 시작했다. 분쟁의 외형적 주제는 '성만찬'으로 보이
지만 내면에는 구별과 차별이 있다. 상류층 부자들과 하류층 천한 신분
의 가난한 사람들과의 긴장이다.

신약성경에 등장하는 초대교회는 오늘날과 같은 건물이 없었기에 크고
넓은 집을 가진 상류층 사람들의 집에 모였다. 오늘날 우리 교회로 비유
한다면 크고 넓은 집을 가진 집사님네 집에서 교회가 모인 것과 같다.
당시 고린도 교회의 모임에서 주의 만찬의 모습은 당시의 세상파티와
비슷한 모습이었다.

"1세기 그리스-로마 세계에서의 파티는 존귀한 자들의 집에서 열렸
는데 고린도에서 발굴된 당시의 집 구조를 보면 가운데에 아트리움

(Artrium)이 있고 둘레에는 방이 있는 구조였다. 존귀한 자들은 트리클리니움(Triclinium)에 모였는데 그 크기는 가로가 7.2m에 세로가 7.8m정도였다. 이 규모의 방에는 최대 9명 정도가 들어갈 수 있었다. 왜냐하면 당시 존귀한 사람들은 긴 의자에 편안히 기대고 누워서 시중드는 사람들이 가져다 주는 음식을 먹으며 이야기를 나누었기 때문이다. 이와는 달리 신분이 낮은 사람들은 집의 가운데 뜰인 아트리움에 모였는데 그 크기는 가로 6m, 세로 5.8m로 트리클리니움 보다 작았다. 게다가 아트리움 가운데는 작은 물웅덩이가 있었기 때문에 공간은 더 좁을 수 밖에 없었다. 그래서 그냥 서서 먹거나 적당히 앉아서 먹었을 것이다. 고린도교회 성도들이 모일 때에도 이와 같은 모습이었을 것이다. 이렇게 교회 안에서도 신분간의 차별이 있는 것은 잘못이라고 바울은 지적하고 있는 것이다."[*] 20절에서 바울은 이렇게 신분 차별을 하면서 한 곳에 모이는 것은 주의 만찬이 아니라는 것이다.

"이는 먹을 때에 각각 자기의 만찬을 먼저 갖다 먹으므로 어떤 이는 시장하고 어떤 이는 취함이라 for as you eat of you goes ahead without waiting for anybody else. One remains hungry, another gets drunk(NIV) 어떤 사람들은 배고파 죽게 생겼고 어떤 사람들은 취하도록 마셨다는 뜻이다. 어째서 배고픈 사람과 취한 사람을 대비시켜 놓았을까? 배고픈 사람과 배부른 사람이 아니고? 어떤 사람들은 배고파 죽게 생겼고 어떤 사람들은 취하도록 마셨다는 뜻이다. 바

---

* 안정섭, 고린도전서 11장 -서로 영접하라, 2010

울은 왜곡된 현상을 지적하고 바로 잡아 주면서 이어 성만찬의 본질을 일깨워 준다. 성만찬의 의미는 예수 그리스도를 기념할 뿐 아니라 그의 죽으심을 전해야 한다고 한다. 언제까지? 주님이 다시 오실 때까지 하라고 한다. 초대교회나 지금의 교회나 예배 공동체는 마라나타 즉, '주여 어서 오시옵소서!'의 공동체이기 때문이다. 예수님이 다시 오실 것을 믿고 있었기 때문에 사회적 신분계층을 떠나 새로운 한 몸을 이룬 것이다.*

상황과 말씀 사이의 긴장은 계속된다. BAM사역의 현장은 끊임없는 질문이 연속되는 실천의 장소다. 하지만 대부분의 궁금한 상황에 대하여 성경은 구체적 해답을 주는 경우 보다는 침묵하는 경우가 대부분이다. 이 침묵의 시간 가운데 우리는 더 성경 말씀과 성령의 인도하심에 가까이 다가서야 할 이유가 있다. 흔들리지 않을 이성을 위해 신학적 사유가 필요하고 전통 역시 무시할 수 없다. 어제 없이 오늘이 없고 일찌감치 먼저 헌신하신 분들의 이야기도 경청해야 한다. 존 웨슬리 신학의 4가지 원칙(Wesleyan Quadrilateral)인 체험, 이성, 전통을 살피되 결국은 마지막인 성경으로 늘 돌아가야 한다.

성례전과 양육이라는 주제를 살폈다. 이 주제들을 살피면서 자연스럽게

---

* 안정섭, 고린도전서 11장 강해설교자료, 2010. 성만찬에 관련한 주제에 대하여 성서해석학자인 안정섭박사 의 도움을 받았다. 안 박사의 강해자료 전문 요약 정리한 내용에 필자의 견해를 더한 내용임을 밝힌다.

관심이 집중되는 부분은 '주 예수 그리스도의 죽으심과 부활을 다시 오실 때까지 전하라'는 말씀이었다. 선교적 삶 가운데 기준이 되어야 할 성경은 우리의 필요에 따라 읽는 책이 아니라 하나님과 예수님의 말씀으로 들어야 한다. BAM실천가들의 사역의 지속성은 결국 예수 안에서(In Christ), 성령과 함께(In step with Spirit)함에 있다. 안수받은 목사, 선교사와 그렇지 않은 사람들 사이에 분쟁이 있는 곳에서 성령님께서 우리에게 주시는 교훈은 무엇일까? 선교공동체는 마라나타, 즉, '주여 어서 오시옵소서!'의 공동체여야 한다. 예수님이 다시 오실 것을 믿기 때문에 사회적 신분계층을 떠나 새로운 한 몸을 이뤄야 한다.

하르나크는 '초대교회 내의 어느 한 계층을 기독교 전파의 주체로 보는 것은 불가능하며 위대한 기독교 선교는 사실상 비공식적인 선교사들에 의해 수행되었다고 믿는 데 주저해서는 안 된다'라고 했다.[*] 예수님의 제자들만해도 수사학 교육이나 신학 교육과 같은 제대로 된 훈련을 받지 못한 평범한 직업인들이었다. 기독교는 처음부터 그렇게 성도들의 운동으로부터 시작되었다.

이방인들에게 복음을 전하기 위해 떠났던 사람들은 우리와 같은 사람들이었다. 그로 인해 그들 자신이 기쁨과 해방과 새로운 삶을 맛보았다. BAM현장은 하나님의 임재를 가장 가까이에서 실감 나게 느낄 수 있는 곳이다. 그렇기에 이들은 공식적인 파송 절차나 인정받은 전도 활동이

---

[*] 마이클 그린, 『초대교회의 복음전도』, p. 301

아니라, 집과 이웃, 길거리, 장터 근처에서 만나는 사람들에게 자연스럽게 열정적으로 그리고 금전적인 보상을 기대하지 않은 채 그 사명을 담당했다.

BAM기업이 선교적 의도를 갖고 기업의 경영을 한다면 그곳은 곧 '핍박과 고난'의 현장이다. 악한 구조 아래서 선한 의도와 방법으로 기업을 경영한다는 것은 늘 '하나님이냐 돈이냐'라는 질문이 그치지 않는다. 재정적인 압박감과 긴장이 끊이지 않으며 종업원들을 신뢰하면서 감독을 해야 하는 지혜가 필요하기도 하며 뇌물과 협박이란 화살을 피해야 하고 대부분의 창의적 접근지역의 특성이 급속하게 비즈니스 환경의 변화가 역동적으로 일어나는 곳이기에 다음 단계로의 이전을 늘 구상하고 기획해야 한다. 때로는 죽음의 공포도 있고 법적 대응이 필요한 모략과 음모가 덮칠 때도 있다. 필자의 선교적 삶의 첫 발자국은 함께 일하던 한국 직원이 쓴 '성추행'이라는 누명으로 인해 지루한 형사소송 사건이었다. 이 형사소송의 해결은 3년이라는 시간이 걸렸다. 나로 인해 복음에 반응하고 주님을 구주로 영접한 영적 열매가 무참하게 살해당하는 아픔도 있었다. 하지만 주님의 말씀대로

> "의를 위하여 박해를 받은 자는 복이 있나니 천국이 그들의 것임이라. 나로 말미암아 너희를 욕하고 박해하고 거짓으로 너희를 거슬러 모든 악한 말을 할 때에는 너희에게 복이 있나니 기뻐하고 즐거워하라 하늘에서 너희의 상이 큼이라 너희 전에 있던 선지자들도 이같이 박해하였느니라"(마태복음 5:10-12)

고 하신 말씀의 의미를 생생하게 체험하고 새 힘을 얻어 지금까지 이 길을 걷는다.

'그리스도인'이라는 이름은 안디옥 교회에서 교회 밖의 사람들에 의해 지어진 이름이었다. '선교사'라는 이름도 예수를 모르는 교회 밖의 사람들에 의해 정의되어야 하지 않을까?

"너 선교사지?"

이 질문을 받았었다. 무슬림 경찰로부터······

BAM Practitioner의 정체성은 '예수 안에서 성령과 함께 선교적 삶을 사는 사람'이다.

6.Great Commission vs. Great Omission

사람들이 나를 핍박하였은즉 너희도 핍
박할 터이요

If they persecuted me, they will
persecute you also

요한복음 15장 20절

Business As Mission - Great Omission for Great Commission

비즈니스라는 용어가 주는 혼란스러운 개념 가운데 가장 중요하고 영향력 있는 단어는 '돈'이다. Business As Mission이 한국에 소개되면서 가장 우려했던 점이 바로 이 점이었다. '돈'이 중요하지만, 그 '돈'은 순전히 우리의 노동에 대한 보상을 넘어 그 노동을 통해 나와 공동체의 변혁을 이루기 위해 주어지는 은혜의 결과다.

그렇다면 Business As Mission의 실천이 예수의 제자들과 기업의 재생산과 배증을 위해 살펴봐야 할 가치들 가운데 두 가지를 살펴본다.

- 고난은 정상이다 (Persecution is normal)
- 누구와 함께 할 것인가? (Partnership)

고난은 정상이다 (Persecution is normal)

2003년 1월이 저물어가던 어느 날, 사복경찰 2명이 찾아왔다.

나를 찾는다. 무슨 일이지?

"제가 폴(Paul)인데요. 무슨 일로 나를 찾지요?"

한 눈에 봐도 스포츠머리에 아주 검은 눈동자, 그리고 청바지 차림에 운동화를 신은 것을 보니 영락없는 사복경찰이다.

다행인 것은 나를 보는 그들의 눈이 그다지 적대적이지는 않다.

"직원 중에 K가 있지요?"

"예, 그렇습니다만……무슨 일이지요?"

"지금 K를 이곳으로 불러주십시오. 자세한 이야기는 경찰서에 가서 이야기하겠습니다."

오랜 해외 근무 중에 경찰과 마주하는 일이 처음은 아니었지만 이렇게 사전 통보 없이 일터로 경찰이 들이닥친 일은 처음이라 경황이 없다.

"그럼 잠시 기다리시지요. 제가 이리로 데리고 오겠습니다."

스치는 생각이 있다. 혹시 K가 내가 모르는 잘못이라도 한 것이 있었나? 경찰과 대면 시키기 전에 내가 먼저 이야기를 듣는 것이 좋겠다는 순간적인 생각이 떠오른다.

K는 해외사업장에 장기로 근무한 적은 없지만 한두 달씩 단기로 근무한 경력이 제법 있는 전문직 직원이다. 하지만 전문직 한국인 직원의 특성상 영어 또는 현지 언어를 익힐 기회가 없기에 늘 현지 직원들과의 소통의 문제는 잠재적으로 지니고 있던 터라 살짝 의심이 들었다. 하지만 두

루두루 '사람 좋다'는 평을 들어온 그이기에 상황이 혼란스러웠다.

"K, 사복경찰 두 명이 와서 자네를 찾는데 혹시 경찰에 조사를 받을 만한 실수나 잘못을 한 일이 있는가?"

사람 좋은 K는 황당한 표정으로 나를 본다.

"경찰이요? 나를 찾아요? 무슨 일이지? 저는 경찰이 찾아 올만한 일이 생각조차 나질 않는데요?"

"시간이 없긴 한데…… 잘 생각해봐 경찰은 좀 기다리게 해도 되니 다시 한번 기억을 더듬어보게. 혹시 현지 직원에게 무례한 말이나 행동을 한 적은 없는지."

"생각해 보고 말고 없어요. 뭐 도무지 말이 통해야 실수를 하든 말든 하지요"

혼자서 곰곰이 생각해본다. 해외 근무 중에, 한국인 직원과 현지 직원들과의 갈등과 오해로 제법 많은 경험을 했던 터에 내 머릿속을 스치는 것은 보통 이런 경우에 대부분, 아니 거의 전부에 가까운 경우 한국인 직원에게 원인이나 책임이 있다는 것을 직감하면서도 '설마' 하면서

"그럼 경찰에게 함께 가 보자구" 했다.

그렇게 K를 데리고 경찰을 만난 순간이 개전을 알리는 영적 전투의 시작임을 꿈에도 상상치 못했다.

그리고 이 형사재판을 통해 3년을 끌며 나를 이 땅에서 떠나 보내려는 영적 공격의 실체를 알게 되었다. 나는 조금씩 그들의 전투 교범을 훔쳐보게 되었고 일터에서 선교적 사명을 다하는 BAM 의 삶 자체가 날마다 영적 전투를 치르는 것임을 체험하게 된다.

치명적 간격(Crucial Distance)을 기억해내다

2002년 2월 3일, 오랫동안 침묵하시면서 늘 곁에 계시던 그분께서 말씀하시기 시작했다. 아니, 그분께서는 늘 말씀하셨는데 나는 듣지 못했다. 귀가 있다고 모든 소리를 듣는 것은 아니지 않은가? 듣고 싶은 소리만 들었다. 소리가 없는 말은 내게 말이 아니었다.

그분의 세미한 음성을 구별하면서부터 날마다 그분의 권능을 똑똑히 보게 되었고 나를 그분의 통치 밑으로 밀어 넣었다. 그땐 그런 결정이 하나님의 통치 앞에 나를 드린 '하나님 나라'가 내게 임하게 되는 일인지도 몰랐다. 하나님 나라는 그렇게 세워지게 되었다. 이제 하나님 나라의 확장을 위해 나를 드려야 한다.

온갖 인간관계가 거미줄 같이 엮여 있던 K시를 떠나 아브라함에게 명하셨던 "본토, 친척, 아비 집을 떠나 내가 지시할 땅으로 가라"(창세기 12장 1절)는 선교적 삶으로의 초대는 내게도 동일하게 왔다.

하나님께 드려진 삶, 헌신을 다짐했던 사람들을 향해 하나님은 오늘도 초청하신다. 하나님께 자신의 삶을 드리겠다는 헌신의 약속을 까맣게 잊고 사는 인간과는 다르게 하나님께서는 늘 그 약속을 기억하신다. 그 드려진 약속이 복의 근원의 삶이 되는 위대한 결정이었기에 하나님은 기억하신다. 지금 아무리 편안한 삶을 살고 있더라도 곧 말라 없어질 작은 웅덩이와 같기에 하나님께서는 영원히 목마를 염려가 없는 '복의 근원'이 될 삶으로 계속해서 부르신다.

다행히 행복하게도 나는 그 부르심을 들을 수 있었고 그 부르심에 나의

154

존재 자체를 드릴 수 있었다. 그분이 함께 하셨으므로.

K 도시를 떠나 단 한 사람도 알지 못하는 작은 마을 B에 내려왔다. 단한 사람도 아는 이 없는 곳에서 모든 도움은 당연히 하나님의 몫이었다. 하나님께선 상황마다 적절한 사람을 보내주심으로 "내가 너와 영원히 함께하실 것"(마 28:20)이란 약속을 지키셨다. K는 그런 직원 중 하나였다. 전혀 낯선 환경에서 새로 시작한 일이라 K의 합류는 내게 큰 도움이 되었고 일과를 마치고 나서 유난히 어둠이 빨리 짙어지는 시골 마을에서 그와 둘이 한국말로 나누던 대화는 거의 유일한 낙이었다.

그런 K를 소환한 경찰이 내게 밝힌 그의 혐의는 '성추행'이었고 그것도 회교도 여인을 대상으로 외국인이 저지른 죄명이었다. 방 청소를 맡긴 청소부 여인이 K를 성추행으로 고발했다. 방 청소를 하던 자기를 뒤에서 두 팔로 껴안고 입을 맞추려고 했다는 게 경찰에 신고된 내용이었다. 그제야 상황이 번뜩 정리되었다.

K의 방에서 돈이 조금씩 사라지고, 핸드폰이 없어졌다는 이야기를 듣고 호텔 지배인에게 조처를 해달라는 요구를 했다. 호텔 지배인은 계속되는 신고에 지폐의 일련번호를 적어놓고 방안에 돈을 남겨두는 유인을 통해 돈을 조금씩 빼 가던 청소부 여인을 현장에서 잡았고 이를 경찰에 신고하려고 했었다. 나는 그런 지배인에게 신고까지는 필요 없다며 이대로 상황을 종료하고 재발을 막아 달라며 끝냈던 기억이 났다. 그 여인

이 K를 전혀 예상치 못했던 방법으로 고발했던 것이다.

죄명을 통보 받은 자리에서 경찰이 취한 첫 명령은 '여권 압수'였고 뒤이어 K를 강압적으로 끌고 간 곳은 영화에서나 볼 수 있었던 앞모습과 옆모습을 사진에 담는 사진 작업장이었다.

나는 강하게 반발했고 거칠게 항의했다.

"K가 혐의가 있다는 것은 너희 경찰의 신고 내용일 뿐, 아직 K는 범죄자가 아니다. 민간인, 그것도 외국인 신분인 K에게 이런 처분을 용납할 수 없다. 당장에 변호사를 부를 것이고 지금 즉시 이 사실을 대한민국 대사관에 알리겠다"

라며 소리쳤다.

그런 나의 무모함이 통했을까? 말단 행정직원으로 보이는 두 명의 경찰이 순식간에 어디로 사라지고 촬영실엔 나와 K만 남았다. 어두침침한 곳에서의 침묵의 순간을 지금도 잊지 못하겠다. 잠시 정적이 흐른 후, K가 울먹거리며 묻는다.

"이게 무슨 날벼락인지 모르겠습니다. 내게 무슨 일이 벌어지고 있는 건지도 무지 모르겠습니다. 별일 없겠지요?"

"나도 마찬가지네. 도무지 상황판단이 서질 않네. 하지만 여권이 압수 되었다는 게 영 불길 하긴 하네."

K는 단기출장이기에 노동허가를 받지 않아도 되는 신분이었고 그의 무비자 체류 허가는 이제 40일 정도밖에 남지 않은 상태였다. 이는 40일 이내에 K의 여권을 돌려받지 못하면 무비자 체류 기간을 넘어선 불법체

류자로 점점 더 상황이 복잡해지게 되었다.

하나님의 자녀로 살기 시작한 지 불과 얼마 되지 않아 닥친 이 황당하고 참담한 고통의 시간을 어떻게 받아들여야 할까? 머리를 떠나지 않던 이 질문에 대하여 단서를 찾아내기 시작했다. 그 첫 번째 단서를 소개한다.

> "동물들이 다른 개체와 상호작용 하는 행동은 개체간 거리에 따라 달라지는 데, 그 안에는 특정한 단계가 있다는 것이다. 다른 종을 만났을 때 점점 가까워 지다가 어느 특정한 거리가 되면 도망치는 모습을 보인다. 이 거리를 '도주 거리'라고 한다. 도주하지 못한 상황에서 더욱 가까워 지다가 어느 범위 안으로 들어오면 오히려 공격하게 되는데, 그 한계가 '치명적 거리- Crucial Distance'이다. (숨겨진 차원: 공간의 인류학- 에드워드 티 홀 지음/ 최효선 옮김)

복음에 침묵하는 한, 사탄의 공격은 없다.

그동안 사탄은 나를 공격해야 할 이유가 없었다. 주님을 인격적으로 만나기 전까지, 나는 교회에 열심히 출석했고 주일을 지켰다. 십일조 생활은 모범적이었고 매 주일에는 성가대원으로 바쁜 시간을 쪼개 헌신(?)했으며 다니던 교회 목회자의 어려움을 내 어려움으로 생각하고 그의 곁에서 그를 도왔으며 날마다 기도하고 감사 하진 못했지만, 안수집사 투표에서 1등으로 선출되었던 모범적인(?) 교인이었다. 하지만 늘 복음에 침묵했다. 그런 나에게 교회는 '자기 만족'의 안전지대를 제공했다. 하나님께서는 그런 나를 끌어내셨으며 본토, 친척, 아비 집을 떠나 보냄을 받은 곳에서의 일차적 삶은 적과의 일정 거리가 유지되지 못하는 전쟁터였다. 나는 적과 너무 가까이 나선 것이었다.

반격에 나서다

여권을 압수당하고 구속수사를 원칙으로 하는 죄목인 '성 추행'은 일단 보석금을 지급하고 불구속 수사를 하는 것으로 검사의 조치는 끝났다.

회사라는 이름의 우산 아래서 여러 가지 혜택을 누리며 살던 삶에서 이제 새롭게 내 사업을 일궈야 하며 이 사업을 낯선 땅에서 시작함과 동시에 주님께서 당부하신 'SHALOM M' 사역을 감당해야 했다. 아무 어려움이 없더라도 결코 만만한 일이 아니었건만 사업은 제대로 시작도 못한 상태에서 K의 재판 변호를 책임져야 했다. 여권을 압수당하고 종일 기약 없이 방안에 남겨진 K의 심리적 변화를 지켜보면서 떠오르던 이름이 몇 명 있었는데 그중 한 명이 '요셉'이었다.

K는 나의 표정을 살피면서 자신의 앞날을 예측했다. 내 표정이 밝으면 희망으로 읽었고 내가 말없이 있는 모습은 그에게 절망이었다. 억지로 표정 관리를 하면서 변호사를 선임하고 본격적인 법률적 대응에 나섰다. 하지만 크리스천이라는 이 변호사 때문에 치러야 했던 비용과 대가를 생각하면 지금도 쓴웃음이 나온다.

선교적 삶은 끊임없는 과거와의 단절을 뜻한다.

익숙함과의 결별의 연속이다. 영적 전투는 사고의 논리적 전개나 상황의 합리적 판단으로 치러지는 싸움이 아님을 그땐 몰랐다.

내가 할 수 있는 수단과 방법을 동원할수록 상황은 오리무중으로 점점 빠져들어 갔다. 현장검증은 양쪽 모두가 유리하게 해석되었고 그러면서 날짜는 흘러가서 체류허가 기간을 불과 며칠을 남기고 있었다. 판례를 찾으니 범죄 피의자라고 할지라도 여권을 압수한 행위는 위법이었다. 하지만 행위를 취한 당사자가 판사였기에 자신의 위법성을 인정하지 않는 한 사건은 고등법원으로 가야만 해결될 수 있었다.

고등법원에서 이 사건이 다뤄지게 된 날은 K가 출국을 해야만 하는 마지막 날이었다. 그것도 금요일. K를 데리고 찾은 고등법원의 복도에서 변호사에게 물었다.

"어찌 될 것 같나요? 여권을 돌려주라는 판결은 받아낼 수 있나요?"

"예, 그렇게 예상은 합니다만⋯⋯ "그러면서 말끝을 흐린다.

"그게 말이죠, 우리가 승소한다고 해도 판결문이 작성되어 공문서로 하급법원으로 전달되려면 최소한 2~3일은 걸리게 되는데, 오늘이 금요일이에요. 우편물 배달이 없는 날이죠. 거기에다 지금 시간이 오후 3시입니다. '불법체류'라는 또 다른 상황을 피할 수는 없을 겁니다."

변호사의 말은 논리적으로 합당했다. 더는 방법이 없다. 그렇다면 이제 내가 할 일이 더는 없다.

K가 상황을 눈치챘는지 복도 끝으로 처량하게 걷는다.

그 순간, 내 마음을 흔드는 감동이 밀려온다.

"기도하자!"

그 많은 사람의 시선(대부분이 회교도였다)에 아랑곳없이 그 자리에 무릎을 꿇고 기도했다.

"주님, 아시죠? 제가 할 일은 다 했나 봅니다. 돈도 제법 버렸습니다. 그런데도 이 상황을 용납할 수가 없습니다.

하나님께서 살아계심을 보여주고 싶습니다. 변호사에게도 그렇고 K에게도 그렇고 이 일에 관계되어 그동안 저를 힘들게 한 그 많은 사람에게 "하나님이 살아 계신다"라고 외치고 싶습니다. 그런데 이왕에 하실 일이라면 지금 여기서 권능을 보여주십시오."

그런데 어디선가 나를 부르는 소리가 들린다. 눈을 뜨니 법정 출입문 한쪽이 열린 곳에서 변호사가 얼른 오라며 손짓을 한다. 단숨에 달려갔다. 인도계 판사였다.

"B 법원에서 K 피의자의 여권을 압수한 판결은 잘못되었습니다. 그러니 오늘 판결로 여권을 돌려받을 수 있을 겁니다."

예상했던 결과였지만 그래도 직접 귀로, 눈으로 확인하니 기쁘고 반가웠다. 하지만 K가 오늘 중으로 출국을 해야 하는데 그 생각을 하니 가슴이 답답하다. 참다못해 입을 열었다.

"판사님, 감사합니다. 재판도 신속하게 열어 주셨고 또 이렇게 제게 직접 설명까지 해주시니 더욱 감사합니다. 그런데, 한 가지 부탁을 드려도 될지요?"

"예, 말씀해보세요."

이때 내 변호사들이 말을 막는다.

"폴, 판사님께서는 오늘 금요일이라 제일 바쁜 날입니다. 다음 재판도 한 건이 더 기다리고 있어요. 저희랑 이야기하시지요."

"아닙니다. 잠깐은 시간이 됩니다. 말씀해보세요."

"예, 감사합니다. 실은 K의 체류 비자가 오늘로 만료가 됩니다. K가 오늘 중으로 떠나야만 합니다. 그렇지 않으면 '불법체류'라는 죄가 추가됩니다. 무슨 방도가 없을까요?"

판사가 시계를 본다.

"지금이 3시 30분이 지났습니다. 내가 할 수 있을 제일 나은 방법은 판결문을 B 법원으로 팩스로 우선 보내주는 방법입니다. 그런데 여기서 거기까지 가려고 해도 이미 4시가 넘을 텐데요. 판사가 없을 겁니다."

"판사님, 그것은 염려하지 않으셔도 되겠습니다. 제가 혹시 몰라서 현지 직원 한 명을 B 법원에 대기시켜 놓았습니다. 판사님께서 팩스로 송부만 해주신다면 나머지 일 처리는 제가 하겠습니다."

"그래요, 그럼 나를 따라오세요."

내 변호사들은 도무지 믿기 어려운 일이 벌어지는 것을 보면서 당황하는 표정이 역력했다.

나는 B 법원에서 대기 중인 직원에게 얼른 전화를 걸었다.

"판결이 나왔네. 예상대로 여권을 돌려받을 수 있게 되었어. 그런데 그쪽 판사는 아직 퇴근 전인가?"

"예, 아직 퇴근 전입니다. 하지만 조금 있으면 4시인데요. 4시면 퇴근한답니다. 집이 'K시'라고 하네요. 주말에는 가족들이 있는 K시로 서둘러 간다고 합니다."

"혹시 모르니 상황을 여직원에게 알려주고 어떻게든 오늘 여권을 받아내야 하네."

고등법원 판사는 내가 보는 앞에서 B 법원의 팩스 번호를 비서에게 묻더니 직접 보내주었다. 그의 사려 깊은 배려의 과정을 옆에서 지켜보면서 내 눈으로 계속 장면을 사진 찍듯이 담아냈다.

하나님의 일 하심은 어떤 패턴이 있을까? 아니면 늘 다를까?

대가를 지급하고 고용한 변호사, 그것도 지역교회에서 신실한 신앙인이라고 불리는 크리스천 변호사들이 의뢰인에게 보이는 태도와 아무런 대가 없이 전혀 처음 보는 사람, 그것도 외국인인 나에게 자진해서 선함을 베푸는 인도계 판사의 모습을 보면서 만감이 교차했다. 변호사를 비난하는 것이 아니다. 교차한 만감 중에는 그런 변호사들의 모습이 얼마 전까지 세상에서 열심히 살면서 교회 일을 열심히 하던 내 모습이 그들과 전혀 다를 바 없었으니까.......

"방금 여권을 돌려받았습니다. 이제 어떻게 할까요?"

"수고 많았네. 그럼 나도 K와 함께 고속도로를 타고 공항으로 갈 테니 근처 톨게이트에서 만나자."

그렇게 여권을 받아 K는 출국하게 되었다.

그 후 K는 나와의 약속을 지켰다.

K는 이 나라를 생각하기도 싫다고 했다. 하지만 여권을 돌려받는 과정을 지켜봤기에 6개월 후에 열리게 될 1차 공판에 다시 이곳으로 오기로 했다. 그렇게 이 재판은 3년을 끌면서 나를 힘들게 했지만, 하나님께서는 이 기간에 영적 전투 그것도 선교지에서의 BAM 수행자로 내가 어떻게 서야 할지에 대하여 특별하게 훈련하셨다.

누이라 하라

> "그(아브라함)가 애굽에 가까이 이르렀을 때에 그의 아내 사라에
> 게 말하되 내가 알기에 그대는 아리따운 여인이라애굽 사람이 그
> 대를 볼 때에 이르기를 이는 그의 아내라 하여 나는 죽이고 그대
> 는 살리리니 원하건대 그대는 나의 누이라 하라 그러면 내가 그대
> 로 말미암아 안전하고 내 목숨이 그대로 말미암아 보존 되리라 하
> 니라"(창세기 12: 11-13)

오랜 신앙적 방황을 끝내고 비로소 선교적 삶을 시작하는 시점에서 사
탄의 공격대상이 왜 내가 아니라 K였을까? 나와는 아무런 관계가 없는
이 재판을 위해 지불해야 하는 돈, 시간, 노력은 합당한 것일까?
K가 오지 않으면 재판은 성사될 수 없다. 검찰 측은 은근히 그런 사실을
내게 흘리고 K가 법정에 오지 않았으면 하는 신호를 수차례나 보내왔다.
심지어 수사 경찰은 내게 직접 이렇게 말했다. "돈 때문입니다. 피해자에
게 얼마간의 돈을 주면 해결될 일입니다."며 구체적인 액수도 제시했다.
그가 제시한 합의금은 서울 왕복항공권을 살 돈의 절반도 되지 않는 금액
이었다. 이런 상황은 그동안 세상 속에서 치열하게 살아온 내게는 너무도
익숙한 환경이었다. 예전 같으면 조금도 주저 없이 돈으로 해결했을 일이
다. 하지만 끝까지 견뎌야 한다고 나 자신을 채찍질하곤 했다.

길다면 긴 3년의 세월이 흐르고 마지막 공판에서 법은 우리의 손을 들
어주었다. 이렇게 3년을 힘들게 지내는 동안, 주님께선 내 마음을 보고

계셨고 사탄은 때로는 구름기둥과 불기둥으로 나를 지키시는 하나님의 권능 앞에 큰 패배를 맛보게 되었다.

K의 소송 과정을 통해 주님께서 나를 훈련하셨고 그 과정을 통해 내 삶에 큰 변혁(Transformation)이 일어났다. 타 문화권에서 BAM practitioner로 산다는 것은 "예수가 주다(JESUS IS LORD)"라는 고백을 삶에 실천하는 것이다. 이 고백의 실천은 하루아침에 이루어지는 것이 아니며 내가 모르는 사이에 아주 서서히 이루어지며 때론 천지가 개벽 하듯 충격적인 결과를 보이기도 한다. 예수가 주인임을 고백하는 것은 일회성의 암송이 아니라 복잡하든 간단 하든 모든 순간의 결정 마다 반복되는 고백이어야 한다.

K의 재판이 진행되면서 복음의 영향력을 축소하려는 시도, 시험, 유혹이 계속되었다. 먼저 그 유혹은 K로부터 왔다. 사람의 마음은 살아있기에 늘 움직인다. 이동한다. 굳건한 믿음의 생각에서 형편없는 파렴치한과 같은 생각까지 옮겨간다. K는 불안했다. 이러다 정말 누명을 쓰고 감옥에 가는 것은 아닐까? 죄 명이 성추행이다. '만약 재판에 지면 이 죄목이 평생 나를 따라다니게 될 텐데……'

　"합의금이 많은 것도 아닌데 그냥 제가 부담할 테니 합의를 보는 선에서 끝내면 좋겠습니다."
경찰도 그랬다. 같은 말을 해왔다. 아브라함이 사라를 아내라 하지 않고 누이라 부른 것처럼 내게도 그런 유혹이 왔다.

'죄가 없지만, 그냥 합의 보자. 내가 지은 죄도 아닌데……본인이 합의를 보자고 하고 피해자라고 하는 소송인도 합의를 보자고 유도하고……'

하지만 그럴 수는 없었다. 이런 나를 K는 자주 원망했다. 오해는 깊어가고 그와의 관계도 어려워지기 시작했다.

BAM practitioner는 크고 작은 상황에서 이렇게 원칙을 세워나가는 역할을 피할 수 없다. 그래서 BAM practitioner의 역할을 세 가지로 나눠 상황에 맞게 살아야 한다.

1. Envisioner
2. Enabler
3. Enactor

고착화된 상황에서 새로운 비전을 제시하고 방향을 잡아주는 역할(Envisioner)을 해야 할 때가 있으며, 비전의 현실화를 위해 학교를 세우고 병원을 짓는 Enabler의 역할이 필요하며 세워진 학교, 병원에서 교사로 의사와 간호사로 실질적으로 일을 헤쳐나가야 할 다중적 역할이 우리에게 있다. 그만큼 BAM practitioner는 일터에서 막중한 임무를 수행해야 한다.

이러한 시도는 아무도 없는 곳에서 은밀하게 진행된다는 특징과 공통점이 있다. 하나님의 말씀이 하나님의 말씀으로 살아 능력을 발휘하지 못하게 하려는 시도다.

결국은 그렇다.

복음의 핵심이 빠져 있을 때, 아무리 많은 사람이 모여 기도한 들, 아무리 많은 돈을 들여 그럴듯한 선교 프로젝트를 벌려도 힘없음을 안다. 복음은 복음 그대로 여야 한다.

.

K의 소송이 진행되는 가운데 홀로서기를 시도했던 내 첫 사업은 보기 좋게 망했다. 이 사업의 실패로 갖고 있던 현금 대부분이 사라졌다. 미국대학의 진학을 준비하고 있던 딸은 어느덧 고3으로 접어들고 있었다. 철저하게 힘든 상황에 접어들면서 주변의 사람들이 하나 둘 내 곁을 떠나갔다.

경제적 어려움의 상황이 단순하지 않음을 깊이 깨달았던 시간이었다. 하나님을 만나고 제일 먼저 깊이 감사하며 그분의 임재 가운데 머물 수 있었던 이때의 기록을 지금도 고이 간직하며 가끔 돌아보곤 한다.

하나님을 만난 기쁨에 더하여 하나님께서 늘 나와 함께 하신다는 임재의 확신은 비로소 세상이 나를 두려워하는 존재가 되었다는 것을 의미한다.

세상이 감당하지 못할 생각을 하기 시작했다.

핍박과 고난은 예수님께서 제자들에게 일찍부터 알려 주신 공지 사항이었다. 예수님의 탄생과 함께 핍박과 고난은 시작되었다. 예수의 탄생은 영아 살해의 역사로 남겨졌다. 예수의 탄생일은 온 인류를 구원하기 위해 오신 구세주의 탄생을 기뻐함과 동시에 그분의 삶이 핍박과 고난으로 시작된 삶이라는 사실을 조용히 묵상할 이유가 있다.

"헤롯 왕 때에 예수께서 유대 베들레헴에서 나시매 동방으로부터 박사들이 예루살렘에 이르러 말하되 유대인의 왕으로 나신 이가 어디 계시냐 우리가 동방에서 그의 별을 보고 그에게 경배하러 왔노라 하니 헤롯 왕과 온 예루살렘이 듣고 소동 한지라.

왕이 모든 대제사장과 백성의 서기관들을 모아 그리스도가 어디서 나겠느냐 물으니 이르되 유대 베들레헴 이오니 이는 선지자로 이렇게 기록된 바 또 유대 땅 베들레헴아 너는 유대 고을 중에서 가장 작지 아니 하도다 네게서 한 다스리는 자가 나와서 내 백성 이스라엘의 목자가 되리라 하였음 이니이다.

이에 헤롯이 가만히 박사들을 불러 별이 나타난 때를 자세히 묻고 베들레헴으로 보내며 이르되 가서 아기에 대하여 자세히 알아보고 찾거든 내게 고하여 나도 가서 그에게 경배하게 하라

박사들이 왕의 말을 듣고 갈 새 동방에서 보던 그 별이 문득 앞서 인도하여 가다가 아기 있는 곳 위에 머물러서 있는지라

그들이 별을 보고 매우 크게 기뻐하고 기뻐하더라. 집에 들어가 아기와 그의 어머니 마리아가 함께 있는 것을 보고 엎드려 아기께 경배하고 보배 합을 열어 황금과 유향과 몰약을 예물로 드리니라

그들은 꿈에 헤롯에게로 돌아가지 말라 지시하심을 받아 다른 길로 고국에 돌아 가니라" (마태복음 2장 1절~12절)

헤롯 왕이 동방박사 세 사람을 불러서 하는 말이 "예수가 태어난 곳을

알려주면 나도 가서 경배하고 싶다"라고 말한다. 사탄의 첫인상은 지혜롭다. 거절하기 어려운 부탁이며 명령이다. 의도가 선하고 겸손해 보인다. 경배하고 싶다고 까지 하니……

헤롯의 제안은 분명 그럴듯하며 매우 인간적이다. 하지만 성령님은 그 제안이 품고 있는 독기와 살기 그리고 거짓을 파악했다. 사탄의 노림 수는 복음을 축소하고 하나님이 하나님 되지 못하게 하는 것임을 성령님은 꿰뚫어 보셨다.

"예수가 주다"라는 고백이 매 순간의 결정, 결심, 판단의 고백이 되어야 할 이유다. 구원자 예수가 태어남을 방해한다. 예루살렘에서 태어나고(미 5:2), 동정녀 마리아를 통해 태어나실 것(사7:14)을 축소하거나 이뤄지지 못하게 하려 한다. 이것이 사탄의 존재 이유이며 사탄의 공격 목표다.

BAM practitioner의 하루하루의 삶이 사탄의 집요한 공격을 받는 이유다. BAM 의 관심이 이익이 아닌 하나님 나라에 있어야 할 이유이다. 세상의 비즈니스는 이익의 영역을 포기하지 않으려 한다. 그들은 이익을 극대화하기 위한 매우 전문적이고 고도의 훈련을 받은 사람들이다. 비즈니스뿐 아니라 때론 법에도 지식이 뛰어나서 온갖 방법을 동원해서 세상의 돈을 한곳으로 모으려고 혈안이 되어있다. 이런 세상의 전문적 비즈니스 영역과 싸움을 위해 우리도 그들의 방법을 익혀야 하고 그들보다 더 능통한 수준에 가야 한다. 적을 알아야 한다는 전투 교범의 기초는 영적 전투에서도 여전히 유효하다. 그래서 주님은 우리에게 "뱀처럼 지혜롭고 비둘기처럼 순결 하라"(마10:16)라고 당부하셨다. 지혜가 먼저다.

이익이 충돌할 때 영적 싸움은 더욱더 치열해질 것이지만 그 싸움의 승리를 통해 하나님 나라는 세워지지 않음을 알아야 한다.

하나님 나라를 세우는 데 전력을 다하면 이익은 더해지게 되어있다. 왜냐하면, 그렇게 하시겠다고 약속하셨으니까(마6:33).

현대 교회와 선교에서 고난과 핍박은 피해야 할 일들이 되었다. 하지만 고난과 핍박이 없이 하나님의 영광이 드러날 방법이 있을까? 얼마 전 원고를 부탁 받고 이런 글을 쓴 적이 있다.

"요즘 유행하는 말이 '네트워킹'과 '멘토' 입니다. 언제부터인가 선교사들이 제게 멘토가 되어달라고 말하기 시작했습니다. 그리고 선교사들이 네트워킹에 열심을 내기 시작했습니다. 저는 솔직히 이 두 단어의 의미를 아직 잘 모르겠습니다. 물론 사전적 의미를 모른다는 것은 아닙니다. 이 두 단어를 쓰는 사람들의 의도를 잘 모르겠다는 것입니다. 멘토의 의미는 조금씩 알아가는 중인데 제게 멘토가 되어달라고 요구하는 분들이 수개월, 수년이 지나도록 아무런 의논을 해오지 않는 것을 보면 이 말의 뜻이 혹시 후원자가 되어 달라는 것은 아니었는지 그런 부질없는 생각도 해봅니다. 네트워킹에 대하여는 성경적 의미와 더불어 선교적 네트워킹의 의미를 정리해 보고 싶습니다. 참된 그리스도인의 네트워킹은 핍박과 고난을 함께한 사람들로 인해 만들어져 가야 할 관계입니다. 성경은 분명하게 이 부분에 대한 기준을 제시합니다."

핍박과 고난이 고통스럽고 감내하기 어려운 일이라면 예수께서 우리에게 고난 가운데 기뻐하라고 말씀하지 않으셨을 것이다.

> "너희가 그리스도의 고난에 참여하는 것으로 즐거워하라 이는 그의 영광을 나타내실 때에 너희로 즐거워하고 기뻐하게 하려 함이라" (베드로 전서 4:13)

고난과 핍박은 우리가 나가야 할 방향을 똑바로 인도한다. 핍박과 고난을 피하는 선교는 때로는 우리의 삶의 초점을 놓치게 한다.

누구와 함께 할 것인가? (Partnership)

선교의 열정(Passion)과 함께 중요한 것이 방향성(Direction)이다. 열정은 중요하지만 오래가지 않는다. 열정은 식는다.

선교의 헌신에 대한 다짐도 중요하지만, 헌신의 방법과 방향 역시 중요하다. "가라 그리고 제자삼으라"는 주님의 명령(마28:18-20)에 가려고 애쓰는 사람은 많다. 간 사람도 많다. 통계에 따르면 전 세계에 한국 선교사가 25,000명이 있다고 한다. 하지만 꽤 많은 선교사가 방향을 잃고 헤매다가 이젠 열정도 잊은 듯 사는 경우를 본다. 왜 그런 일이 생기게 되는 것일까? 사람들에게 손가락질 받는 목회자, 선교사. 그분들의 처음 헌신은 그런 모습이 아니었을 것이다. 왜 그렇게 변했을까? 이전의 책 『위대함을 선택하라』, 샘솟는 기쁨)에서도 언급한 내용이지만 핍박과 고난이 따르지 않는 사역은 하나님의 나라를 세우는 것이 아니라 '나의 나라'를 세우는 일이 될 가능성이 크기 때문이다. 선교의 지속성 중심에는 '핍박과 고난'이 자리해야 한다.

바울은 숱한 어려움을 견디고 나서 자신이 원하는 곳에 복음을 전하려고 하지만 성령이 허락하지 않았다. 바울이 복음을 전하러 간 곳은 자신이 원하는 곳이 아니라 주님이 원하는 곳이었다. 바울은 그런 고난의 시간을 보낸 후에 더 주님의 음성에 민감하게 반응하게 되었고 주님의 의지에 굴복하게 될 때 새로운 곳에서 주님께서 예비하신 사람들을 만나게 됨을 본다. 바울은 루디아를 만났다. 내게도 많은 루디아가 있다. 앞으로 만날 루디아가 몇 명일지 궁금하다. 어제도 새로운 루디아를 만났다. 고난과 핍박을 피하지 않을 때 주시는 은혜로운 선물 중의 하나가 '루디아'다.

이 글을 쓰고 있으며 살고 있는 이 집을 허락한 의사 부부와의 만남도 특별했다. 우리 부부가 이 지역에서 머물며 지내야 할 것이라는 소식을 들은 의사 부부는 사역을 준비하려고 이 지역을 방문한 우리를 저녁 식사에 초대했다.

"폴, 우린 작년에 '샬롬M' 찬양 집회를 통해 그동안 잊고 살았던 하나님의 은혜를 기억하게 되었고 옛 믿음을 회복하게 되었습니다. 이곳에 와서 지내려는 계획이 있는 것으로 들었습니다. 혹시 머물 곳은 정하셨나요?"

"아직입니다. 이제 천천히 알아보려고 합니다."

"괜찮으시다면 이 집에서 지내면 어떻겠습니까? 실은 저희가 자녀들이 사는 호주에 이민을 떠납니다. 옆의 집까지 두 채가 있으니 가끔 저희가 올 기회가 있으면 저 건넛집에서 살면 되니 이 집에서 지내시지요"

하나님께선 사역지를 옮겨 주시면서 미리 우리가 지낼 집까지 '루디아'를 통해 준비하고 계셨다. 지난 고난의 시간이 축복인 이유는 그 시간이 하나님과 가장 가깝게 지낼 수 있었던 시간이라는 것이다. 아이러니하게도 지금 누리는 '루디아'들과의 축복된 시간은 고난을 통해서만 그런 은혜를 누릴 수 있다는 점이다.

고난과 핍박의 터널을 통과하며

앞서 소개한 몇 가지 사례에는 공통점이 있다. 이 땅에서 나를 몰아내려는 것이다. 내가 여기를 떠나면 모두 해결될 일들이었다.
나를 떠나 보내기 위해 사탄은 내게 매우 치명적이었을 그런 사건과 사람들을 이용했다. 해결책을 찾느라 골몰했다. 어떻게 할까? 인제 그만 한국으로 갈까?

특히 딸아이를 잃을 뻔했던 사고와 영적 열매였던 한 청년의 죽음의 시기는 암흑과 같았다. 긴 시간을 보내면서 내린 결론은 이랬다. '내가 싸우려니까 힘만 든다. 그러니 이 싸움판을 키워버리자. 그래서 내가 감당할 수 없도록 싸움을 큰 싸움으로 만들자. 주님께서 대신 싸우시도록 하자.'
1년에 한 번 하던 '샬롬M'을 두 번 하면서 싸움의 규모가 커졌고 그런 와중에 초, 중, 고등학교를 설립하게 되었다. 이 학교는 설립에서 개교

172

까지 불과 50일이 걸렸던 초고속으로 진행된 하나님의 권능이 드러난 사건이었다.

집회 중에 벙어리가 말을 하게 되고, 의학적으로 사망 선고를 받은 변호사가 살아났으며 가장 감격스러운 은혜는 우리 가족이 복음으로 하나가 되었다는 것이다.

이 모든 일이 핍박과 고난의 과정을 거치지 않았다면 있을 수 없는 일이었다. 핍박과 고난이 없었다면 불가능했던 일들이다. 이 과정에서 핍박과 고난 그리고 동역에 관하여 터득한 몇 가지를 나누고 싶다.

첫째, 하나님과 인격적으로 만나지 못한 사람과의 동역은 피해야 한다.
핍박과 고난이 주는 유익을 이해하지 못하는 사람을 말한다. 이런 사람은 겉으로 보기에 인격적으로 괜찮은 사람일 수 있다. 하지만 핍박과 고난이 밀려오면 어쩔 줄 몰라 쩔쩔맬 사람이다.

영적 전투의 전략을 생각하면 좀 더 이해가 쉽다.

축구나 배구를 하더라도 상대 수비가 약한 쪽을 공격하게 되어있다. 전선의 한쪽이 무너지면 모든 전투에 영향을 주게 되고 전력의 재배치를 하느라 힘든 전투를 하게 된다.

첫 번째 사례인 A의 소송 건이 그랬다. 그는 무던한 사람이었고 그를 싫어하는 사람을 보기 힘들 정도로 인격적으로도 괜찮은 평을 듣던 사람이었다. 하지만 영적 전투장에서는 아주 연약한 사람이었음을 소송의 과정을 통해서 보게 되었다. 그 후로는 행동이나 가치관으로 더는 사람을 평가 하진 않는다.

목회자들이 윤리, 도덕적인 일로 하루아침에 그동안 쌓아왔던 명성을 잃어버리는 일들 역시 이 관점에서 보면 수긍이 가는 일이다.

이런 사람 때문에 전체가 힘들어진다.

둘째, 하나님을 특별하게 만나고 있는 사람과의 동역도 피하라고 권하고 싶다.

고난 중에 있는 사람을 말한다. 사역지에서 이런 선교사들을 많이 만나게 된다. 특히 목회자 출신의 선교사 중에 이런 분들이 제법 있다. 한국의 목회지와 타 문화권에서의 선교적 삶은 다르다. 전쟁터가 다르다. 그렇기에 하나님께서는 하나님께서 온전하게 이분들을 완성하실 때까지 기도해주어야 한다. 하지만 물질로 돕는 일은 가능한 피하라고 하고 싶다. 이런 분들을 돕는 만큼 이분들의 고통의 시간이 길어질 뿐이다. 완전 바닥으로 가서 주님을 제대로 만나게 도와줘야 한다.

창세기 37장부터 소개되는 요셉의 고난의 여정과 현대 선교의 상황을 대입해본다면 고난과 핍박의 환경에 대한 해석이 아주 다르다는 것을 발견할 수 있다.

구덩이에 갇히고 팔려가는 과정, 그리고 보디발의 부인에 의한 누명을 쓰고 이어지는 감옥 생활 등의 어려움이 오늘의 현실에서도 있지만 이런 어려움을 당할 때에 어떻게 대응할까?

구덩이에 갇히면 즉각적으로 도움을 청하고 누명을 쓰게 되면 해명에 적극적이고 온갖 수단과 방법을 통해 구하거나 변호사를 고용해서 구하려고 노력하지 않을까?

현대 선교의 이런 상황에서 더는 요셉이 있을 수 없다.

물론 이런 노력이 필요할 상황이 있겠지만 여기서 중요한 사실은 고난과 핍박의 상황에서 하나님의 임재 하심과 하나님의 주권적 역사가 함께할 때에는 불안이나 초조 또는 공포감에 떨게 되지 않는다는 사실이다.

사도행전 12장에서 베드로의 고난과 핍박에 임하는 자세를 보라. 예수의 십자가처형을 앞둔 상황에서 세 번이나 부인했던 베드로를 기억해보라. 예수를 부인하던 그 시점은 베드로에게 직접 위해가 가해진 상황도 아니고 자기 죽음을 앞둔 절박한 상황도 아니었다. 하지만 그는 예수를 세 번이나 부인했다. 이보다 더 심각한 핍박의 상황에 몰리게 된 베드로. 사도행전은 당시의 상황을 이렇게 기록했다.

> "그때에 헤롯왕이 손을 들어 교회 중에서 몇 사람을 해하려 하여 요한의 형제 야고보를 칼로 죽이니
> 유대인들이 이 일을 기뻐하는 것을 보고 베드로도 잡으려 할 새 때는 무교절기간이라 잡으매 옥에 가두어 군인 넷씩인 네 패에게 맡겨 지키고 유월절 후에 백성 앞에 끌어내고자 하더라
> 이에 베드로는 옥에 갇혔고 교회는 그를 위하여 간절히 하나님께 기도하더라
> 헤롯이 잡아내려고 하는 그 전날 밤에 베드로가 두 군인 틈에서 두 쇠사슬에 매여 누워 자는데 파수꾼들이 문밖에서 옥을 지키더니

홀연히 주의 사자가 나타나매 옥중에 광채가 빛나며 또 베드로의
옆구리를 쳐 깨워 이르되 급히 일어나라 하니 쇠사슬이 그 손에서
벗어지더라
천사가 이르되 띠를 띠고 신을 신으라 하거늘 베드로가 그대로 하
니 천사가 또 이르되 겉옷을 입고 따라오라 한대
베드로가 나와서 따라갈 새 천사가 하는 것이 생시인 줄 알지 못
하고 환상을 보는가 하니라
이에 첫째와 둘째 파수를 지나 시내로 통한 쇠문에 이르니 문이
저절로 열리는 지라 나와서 한 거리를 지나매 천사가 곧 떠나더
라" (사도행전 12:1-10)

베드로는 야고보의 처형 소식을 익히 알고 있었을 것이다. 야고보가 처
형당하고 얼마 지나지 않아 옥에 갇힌 베드로에게는 산 소망이 끊어진
상황이었다. 이런 상황에서 베드로는 잠을 잔다. 아니 그냥 잠든 것이
아니라 아주 깊은 잠에 빠져있다. 오죽하면 베드로를 구하러 온 천사가
옆구리를 걷어차야 일어날 정도로 깊은 잠을 자고 있었다. 이 상황을 어
떻게 이해할 수 있을까?
베드로는 하나님의 권능을 목도했다. 베드로가 말하니 앉은뱅이가 일어
났다. 믿어지기 어려운 일이 베드로의 눈앞에서 일어났다. 다시 입을 열
어 죽은 자의 부활을 말하니 믿는 자가 오천이나 되었고 이어 대제사장
앞에서 담대하게 예수 그리스도가 주시며 예수 그리스도를 통하지 않고
는 다른 이로서는 구원을 얻을 수 없다는 선포를 한다. 이는 예수가 십
자가에 달리게 된 죄목이었다.

하나님의 권능을 옆에서 본 사람이 아니라 입으로 부활을 증거하고 하나님의 나라를 선포하는 자리에서 임하시는 하나님의 권능을 체험한 사람만이 소유하는 하나님을 아는 지식이 있다. 베드로는 이 체험적 지식을 소유하고 있었다. 더는 죽음이 걸림돌이 될 수 없으며 죽음을 넘어선 세상을 볼 수 있었다. 베드로에게 하나님의 나라가 임했다.

고난과 핍박의 과정을 온전하게 통과하기 전과 온전하게 통과한 사람의 차이가 무엇인지를 뚜렷하게 알 수 있다.

셋째, 고난을 통과한 사람을 만난다.

바울과 베드로처럼 고난을 온전히 통과한 사람들이 있다. 타 문화권에서 BAM Practitioner로 살면서 이런 사람을 만날 수 있다. 오직 BAM 현장에서만 누릴 수 있는 관계의 복이라고 믿는다. 돈 앞에서 부모, 자식도 없는 세상을 살면서 돈 앞에서 같은 생각을 하고 같은 방향으로 삶을 살아갈 수 있다는 이 행복이 BAM Practitioner로 아직 이 자리에 남아있는 이유 중 하나이기도 하다.

이런 사람은 어떤 일, 어떤 상황에서도 그 상황을 축복으로 해석하고 자족하는 사람들이다. 입에서나 생각에서나 모든 것이 하나님의 것임을 온전히 고백하는 사람이다. 하지만 이런 분들이 많지 않다. 말로 하는 간증을 들어보면 온갖 어려움을 겪어온 듯하지만 이해관계 특히 돈 앞에서 보면 제대로 보인다.

고난을 통과하여 "예수가 나의 주다(JESUS IS MY LORD!)"라고 고백하는 사람은 떠날 줄 안다. 이루어진 일에 대하여 조금도 미련이 없다. 왜냐하면, 내가 이룬 일이 아님을 누구보다 잘 알고 있기 때문이다. 이런 사람 곁에는 사람이 남는다. 윌리엄 캐리 옆에 '세람포트리오'라고 불리는 마쉬맨과 윌리엄 워드가 있었고 바울에게는 실라, 디모데와 같은 예수의 제자가 남았다. 예수의 제자를 지속해서 생산해야 할 이들은 그래서 물려주고 떠날 줄을 안다. 물려주는 것, 쉽지 않은 일이지만 물려주고 떠나는 것은 정말 어렵다.

핍박과 고난을 통해서만 하나님 앞에 바로 설 수 있다.

Business As Mission-Partnership의 성경적 기준

사람과 돈에 대한 하나님의 심판을 거친 사람이어야 한다.

사람에 대한 심판을 거친 사람의 고백은 "믿을 이는 하나님"이다.

돈에 대한 하나님의 심판을 거친 사람의 고백은 "돈이 아니라 하나님 때문에 안심"이다.

하나님께서 방패가 되신다.

아무리 많은 돈을 벌어도 나의 입에서 "하나님께서 하셨습니다!"라는 고백이 입에서 떨어지지 않을 때, 그 비참한 인생은 무엇으로도 채워질 수 없는 공허한 삶이다.

Business As Mission의 열매는 비즈니스의 성공담이 될 수 없는 이유다. 하나님께서 함께하시는 Business As Mission의 현장은 오직 사람만 남는다. 이 사람들이 공유하고 있는 가장 귀한 가치는 '핍박과 고난'

을 함께 견딘 시간이다. 눈빛만 봐도 서로 통한다. 하지만 이 공동체에서도 갈등은 있다. 사람이니까......

갈등은 극복되고 시시한 이야기는 갈등의 소재가 되기 어렵다. 왜냐하면, 모두가 한 방향만 바라보고 있기 때문이다.

가롯 유다가 스스로 목숨을 끊고 예수님의 제자들은 11명이 되었다. 초대교회의 시작을 알리는 첫 단추는 가롯 유다의 빈 자리를 채우는 일이었다. 사도행전은 그 장면을 이렇게 기록한다.

> "형제들아 성령이 다윗의 입을 통하여 예수 잡는 자들의 길잡이가 된 유다를 가리켜 미리 말씀하신 성경이 응하였으니 마땅하도다. 이 사람은 본래 우리 수 가운데 참여하여 이 직무의 한 부분을 맡았던 자라. (이 사람이 불의의 삯으로 밭을 사고 후에 몸이 곤두박질하여 배가 터져 창자가 다 흘러 나온지라. 이 일이 예루살렘에 사는 모든 사람에게 알려져 그들의 말로는 그 밭을 아겔다마라 하니 이는 피 밭이라는 뜻이라) 시편에 기록하였으되 그의 거처를 황폐하게 하시며 거기 거하는 자가 없게 하소서 하였고 또 일렀으되 그의 직분을 타인이 취하게 하소서 하였도다. 이러하므로 요한의 세례로 부터 우리 가운데서 올려져 가신 날까지 주 예수께서 우리 가운데 출입하실 때에 항상 우리와 함께 다니던 사람 중에 하나를 세워 우리와 더불어 예수께서 부활하심을 증언할 사람이 되게 하여야 하리라 하거늘 그들이 두 사람을 내세우니 하나는

바사바라고도 하고 별명은 유스도라고 하는 요셉이요 하나는 맛디아라. 그들이 기도하여 이르되 뭇 사람의 마음을 아시는 주여 이 두 사람 중에 누가 주님께 택하신 바 되어 봉사와 및 사도의 직무를 대신할 자인지를 보이시옵소서 유다는 이 직무를 버리고 제 곳으로 갔나이다 하고 제비 뽑아 맛디아를 얻으니 그가 열한 사도의 수에 들어 가니라" (사도행전 1:16-26)

예수의 열두 제자 가운데 한 사람을 뽑는 기준을 보여준다. 예수님께서 직접 하셨던 제자를 세우는 일을 어떤 기준으로 우리가 행해야 하는지를 보여준다.

"우리와 함께 다니던 사람 중에 하나를 세워" 성경은 이 자리에 모인 사람의 숫자를 약 120명이라고 소개한다.(사도행전 1:15) 여기에 모인 사람들과 늘 함께 다니던 사람 가운데 한 사람을 세우는 것이 기준이다. 얼핏 보기에 허망하기까지 하다. 하지만 이 기준은 상황에 맞추어 세운 기준이 아니라 변경이나 타협 불가의 매우 강력한 기준임을 알 수 있는 구절이 있다.

"며칠 후에 바울이 바나바 더러 말하되 우리가 주의 말씀을 전한 각 성으로 다시 가서 형제들이 어떠한가 방문하자 하고 바나바는 마가라 하는 요한도 데리고 가고자 하나 바울은 밤빌리아에서 자기들을 떠나 함께 일하러 가지 아니한 자를 데리고 가는 것이 옳지 않다 하여 서로 심히 다투어 피차 갈라서니 바나바는 마가를 데리고 배 타고 구브로로 가고 바울은 실라를 택한 후에 형제들에게 주의 은혜에 부탁함을 받고 떠나 수리아와 길리기아로 다니며 교회들을 견고하게 하니라" (사도행전15:36-41)

바울이 바나바와 심히 다투고 헤어지게 된 결정적인 이유는 마가라 하는 요한이 "자기들을 떠나 함께 일하러 가지 아니한 자"였기 때문이다. "늘 항상 함께 있던 자" 그리고 "늘 항상 함께하지 않았던 자"
늘 함께 있던 사람이 중요한 자격인 이유는 늘 항상 그들을 따라다녔던 '핍박과 고난'을 함께 견디지 못하고 그 자리를 비켜 떠났던 사람들과 선교적 삶을 함께할 수 없다는 것이다.

유대인들의 전통의 계승은 핍박과 고난을 후세들이 기억하게 하는 것으로 채워진다.
유월절은 쓴 나물과 발효되지 않은 빵을 먹으면서 이스라엘 백성들이 하나님의 은혜로 모세의 인도를 따라 이집트의 노예상태에서 해방된 것을 기념한다.

핍박과 고난의 현장에서 늘 함께 한 사람들과 함께 하는 하나님 나라의 일은 그렇기에 매우 강력하다.

7. BAM vs. MBA

만일 누가 말하려면 하나님의 말씀을 하
는 것 같이 하고 누가 봉사하려면 하나님
이 공급하시는 힘으로 하는 것 같이 하라

If anyone speaks, he should do it
as one speaking the very words of
God. If anyone serves, he should
do it with the strength God provides

베드로전서 4장 11절

사례: 가르쳐 지키게 하라, 폐교에서 확인하다

"가르쳐 지키게 하라"는 하나님의 음성을 성서 속에서 발견한 나는 점점 하나님의 섭리 가운데 빨려 들어가고 있었다. 무엇을 가르쳐야 하는지? 어디서 가르치는 일을 시작해야 하나?

주일 예배를 마치고 나오는 길이었다. 하나님의 음성을 들은 지 1년 남짓 지난 2008년 7월 어느 날, S가 흥분된 목소리로 말을 걸었다.

"폴, 시내에 오랫동안 버려진 학교가 있는데, 비록 폐교 상태지만 사립학교 허가증을 반납하지 않고 있어 언제든지 시작할 수 있네. 내가 등기 이사로 있으니 이사회에 상정해 자네가 인수할 수 있도록 도와줄 수 있는데, 흥미가 있나?"

"학교?"

"2만 평이 넘는 부지에 아직 학교 건물이 그대로 남아 있네. 물론 30년 가까이 방치된 상태라 개교를 하려면 수리할 곳이 많겠지만 위치가 좋아. 금액은 자네가 원하는 대로 정하게."

"호의는 고맙네. 하지만 학교 운영도 그렇지만 외국인인 내가 학교를 하기에는 좀......"

일주일 후 주일 예배가 끝난 후에도 S는 같은 제안을 했다. 평소 그런 친구가 아닌데, 집요하게 권하는 이유가 있을 거라는 느낌이 들었다. 오늘도 거절한다면 서운하게 생각할 것도 같았다.

"학교가 어디야? 한번 돌아나 봄세."

영적 전투가 최고조에 달했던 2007년, 차량이 전파되는 교통사고를 당한 다미는 다행히 아무런 후유증 없이 학업에 열중했다. 그리고 2008년 'SHALOM M' 집회에서 연주자로 나를 도왔다. 그 즈음엔 남은 방학을 가족과 보내고 있었다. 우리 세 식구는 그의 설명대로 학교를 찾아갔다. 그러나 초행이라 그랬는지 허탕을 치고 돌아왔다.

월요일에 S에게 전화를 걸어 허탕을 쳤다고 말했다.

"그래? 그럼 내 사무실로 오게. 내가 안내해 주겠네. 마침 월요일에는 경비원이 근무를 서고 있으니 안에 들어가 학교를 한 바퀴 둘러보는 것도 좋겠네."

80년 역사를 가진 학교라니 구경이나 하자며 아내와 딸도 함께 나섰다.

학교는 도심 안의 흉물이었다.

하지만 서양 선교사들이 세워 놓은 학교라 갖춰야 할 시설들은 모두 갖추고 있었다. 기숙학교(boarding school)로 운영이 되었는지 기숙사

시설까지 있었다. 도심을 가로지르는 강을 끼고 400m 육상 트랙을 만들어도 될 만큼 잔디 운동장도 넓었다.

"가르쳐 지키게 하라"는 음성을 들었다는 나의 간증을 아는 아내와 딸은 멀찌감치 떨어져 나를 힐끔거렸다.

"아빠, 귀신이 나올 것 같아."

그만 가자는 말이다. 생각이 멈추고 결심을 하면 앞뒤 안 보고 달리는 내 성격을 아는 아내는 왠지 불안한 얼굴이다.

학교를 한눈에 볼 수 있는 거리까지 물러선 후 운동장 끝에서 학교를 바라보았다. 왼쪽의 기숙사와 강당이 있는 건물 끝 콘크리트 벽 사이로 풀과 나뭇가지가 무성하게 자라고 있다. 건물을 버려두고 떠난 서양 선교사들의 허무한 헌신이 마음을 답답하게 했다.

그 순간 신기하게도 눈앞에 파노라마가 펼쳐지기 시작했다.

오른쪽 건물부터 예배당이 있던 나지막한 양철 지붕을 지나 맨 왼쪽의 흉물스러운 건물까지, 모든 건물이 보수 작업을 마친 아름다운 모습으로 서서히 바뀌었다. 마치 무엇에 홀린 것 같았다.

마음 깊은 곳에서 질문이 쏟아졌다.

"하나님! 여기에서 가르쳐 지키라는 말씀입니까?"

"이곳에 주님의 사람들을 보내 주시겠습니까?

질문이 이어질수록 몸을 가누기 어려울 정도로 감격이 몰려왔다.

나는 무릎을 꿇었다. 머리를 잔디에 파묻었다. 그렇게 얼마를 울었을까?

"이곳에 내가 보내주는 아이들이 있다. 선생도 보내주마. 사람을 세우는 일에 앞장서라. 이 나라를 위해 헌신할 사람을 세우리라!"

첫 음성을 들은 후, 학교를 찾아오기까지 1년이라는 시간이 흘렀다. 그리고 무너진 학교를 다시 세우는 과정을 통해 주님과 나는 더욱 가까워졌다. 주님께서는 언제나 내 옆에 계셨다. 그리고 내 생각을 아시는 주님이 나보다 먼저 일하셨다. 내가 간구해서 주신 것이 아니다. 나는 단지 주신 것을 찾아내기만 했다.

하고 싶은 일이 아니라 해야만 하는 일

가장 먼저 학교 세우는 일과 관련해 의논한 상대는 물론 아내와 딸이었다. 우리 가족은 처음부터 함께 한 증인이었다. 다미는 이미 나의 든든한 후원자가 되어 있었다. 아내도 흔쾌히 돕겠다고 했다. 가족이 하나가 되어 섬기는 선교는 가장 강력한 힘을 발휘한다.

"C와 먼저 의논을 해 보세요. 아무래도 이 지역의 사정에 밝고 늘 우리와 함께 한 사람이잖아요. 그의 아내 J와도 의논하면 더 좋겠지요."

아내가 말했다. 나도 그렇게 생각하던 차였다. 처음부터 함께 하던 가족이고 또 고난은 물론 고통도 함께 나누던 사이였다.

"학교를 하나 세우려고 해."

"학교? 갑자기 학교는 무슨?"

"응, MHS라는 학교 들어봤어? 시내에 있던데. 아마 3, 40년 이상 폐교 상태로 있었던 것 같아."

"그래? 그런 학교가 있었나? 그런데 갑자기 왜?"

"며칠 전에 그 학교를 가 봤는데 그냥 버려 두기가 아깝다는 생각이

들었어요. 더구나 옛날에 세운 학교라 학교법인 설립허가 기간이 남아 있고, 또 조금만 손보면 기독교 학교로 손색이 없을 거 같아."

"폴, 자세한 사정은 모르지만, 학교는 신중하게 생각해야 해. 아버지께서 관계하시던 미션 스쿨의 재단 이사직을 이어받아 가끔 이사회에 참석하는데, 여간 복잡하고 골치 아픈 게 아니야."

생각할 시간이 없었다. 연말에 학교 설립허가증을 교육부에 반납해야 한다고 했다. 그렇게 되면 기회마저 완전히 문을 닫게 될지도 모른다.

"우선 폐교를 좀 늦추려면 누구와 이야기를 해야 할까?"

"감리교 재단이니 감독(Bishop)과 의논하면 될 거예요."

그의 아내가 거들었다. 마침 다음 주말 K읍에 있는 교회 헌당식에 오시기로 했단다. 내가 초대받았다는 사실도 상기시켜 주었다. 6월의 SHALOM M 콘서트 때, 그 교회 목사님이 꼭 와달라고 몇 번을 부탁하며 초청장을 주던 기억이 났다.

토요일이 되었다.

"교회들이 건물을 짓느라 모두 열심입니다. 다음 달에도 헌당식 예배가 있습니다. 그러나 건물이 교회는 아닙니다. 건물은 빌딩입니다. 건물 안이 예수님의 몸(Body of Christ)으로 가득 채워질 때 비로소 그 건물은 빌딩 교회(Building church)가 될 것입니다. 예수님의 몸이 교회입니다. 우리는 모두 교회 짓는 열심과 더불어 누구보다 앞장서 복음을 전합시다. 사람들을 교회로 세우는 일에 더 열심을 내야 합니다."

화 융 감독의 헌당식 설교가 나를 위한 설교 같았다.

그는 이 나라에서 유일하게 합법적인 말레이시아 신학대학교 학장을 지낸 분이다. 모택동의 문화 혁명 당시 믿음을 지키기 위해 중국 본토에서 이주한 아버지를 따라서 온 이민 1.5세대이다. 삼 형제가 모두 감리교 목사로 섬기다 동생 한 분이 교통사고로 일찍 하나님의 부르심을 받았다.

헌당식이 끝나자 차려놓은 음식을 먹고 담소를 나누는 사람들로 소란스러웠다.

"감독님, 의논을 드릴 말씀이 있습니다."

조용한 곳으로 자리를 옮겼다.

"MHS 문을 완전히 닫기로 하셨나요? 그렇게 들었습니다."

"예."

"이유를 말씀해주실 수 있나요?"

"중, 고등학교 교육이 모두 무상이라 MHS 같은 사립학교에는 학생들이 없어요. 오랜 기간 내버려두다 보니 학교는 점점 못 쓰게 되고, 유지 하려니 적지 않은 돈이 들어가네요."

"학교 설립허가증도 반납하겠네요?"

"그래야죠. 안 그러면 행정상 학교가 있는 것으로 되어 처리가 복잡합니다."

자신의 임기 중에 세워진 학교의 문을 닫게 되어 마음이 편치 않은 모양이었다. 결국은 돈이 문제인 셈이다. 물론 현재는 이슬람교 정부라 돈이 아무리 많아도 기독교 학교의 설립허가를 받을 수가 없다. 결국, 한번 문을 닫으면 다시는 이 도시에 기독교 학교를 세울 수 없다는 결론이다.

나는 학교 문 닫는 결정을 조금만 미뤄달라고 부탁했다.

"무슨 계획이 있는지는 모르지만, 폴이 쓰겠다면 전권을 주겠소. 단, 내게 1원도 달라는 말은 하지 말기요."

나는 12월까지는 어떠한 결정이든 내리겠다는 약속을 했다. 감독은 감리교 산하 미션 스쿨 운영위원회 사무총장인 림 박사에게 전화를 걸었다. 월요일에 그를 찾아가라고 했다.

헌당식을 마치고 돌아오는 길에 C의 아내가 내 생각을 물었다. 무상으로 학교 교육이 가능한데 누가 사립학교를 보내겠느냐는 의견이었다. 더구나 학교 운영 경험도 없는 내가 감당하기에는 벅찰 거라는 생각을 부부가 나누었다. 그녀는 우리가 이 지역으로 온 다음부터 지금까지 늘 우리 곁에 있으면서 하나님께서 하시는 일을 함께 본 증인이다. 싱가포르 출신의 경제학도여서 계산도 빠르고 판단이 합리적이라 어떤 부분에서는 남편인 C보다 더 적극적인 편이다.

"학교를 세우고 다시 여는 일에 관심이 생겼어. 운영은 내 관심 사항이 아니야."

그제야 J는 내가 갑자기 학교에 관심을 두는 이유를 눈치챈 모양이었다.

그날 저녁 그들 부부와 식사를 했다. C는 현재 이 나라 주석 광산 협회 회장을 맡고 있다. 이 나라를 대표하는 주석 광산 사업가의 재벌 2세로 사업을 넓게 보는 안목을 타고난 능력 있는 친구다. 처음 1, 2년간은 말없이 우리 부부를 지켜보더니, 가까이에서 일어나는 하나님의 능력을 목격하고 그는 물론 온 가족이 우리의 동역자가 되었다.

"감독을 만났다며? 감독님의 학교에 관한 생각은?"

"학교 문을 닫은 상태에서 유지 보수로 들어가는 비용이 적지 않은가 봐. 그래서 결국에는 문을 닫기로 하셨다는군."

"폴, 갑자기 그 학교에 관해 관심을 갖는 이유를 말해 줄 수 있겠나?"

내 입장에서 이야기를 해야 할지, 아니면 그가 알아듣기 쉽게 설명을 해야 할지 혼란스러웠다. 나는 '내가 하고 싶은 일이 아니라, 반드시 해야만 하는 일'이라는 대답을 주었다. 그리고 여기에 와서 사는 것도 내가 원한 것이 아니라 여기에 살아야만 하는 이유가 있어 그런 거라는 설명을 덧붙였다.

잠시 침묵이 흐르는 사이 아내와 C의 아내도 숨을 죽였다.

"내가 이 일을 시작하면서 C형에게 먼저 말하는 이유는 이 일을 시작할 것이기 때문이야. 사전에 상의도 하지 않고 시작하면 좀 서운하지 않겠어? 부담은 갖지 마. 내가 C형이라도 터무니없다며 말렸을 테니까."

"꼭 해야만 한다?"

"월요일에 림 박사를 만나기로 했어. 림 박사와 의논하고 결과를 알려줄게."

학교법인 W의 개교 추진위원회

월요일이 되었다. 아침 일찍 쿠알라 룸푸르로 향했다. 도착하니 10시가

192

좀 넘어서고 있었다. 림 박사는 감독으로부터 사전 정보가 없었던 것 같았다.

"폴, 미안해요. 감독님으로부터 꼭 만나보라는 당부가 있었는데, 11시부터 약속된 회의가 있어요. 무슨 일인지요?"

"MHS의 학교설립 허가증을 반납하기로 했다고 들었습니다. 이제 그 학교는 어떻게 되나요?"

"아직 논의된 바는 없지만 아마도 매각처리 될 가능성이 가장 크겠지요."

"감독님께 폐교 결정을 좀 늦춰 달라고 부탁 드렸습니다. 감독님께선 제가 감리교 재단에 일체의 경제적 도움을 요청하지 않는 조건으로 마음껏 시설을 사용해도 좋다고 하셨습니다. 그래서 저는 이제부터 그 학교를 살려내려고 합니다."

그는 학교를 다시 열겠다는 내 말에 매우 부정적 견해를 보였다. 가능한 일이라면 자기들이 했을 거라고 말했다.

"저도 아직 구체적인 계획은 없습니다. 하지만 궁금한 점이 있을 때마다 림 박사님의 도움을 청해도 될까요?"

"물론입니다."

림 박사는 전국에 있는 감리교 학교(초, 중, 고, 대학교)를 총괄하는 사무총장이라 매우 상세하게 우리 학교가 폐교 결정을 내릴 수밖에 없는 이유를 다시 설명해 주었다.

림 박사를 만나고 돌아가는 길에 C에게 전화했다. 림 박사도 감독님과 같이 학교를 다시 개교할 수 있다고는 생각지 않지만, 그 학교를 내가 맘대로 사용하는 것에는 동의했다고 알려주었다.

"이제 어떻게 학교를 다시 살려내야 하는지만 생각하면 되네."

그는 현재 이포의 한 감리교 여자 중고등학교 이사장으로 있는 T박사에게 연락을 해보라고 했다.

이 나라엔 영국 식민지 시절, 선교사들에 의해 40개 이상의 학교가 전국 주요 도시에 세워졌다. 그러나 영국으로부터 독립해 이슬람교 정권이 들어서면서 초, 중, 고 교육이 무상교육으로 의무화 되었고 기독교 학교는 정부의 재정 지원을 받지 않으면 안 될 어려움에 빠지게 되었다. 한편 정부의 재정 지원을 받게 된 기독교 학교는 이슬람화되고, 명목상의 기독교 학교로 전락하고 말았다.

요즈음 한국의 기독교 학교들도 이런 과정을 겪고 있다.

교장의 선임, 학교의 운영 등에 교육부의 간섭이 심해지면서 예배가 금지되는 이름뿐인 기독교 학교 말이다.

학교의 이사회는 학교 운영에 일체 간섭할 수 없이 이름만 유지되고 있었다. 이런 방침에 반하여 끝까지 사립 기독교 학교로 남았던 MHS는 학생이 없어 건물만 남은 유령의 집이 되어 버린 것이다.

T박사는 유명 외과 의사며 교계의 리더 중 한 사람이었다. 그리고 C형이 참석하는 성경 공부반 지도 선생님이기도 했다. T박사도 MHS를 다시 열어 보겠다는 내 생각에 손사래를 치며 반대했다.

아무도 없다.

머리가 멍하니 잠시 공황상태가 된다. 학교 운동장에서 보여주신 환상적인 파노라마는 뭐지? 사람을 세우시겠다는 확실한 음성은?

새벽부터 바쁘게 다니느라 밥도 제대로 챙겨 먹지 못한 탓에 몸이 무겁다. 허기가 진다. 다만 한 가지 믿는 바가 있기에 마음만은 편하다. 이런 일은 하나님께서 하시는 일에 늘 따라붙는 것이다.

학교를 세우는 일에서 생각이 떠나질 않았지만 당장 처리해야 할 일이 생겨 한국 출장을 떠났다.

바쁘게 시간을 보내던 중 핸드폰에 긴 전화번호가 떴다. C였다. 학교 일로 의논할 게 있으니 될 수 있는 한 빨리 돌아오라고 성화였다. 그의 마음이 바뀐 이유를 물었지만, 한사코 자세한 이야기는 오면 할 테니 궁금하며 당장 오란다.

한 달 만에 돌아왔다.

토요일 밤 비행기로 집에 오니 새벽이다.

주일이라 교회로 먼저 갔다. 예배 후, C가 저녁에 자기 집으로 와 이야기를 나누자고 한다. 시간이 될지는 모르지만, 목사님과 네다섯 명이 함께 모여 의논을 하자는 것이다.

이렇게 해서 모인 사람들이 학교법인 W의 개교 추진위원회가 되었다.

새벽 기도로 준비하다

학교를 세우는 일에 앞장서면서 가장 먼저 말씀을 붙들었다.

> "주를 섬기라."(로마서12:11)

주를 섬기려는 사람들이 모인 곳에서 일어나는 갈등, 분열을 수차례 경험한 바 있기에 주를 섬기되 어떻게 섬겨야 하는지? 어떤 사람과 함께 일해야 하는지? 확실하게 해야 했다. 주를 섬기라는 말씀은 실패의 추억을 되살리고 다시는 되풀이 하면 안 된다는 다짐이었다.

당연히 "성경에 기초한 섬김"을 우선시했다. 따라서 학교를 세우는 과정 중에 얻은 가장 큰 유익은 어떤 사람과 함께 일을 해야 하며, 어떤 방법으로 그런 사람을 찾아야 하는지에 대한 기준을 성경에서 찾아 내 것으로 삼을 수 있었다.

　　C형과 T박사는 내게 많은 생각을 하게 해 준 사람들이다.

　　"도대체 내가 한국에 있는 동안 무슨 일이 있었던 거야?"

　　C에게 물었다.

　　"학교를 찾아 가 봤지. 마치 귀신 소굴 같더군."

　　"그래서?"

　　"폴이 무슨 이유로 이 학교를 다시 세우겠다는 것인지 도무지 모르겠어. 하지만 자네를 내가 알잖아. 한다고 입을 뗐으니 하겠다는 생각이 들었지. 물론 내가 옆에 있어 주지 않아도 할 사람이라는 것도 알고……"

　　그의 아내인 J가 내 생각이 아니라, 그 생각을 주신 분이 있다는 것을 믿는다며 거들고 나섰다. 그녀는 남편에게 내 곁에 있는 것이 옳다고 말했단다. 나는 다시 한번 내 생각이 아니라 하나님께서 주신 마음이라 확인해 주었다. 이 일을 통해 이루시려는 하나님의 계획이 있음을 믿는다고 했다.

C는 어떻게 해서 하나님의 뜻이라 믿게 되었는지 물었다. 나는 내가 말

로 설명하기보다는 이 일을 함께 해나가면서 하나님의 뜻이라는 걸 믿게 되길 바란다고, 꼭 그렇게 될 것이라고 대답했다.

C는 그의 아버지가 사업을 할 당시, 자금이나 인력 등 내부를 챙기라는 가르침을 통해 돈의 흐름과 사람 관리에 경험을 쌓았다. 반면에 그의 형은 그룹의 경영보다 대외 관계에 주력하도록 했다. 그래서인지 그의 아버지와 형을 기억하는 사람들은 많아도 C의 존재감은 상대적으로 적었다.

성격이 꼼꼼하고 조용한 편이라 사람들과의 교제의 폭도 넓지 않았다. 나를 만나기 전에는 거의 바깥출입을 하지 않을 정도였다고 한다. 그런 C를 학교 설립이라는 큰일의 선두에 끌어들이게 되었다. 나 역시 국제 영업 및 사업 관리를 통해 쌓은 경험이 적지 않았지만, 하나님의 일만큼은 하나님께서 기뻐하시는 방법으로 하고 싶었다.

2008년 9월, 두 번째 회의를 했다.

   "개교를 언제 해야 하는 거지?"

학교 교감을 지낸 친구가 주저 없이 8월 중순이라는 답을 했다. 모인 사람 모두가 2009년 8월을 목표로 추진하면 되겠다고 의견을 모았다.

세 번째 모임은 2008년 11월 15일 토요일이었다.

이날엔 특별한 손님 두 사람이 초대되었다. 지금은 은퇴했지만 10년 전 우리가 추진하는 학교와 비슷한 일을 시작했던 '무티' 여사와 그녀의 제자로 이 나라 최고의 사학 명문 교감으로 재직 중인 '카일란' 이었다.

   '무티' 여사가 폐교 상태인 학교를 어떻게 다시 열어 지금의 최고 명문 중고등학교로 만들 수 있었는지를 듣기 위한 자리였다. 사례를 설명하던 '무티' 여사가 갑자기 내게 질문을 했다.

"폴 선생, 그런데 누가 학교를 8월에 개교하면 된다고 하던가요?"

맙소사! 이 나라의 새 학년 새 학기는 매년 1월 5일에 시작한다는 것이었다.

"그럼 우린 2010년 1월을 목표로 추진하면 되겠네요. 좀 더 시간적 여유가 있게 되어 다행입니다."

내 입에서는 뜻밖의 말이 튕겨 나왔다.

"2009년 1월 5일은 안 되나요?"

"폴, 1월 5일이면 이제 50일 남았는데, 그게 말이나 되는 소리야? 건물도 고쳐야 하지만 학생과 선생은 하늘에서 떨어지나?"

동시에 떠들어대는 소리를 들으며 나도 모르게 외쳤다.

"기도하자. 우리 지금 기도도 하지 않고 안 된다고 하고 있잖아. 어때, 우리 모두 모여서 월요일부터 새벽마다 기도하는 건?"

"폴, 너희 나라는 새벽 4신가 5시부터 기도한다며? 그거 나보고 나오라고 할 생각은 아예 말게."

맨 처음 학교를 소개한 S는 볼멘소리로 아예 못을 박았다.

"새벽이라면 해뜨기 전이 아닌가. 요즘엔 아침 7시가 지나야 해가 뜨니 6시 30분도 새벽은 새벽이지. 어떻습니까? 뭐 골프를 치자는 것도 아니고 기도하자는 건데 시작하시지요."

디모데 목사님이 거들었다.

"폴 말대로 기도합시다. 기도하고 결정합시다."

이렇게 새벽기도가 시작되었다.

월요일이 되었다. 아내는 새벽기도에 나올 친구들을 위해 일찍 일어나 죽을 만들고 커피도 넉넉히 챙겼다. 몇 명이나 올까 하며 모임 장소로 갔다. 눈이 휘둥그레졌다. 6시가 좀 넘었는데 벌써 열 명이 넘게 와 기도하고 있었다.

그날 모인 인원은 모두 17명이었다.

새벽기도를 시작한다는 말을 듣고 여럿이 합류한 것이다. 감사가 물밀 듯 몰려왔다. 시작하려면 20분 정도 기다려야 한다. 성경을 펴 들고 잠시 묵상에 잠겼다. "마태복음 28장 17절"이라는 조용한 음성이 내 안에 울려 퍼졌다.

'대 사명(Great Commission)' 바로 앞 절이었다.

"그들은 예수님을 뵙고 엎드려 경배하였다. 그러나 더러는 의심하였다."

의심하다니? 부활하신 예수님과 함께 지낸 제자 중에 예수님을 의심하는 사람이 있었다는 말이다. 말도 안 되는 소리다. 부활하기 전에 의심한 베드로는 그렇다고 해도, 부활하신 예수님을 눈앞에서 보며 함께 대화하던 제자 중에 예수님을 의심하는 이가 있었다니.

디모데 목사가 첫 새벽기도를 인도하고 있었다.

그러나 내 머릿속에는 '의심'이라는 단어가 가득 차 올랐다. 나에게 왜 이 말씀을 읽으라고 하신 것일까? 순간 서서히 '의심'이라는 단어가 사라지면서 생각 하나가 점점 또렷해졌다.

"폴, 첫 기도회인데 나누고 싶은 말이 있으면 나누어 주세요."

새벽기도회를 마치기 전 디모데 목사가 말했다.

나는 마태복음 28장 한 구절을 찾아 함께 읽자고 했다. 구석에 있던 D가 울음을 터뜨렸다. 여기저기서 울음소리가 이어지더니 순식간에 전체가 울음바다가 되었다.

"부활하신 예수님을 만난 후 제자들의 모습입니다. 어쩌면 그들에게 마지막이 될 유언을 앞둔 자리입니다. 그 자리에 있던 제자들이 예수님을 의심하는 장면입니다. 그러나 사도행전으로 넘어가면 이 제자들이 순교 당하는 기록이 나옵니다. 의심하는 자들이 순교합니다. 무엇이 이들을 이렇게 만들었겠습니까?"

울음소리는 점점 커지고 참회하는 기도가 이어졌다.

"우리 모두가 의심하는 사람에서 복음을 위해 죽음을 두려워하지 않는 사람으로 변화되기를 바랍니다. 하나님의 관심은 학교가 아닙니다. 사람을 세우시려는 것입니다. 건물은 있는데 사람이 없어 학교가 이렇게 폐가가 되었습니다.

우리가 해야 할 일은 건물이 아닌 사람을 세우는 일입니다. 학생들을 이 나라를 이끌 위대한 사람으로 세워야 합니다. 매일 이렇게 기도하면서 주님의 도우심을 구합시다. 도우심이 어디에서 오는지 모두 함께 보기로 합시다. 우리는 하나님의 동업자가 아닙니다. 우리는 하나님의 종입니다!"

교장 선생님을 예비하신 하나님

첫 새벽기도를 마치고 아내가 준비한 죽과 커피를 마시며 기도한 대로 행동에 옮기기로 했다. 준비위원회를 마케팅, 건물 보수 및 수리, 재정 관리, 학교 교과 과정 계획 및 행정 전반 등 4개의 분과로 나누었다. 그리고 각자 맡을 일을 정했다.

우리 부부와 C부부는 주로 학생과 교사 모집을 담당할 마케팅 분과에서 함께 일하기로 했다. 매일 새벽기도 후에 팀 별로 안건을 작성해 올리고 의논한 후 기도하기로 했다.

나는 교사 확보를 우선순위에 두었다.

최악의 경우 학생은 없어도 선생님은 있어야 한다는 생각이었다. 그런데 알고 보니 이 일이 보통 힘든 일이 아니었다. 고등학교까지 의무교육인 이 나라는 교사에 대한 처우가 예상보다 좋았다. 천연가스, 고무, 팜, 식용유 등 자원이 풍부한 나라이기 때문이다.

교사들에게 정년퇴직 후에 지급되는 연금은 신생 학교로 이직을 권하기에 넘을 수 없는 장벽이었다. 기독교인 교사들조차 우리에게 올 리 만무했다. 그렇다고 아직 학생들도 없는 상태에서 처우를 파격적으로 할 수는 없었다.

한편으로는 학교 건물 5개 중 본관 건물 하나라도 개보수를 서둘러야 했다. 아무리 늦어도 성탄절 이전에는 준공해야 학생과 학부모에게 보여 줄 게 아닌가. 채용한 교사들이 와서 학기를 준비할 공간도 마련되어야 한다.

건설업을 하는 J는 나와 C, 이렇게 셋이서 의형제를 맺은 사이다. J는 동생이고 C는 형이다. 나는 J에게 학교 공사를 맡기기로 했다. 그러나 그의 느긋한 성격을 알고 있어 살짝 성미를 건드렸다.

"성탄절 전까지는 마칠 수 있지?"

"무슨 소리야? 수업할 교실 2개는 어찌 해 보겠는데 한 동 전체를 끝마치는 것은 불가능하지."

"그럼 교사들은 어디서 일해?"

그는 본관 교실부터 수리할 생각이었다.

나는 화장실부터 고쳐달라고 주문했다. 수십 년을 버려둔 상태라 화장실이 불결하기 그지없었다. 학생, 학부모는 물론 교사들에게 학교를 구경을 시켜주려면 화장실이 제일 문제라는 생각이 들었다.

마침 J는 시내에 이 도시에서 가장 높은 고급 호텔을 짓고 있었다.

"화장실을 호텔과 같은 자재를 사용해서 고쳐 주게."

"뭐라고? 우리 호텔과 같은 자재를 쓰라고? 학교에?"

"응, 아무래도 다른 공립학교하고 뭐가 달라도 달라야 하는데, 화장실을 잘 꾸미는 게 무엇보다 좋은 세일즈가 될 거야."

"어, 그거 괜찮은 생각인데? 알았어. 멋지게 고쳐주지."

나는 본관 전체를 성탄절 전에 고치기는 무리라는 걸 잘 알았지만, 한국 건설회사 같으면 보름이면 끝낼 수 있다며 계속해서 약을 올렸다. 그는 그 회사 데려오면 자기가 달라는 대로 돈을 다 주겠다며 웃음을 터뜨렸다.

"알았어. 호텔 현장에 있는 친구들을 몽땅 이리로 보내라고 하지. 어디 한번 해보지 뭐."

돈 들이고 사람 들여 시작할 수 있는 일은 모두 시작되었다.

그러나 가장 문제가 되는 것은 역시 교사 확보였다. C부부와 함께

매 주일 교회들을 찾아다니기로 했다. 첫날, 교회 안에 임시 책상을 펴고 교사 모집을 위한 홍보를 시작했다.

예배를 마치고 나오던 교인들이 호기심에 이것저것 물었다. 학생은 몇 명이나 되는지, 선생님은 어떤 분들인지…….

"얼른 교장 선생님부터 모시세요. 교장이 누군지를 제일 궁금해할 겁니다."

교장 선생님을 좋은 분으로 모시면 교사 모집이 쉬워질 것이란다. 미처 생각지 못한 조언이었다. 우리는 헛수고를 하며 구슬땀을 흘리던 책상을 접고 새벽기도에 기도제목을 내놓았다. 간절한 마음으로 교장을 위한 기도를 했다.

"폴, 기억나? 무티 여사와 함께 왔던 교감 선생 말이야, 카일란!"

"기억나지요. 왜요?"

"그분께 연락해 봐요. 무티 여사가 그날 카일란을 데리고 온 이유가 분명 있을 거야."

날이 밝기를 기다려 무티 여사에게 전화를 했다.

카일란이 교장으로 어떻겠냐고 의논을 했다. 그녀는 오늘이라도 자기에게 오라며 카일란과 함께 의논하자는 답변을 주었다.

카일란은 '형제단(Brethren)' 신자였다. 이 나라의 교회사도 한국과 궤를 같이하지만 한 가지 다른 점은 영국 식민지 배경에서 생긴 형제단이다. 이들은 아직도 보수적인 믿음을 유지하고 있다. 세 자매가 모두 독신인데 막내 동생도 유명 사립학교의 교장이었다.

C형과 차를 몰고 쿠알라 룸푸르로 올라갔다.

먼저 카일란의 집으로 갔다. 그녀를 우리 학교에 오게 하려면 그녀의 어머니에게 동의를 받아야 한다는 말을 들었다. 그녀의 어머니는 집까지 찾아온 우리에게 감동했는지 흔쾌히 허락을 해줬다.

마침내 교장을 모시게 되었다.

그것도 우리나라로 치면 '대원외고' 교장을 모셔온 셈이다. 카일란과 함께 연일 교사모집에 나섰다. 마침 학교가 방학이라 기독 교사 모임들이 여럿 있었다. 교사들이 모인 곳이라면 어디든 찾아다녔던 기억이 새롭다.

교사들에게 홍보가 끝나고 인터뷰를 하기로 정한 날짜가 되었다.

나를 포함해 모두 4명이 면접을 위해 새벽기도를 마치고 교사들이 오기를 기다렸다.

누군가 똑똑 노크했다. 첫 면접 대상 교사는 20대 중반의 젊은 인도계 여성이었다. 그런데 교사 지망 명단에 그녀 이름이 없었다. 서류도 없었다.

　"어떻게 오셨지요?"

　"예, 저는 얼마 전 영국 유학을 마치고 귀국했어요. 집에서는 좋은 회사에 취직하라지만 저는 언제나 아이들을 가르치는 교사가 되기를 원했어요. 공립학교 교사는 어렵잖아요. 그래서 사립학교 교사를 했으면 좋겠다고 생각했는데, 어제 이 앞으로 지나다 학생을 모집한다는 현수막을 보게 되었어요. 그래서 혹시 교사도 모집하지 않을까 싶어서 문의했더니 바로 오늘이 면접이라고 해서 지금 막 서류를 작성해 왔습니다."

우리는 서로서로 얼굴을 쳐다보았다. 침묵 가운데 눈빛으로 대화를 나누었다.

"하나님이 하시는 일이 바로 이런 거구나."

R은 우리 학교의 첫 번째 선생님으로 채용되었다.

지금도 누구보다 열심히 아이들을 지도하고 있다.

또 한 분의 선생님을 잊지 못한다.

그녀는 불교 재단에 속한 사립고등학교의 영어 주임 교사 출신이다. 외교관인 아버지를 따라 미국에서 대학과 대학원을 졸업했다. 이 나라로 돌아와 결혼하고 3남매를 두었지만, 이혼하고 어렵게 살고 있었다.

밤늦은 시간에 전화가 걸려왔다.

"폴 선생님, 선생님께서는 저를 잘 기억하지 못하실 거예요. 하지만 저는 폴 선생님의 찬양 집회를 통해 하나님을 만난 사람입니다. 학교 소식 들었습니다. 저도 그 학교에서 일하고 싶습니다."

나는 그녀의 서류를 받아보고 깜짝 놀랐다.

그녀가 졸업한 대학원이 남침례신학대학원(Southwestern Baptist Theological Seminary)이었다. 그녀는 기독교 교육 석사학위 소지자였다.

그녀를 만났다. 그녀는 처음부터 헤어질 때까지 울었다. 눈물을 쏟아낸 것이다. 가정사도 들었고, 이혼 이야기도 들었다.

면접을 마치고 일어서는데 그녀가 말했다.

"폴 선생님, 저는 귀머거리입니다."

그녀는 한 시간이 넘도록 내 입을 보며 대화를 나누었던 것이다.

"소리 없는 말이 있지요. 눈을 뜨고도 못 보고 귀가 있어도 듣지 못하는 그런 사람들도 있고요."

"제가 그런 사람이었습니다."

아직도 눈에 눈물이 그렁그렁했다.

나는 그녀가 카일란을 이어 교장이 될 것으로 믿는다.

첫 입학생 30명, 모두 예수님의 제자가 되다

한 학년에 2개 학급, 한 학급에 25명의 학생을 목표로 개교를 준비했다. 주님께서는 1학년 25명과 2학년 5명을 허락하셨다. 50일 사이에 9명의 선생님과 30명의 학생을 주신 것만으로도 감사했다. 전 세계에서 교사 대 학생의 비율이 가장 환상적인 학교가 된 것이다.

솜털이 보송보송한 아이들, 초롱초롱한 눈망울…….

새벽기도를 마치고 아이들이 학교에 몰려드는 모습을 보면서 일과를 시작했다. 이사회 전원이 참석하는 새벽기도에서 우리는 아이들 30명의 명단을 모두 적어 놓고 그 아이들의 이름을 하나씩 불러가며 기도했다. 주님께서는 아이들의 눈으로 아이들을 볼 수 있도록 우리를 훈련하셨다. 처음에는 다른 학교에서 전학 온 2학년 5명으로 인해 골치가 아팠다. 그러나 그 아이들도 몇 달 지나지 않아 변화하기 시작했다.

극적인 변화는 찬양 전도 집회인 SHALOM M을 통해 일어났다.

나는 첫 입학생을 맞을 때, 몇 가지 원칙을 세웠다.

'꼭 기독교인 가정이 아니라도 좋다. 하지만 기독교인 가정의 학생 비율이 절반 이상이어야 한다. 우리 학교는 성경을 교과과정으로 가르치며 매주 1회 예배에 참석해야 한다. 이 사실에 부모가 동의해야 한다. 이슬람교 배경의 자녀도 입학을 허락한다. 목사 자녀는 학비 전액을 무료로 한다' 등등이었다.

이 중에서 이슬람교 배경의 자녀를 입학시키는 것과 목사 자녀를 무료로 공부시키는 원칙을 세우기까지 쉽지 않은 과정을 겪었다.

무슬림에게 전도는 법으로 금지되어 있다. 무슬림은 출생과 동시에 회교도가 된다. 무슬림에게 있어서 다른 종교, 특히 기독교로의 개종은 아예 법으로 금지된 것이다. 기술적인 문제도 있었다. 무슬림 학생이 10명 가까이 되면 '이슬람 윤리'를 가르쳐야 한다는 규정이 있었다.

목사 자녀에게 전액 장학금을 주는 것에 가장 반대한 사람은 뜻밖에도 T박사였다.

"폴, 당신이 우리 지역의 사정을 잘 몰라서 그런 제안을 하는 듯합니다. 우리 지역에는 감리교, 장로교, 영국 국 교회 등 나라에서 인정하는 교단 뿐 아니라 평신도 중에 세워진 평신도 목사들도 있습니다. 또한, 순복음, 하나님의 성회 등등 다양한 교회들이 있습니다. 목사 자녀들 모두에게 장학금을 준다는 이유로 100명의 목회자 자녀가 우리 학교로 몰려들면 어떻게 할 겁니까? 절대 안 됩니다."

T박사는 계속해서 말을 이어갔다.

"그리고 우리 교회 목사는 아이가 셋입니다. 세 명 모두에게 장학금을 준다구요? 그럼 목사들은 사례비 받아서 어디에 쓰나요?"

전교생이 목사 자녀로 채워진다면 학교 운영을 어떻게 감당할 것이냐는 질문의 중심은 결국 '돈'이었다. 목사 자녀 3명 모두에게 장학금을 주는 것에 반대하는 논리도 역시 '돈'이다.

"다른 분의 의견을 듣고 싶습니다."

아무도 말을 안 한다.

T박사에게 반대했다가 무슨 봉변을 당할까 걱정하는 눈빛이었다. T박사는 명망 있는 의사이며 평신도 리더로 영향력이 매우 크다. 따라서 그에게 성경공부를 한 젊은 신자들은 좀처럼 그의 권위에 반하는 의사표현을 하지 않는다.

T와 같은 평신도 리더십이 고착된 배경에는 목회자 순회 제도가 있다. 이 나라의 감리교 목사는 감독에 의해 사역지를 옮겨 다닌다. 한 교회에 오래 머물 수 없다는 말이다. 이 점이 교회개척(church planting)에 심각한 장애로 남아 있기도 하다. 길어야 7, 8년, 짧으면 2, 3년에 한 번씩 지역을 옮겨야 하는 목사가 장기적인 목회 계획을 세우고 추진하기는 어려운 구조인 것이다.

마주 앉아있던 C가 나에게 무언의 사인을 주었다.

'내가 받쳐줄 테니 밀고 나가라'는 느낌이었다. J를 바라보았다. 그도 같은 표정이다.

나는 고개를 끄덕이며 입을 뗐다.

"T박사님, 이 나라에서 제가 중점적으로 하는 일은 교회의 부흥입니다. 이 나라에서 세 번째로 큰 이 도시에 교회가 몇 개나 있나요? 겨우 20개 정도입니다. 그나마 목사님이 없는 교회가 절반이 넘습니다.

박사님이 걱정하는 것처럼 만약 우리 학교에 목사 자녀 100명이 몰려들면 그건 재앙이 아니라 축복일 겁니다. 이 도시에 최소한 교회 100개가 세워졌다는 증거니까요. 한 목사님이 2명의 자녀를 보낸다고 해도 최소한 50개의 교회가 세워졌다는 축복의 결과일 겁니다.

나는 지난 몇 년간 이 나라 방방곡곡을 다니며 청소년 전도 집회를 해 왔습니다. 왜 제가 청소년들에게 주목한 줄 아세요? 여기 계신 디모데 목사님 한 분이 세 개의 교회를 맡아 목회를 하고 있습니다. 우리 교회는 그나마 형편이 좋습니다. 목회자가 없어서 문을 닫는 교회가 한둘이 아닙니다.

이런 상황에서 어떻게 부흥을 꿈꾸겠습니까? 목사님들 자녀부터 자부심을 느끼게 해 주어야 합니다. 친구들이 목사님 자녀들을 보면서 목사라는 직분을 다시 보게 해 주어야 합니다. 부모들도 보겠지요.

학교의 재정이 어렵습니다. 그럼 우리 이사들부터 목사 자녀 한 명씩 후원자가 됩시다. 우리가 모두 11명이니 11명의 목사 자녀들이 학비 걱정 없이 기독교 교육을 받을 수 있겠네요. 저부터 한 명을 맡도록 하겠습니다."

모두 손을 들었다. 나는 말을 이어갔다.

"T박사님 의견도 일리가 있습니다. 이렇게 합시다. 우선 교단 총회(SYNOD)에 가입된 장로교, 감리교, 영국 국교회 목사님들과 복음주의 연합회(NECF)에 가입된 교단의 목회자로 범위를 정하면 좋겠습니다. 그리고 2명 이상의 자녀를 교육해야 하는 목사님들에 대해서는 별도의 규정을 만들어 보세요. 1명은 전액 무료로 받아 들이구요. 공립학교에서 전학을 오고 싶은 경우도 우선 받도록 했으면 좋겠습니다."

모두 만족하는 눈치였다.

이 안건을 처리하면서 앞으로는 현지인들의 문제는 현지인의 방법으로 해결하게 하는 것이 좋겠다는 생각이 들었다.

입학생 중 절반이 불신자 가정의 자녀들이었다.

처음부터 원칙을 그렇게 세웠다.

기독교인들이 모인 기독학교이기보다 절반은 비기독교인을 뽑는 기독학교가 되기로 한 것이다. 날이 갈수록 믿지 않던 아이들이 복음을 접하면서 변화하는 모습을 보게 되었다. 이것은 큰 기쁨이었고 부모들이 나를 대하는 모습에서도 복음의 능력을 볼 수 있었다.

개교 후 첫 행사를 SHALOM M으로 멋지게 치렀다.

이날 전교생 30명이 예수님의 제자가 되기로 했다. 비기독교인 자녀 전원이 주님을 영접하는 기쁨을 맛보았다.

지원자 40명의 입학시험

장안의 화제, 특히 모든 교회의 화제는 우리 학교였다.

하지만 나는 그럴수록 구석에서 주님께 더 다가갈 수밖에 없었다. 개교의 기쁨은 다른 사람들의 몫이었다. 내년이 더 문제였다. 학생 30명이 낸 학비로 9명 선생님 월급을 주고 전기료, 수도료를 낼 묘책이 나오지 않았다.

더군다나 본관 건물의 보수 비용도 외상이었다. 아직 고쳐야 할 건물이 4동이나 더 남아있다. 내년에도 30명이 온다면? 아니 최악의 경우 20

명이라면? 생각만 해도 끔찍했다.

개교 후에는 특별한 이슈가 없는 상태였다.

자주 모이자고 할 상황도 아니었고. 모두 지치기도 했다.

나는 개인적으로 학교 개교와 동시에 선교학 석사 공부를 시작했다.

"내년 신입생은 어떻게 모집할 생각인지요?"

모처럼 열린 이사회에서 말이 나왔다. 모두 나만 쳐다보았다.

"내년 신입생 모집은 입학시험을 보도록 하지요."

벌집을 쑤셔 놓은 듯 여기저기서 웅성거린다.

모두 장학금을 준다고 해도 올까 말까 한데 입학 시험이라니……. 개교한 지 1년 된 학교에 입학시험을 보고 올 학생이 있겠냐며 T박사가 따져 물었다. 그는 언제나 논리적이지만 반대할 땐 더 치밀했다.

이사회는 처음부터 중요한 안건이라도 표결로 결정하지는 않기로 원칙을 세웠다.

나는 T박사에게 더 좋은 안건을 내거나 찬성할 때까지 기다리겠다라는 말을 남겼다. 다음 이사회로 결정을 미루겠다는 내 말에 그는 그냥 내 의견대로 하자며 말끝을 흐렸다. 대안을 제시해달라는 주문이 부담스러웠던 모양이다.

신문에 입학시험 전형 요강과 날짜를 광고했다. 시내버스 옆과 뒤에도 신입생 모집 광고를 붙였다. '초등학교 전 과목이 A인 학생에게만 입학 자격을 준다!' 는 내용이었다.

모두 40명이 지원을 했다.

40명은 내 예상보다 훨씬 많은 숫자였다. 이 정도라면 내가 생각한 전략을 쓸 수 있겠다는 자신감이 생겼다.

교장이 전화를 걸었다.

"폴, 어쩌지요? 모두 입학을 시켜도 10명이나 모자랍니다."

"그렇지요? 그러면 위에서 시험성적이 좋은 순서대로 20명만 남기고 나머지는 불합격시키세요."

"예? 불합격을 시키라구요?"

"예, 어차피 다 합격시켜도 부족하다면서요. 그렇다면 신문에 2차 시험이 있다고 한 번 더 광고를 내주세요."

인구 80만의 도시에 입소문이 빛의 속도로 빠르게 번져나갔다.

누구 딸도 떨어 졌단다, 누구 아들도 떨어 졌단다. 떨어진 아이들 모두 그 동네에서는 최고의 우등생들이었다.

2차 시험에는 100명이 넘는 지원자가 몰려들었다.

해마다 입학시험 경쟁률이 높아지고 있다. 학교 재정은 자립을 넘어 제법 이익이 난다고 한다. 이제 학교에 가면 나를 알아보고 인사하는 사람보다 처음 보는 선생님과 교직원이 더 많아졌다.

감독님과 약속을 했다.

단 한 푼도 도와 달라고 하지 않는다는 것이었다. 첫 번째 보수 작업에 예상보다 큰 비용이 들어갔다. 워낙 건물이 낡아 전기 배선도 새로 하고, 오·배수관도 새로 놓아야 했다. 빚을 지고 아이들을 가르칠 수가 없어 다시 한 번 이사회를 소집했다.

이사회 참석을 위해 집을 나서면서 아내에게 도움을 청했다.

"오늘 이사회에서 본관 보수 비용에 대한 결론을 내리려고 해. 50만 불 정도 들었다는군. J가 아니었다면 두 배는 더 들었을 거야. 내가 먼저 헌금을 하고 밀어붙이려고 하는데, 당신이 얼마까지 보탤 수 있겠어?"

아내가 그럴 줄 알았다며 눈을 흘겼다.

"상징적인 금액만 하세요. 나머지는 자기들이 알아서 해결하게 해야지요."

이사들은 헌당식에 관한 이야기를 주고받았다.

모두가 함께 본 하나님의 권능을 세상에 보여주고 싶은 모양이었다. 나는 헌당식 절차를 상의하기 전에 처리해야 할 안건이 있다며 말문을 열었다. 트리니티 블럭(Trinity Block)의 보수 비용을 지급하고 나머지 4개 동에 대한 보수 계획을 세우자고 했다. 그리고 이제부터는 우리 위원회만의 일이 아니니 모두에게 알리자고 했다.

돈 이야기가 나오면 사람들의 반응은 재미있어진다.

돈은 중립적이지만 돈에 반응하는 모습은 천차만별이다. 내가 아는 바로는 돈에 대한 반응이 그 사람의 믿음을 말해준다. 주님께서는 돈에 어떻게 반응하는지를 보신다. 결국, 그 반응이 그 사람의 마음이요, 믿음인 것이다.

내가 애써서 벌었다고 생각하는 사람에게 돈은 노동의 대가다. 노동의 대가 중에서 십일조를 정확하게 바치는 것은 믿음의 척도이고 자랑이다. 십일조의 금액이 늘어날수록 그 사람은 축복받았다고 여긴다.

그러나 돈이 많을수록 인색하게 될 확률이 높다. 그냥 경험상으로 그렇다. 인색하게 살아 돈이 많아졌을 수도 있다.

하나님의 일에 돈을 어떻게 동원하고 사용해야 하는지 학교 세우는 일을 통해 많이 배웠다. 고민이 클수록 책도 많이 읽고 말씀 묵상도 많이 했다. 지금 생각하면 그 또한 감사한 일이다. 이때 터득한 돈에 대한 성경적 진리를 주제로 뉴저지에서 3일간의 특별 집회를 인도한 일도 있다.

의견을 말해달라는 말에 예상대로 다들 꿀 먹은 벙어리가 되었다.

돈 있는 사람은 결코 먼저 말하지 않는다. 상황을 보며 따라가려는 것이다. 돈 내야 할 일이 많아 터득한 요령이다. 돈이 없는 사람은 반대의 이유로 먼저 말하지 않는다. 그래서 돈이 쟁점이 되는 회의에서는 먼저 발언할 사람을 정하는 것이 지혜롭다.

"D! 어떻게 했으면 좋겠어요? 50만 불인데…….

"본관만 의논할 게 아니라 전체를 함께 의논하죠."

"전체는 300만 불 이상이 들 거예요. 제 생각에는 우선 본관 비용을 정리한 후 헌당식 이후에 나머지를 의논했으면 하는데요?"

가라앉은 분위기를 떨쳐내기 위해 'C는 나보다 백배는 부자'라고 농담을 던졌다. 이어서 내가 먼저 2만 불을 헌금하겠다고 했다. C가 '그럼 나는 200만 불이나 해야 하느냐?'며 토끼 눈을 떴다.

'동그라미 하나는 지워줄께.'

나의 말에 모두가 "와!" 소리를 내었다.

"22만 불이 해결되었으니 28만 불이 남았네요. 나머지 일곱 분이 4만 불씩 하면 28만 불, 계산이 딱 떨어집니다. 어때요?"

J가 나섰다.

214

"4만 불 씩이나 헌금한다면 마누라들이 가만있지 않을 겁니다. 4만 불을 학교에 빌려주는 것으로 하지요. 훗날 학교 재정이 좋아지면 그때 가서 절반을 헌금으로, 나머지는 이자 없이 돌려받는 것으로 하지요. 빌려준 거라면 마누라들도 안심할 겁니다."

이번에는 더 큰 목소리로 하나가 되어 "와!" 하며 손뼉을 쳤다.

문제가 잘 해결된 모양이다. 은혜다. 이들만의 방법이 있었다. 우리는 갈등 해결의 촉매는 되어주되 갈등 해결의 주체는 되지 말라는 한 가지 원칙을 얻게 되었다.

세우고 떠나는 일도 준비해야 한다

학교 설립을 위한 새벽기도를 제안하고 내가 빠질 수는 없는 노릇이었다. 사실 나는 새벽형 인간이 아닌지라 새벽기도를 해 본 경험이 손에 꼽을 정도였다. 더군다나 집에서 새벽기도가 열리는 학교 채플까지는 30킬로였다. 우리나라로 치면 서울에서 수원 정도이다. 그런데 새벽에 이 길을 오가는 것이 큰 기쁨임을 아는 사람은 아내와 나 둘뿐이다. 주님은 새벽 길에 운전하며 오가는 동안 어느 때보다 우리 가까이에 계셨다. 새벽기도에 올라온 기도 제목을 마음에 담고 오가는 이 길을 너무도 따뜻한 음성으로 밝히 보여 주셨다.

이 길을 오가면서 빼놓지 않았던 기도 제목이 하나 있다, 기도에 앞서 언제나 제일 먼저 드렸던 기도 이기도 하다.

"주님, 학교 세우느라 사람 잃지 않게 해 주세요. 학교는 부족하더라도 사람들을 놓지 않게 해 주세요!"

나는 학교 이사회 운영의 전권을 C에게 넘길 시기를 기도하며 탐색하고 있었다.

가끔 의중을 떠보는 나에게 그는 지나칠 정도의 반응을 보였다. 나 없이 그가 홀로 학교에 남는 일은 불가능해 보였다.

세우고 떠나는 일도 만만치 않았다.

바울은 어떻게 했을까? 언제 어떻게 떠났을까? 성경에서는 단서를 발견할 수가 없었다. 성경은 '어떻게'라는 질문에 대한 답은 인색하다. 하지만 세우고 떠나는 선교가 바울 선교의 핵심이라는 것만은 분명하다.

"가라!"는 계속되는 명령이기 때문이다. 우리는 하나님의 파트너가 아니라 '종'이다. 종은 주인의 명령에 따라야 한다. 주인과 같이 열매를 거두고 거둔 열매를 나누는 동역자가 아니라는 말이다. 주인께서 "가라!"고 말씀하신다.

학교의 신입생 문제는 잘 해결이 되었다. 해결 정도가 아니라 학생들이 몰려들고 있다. 건물의 보수 비용도 해결이 되었다. 앞으로 4개 동을 더 손봐야 하지만 믿음직한 J가 옆에 있으니 그 또한 안심이다.

나에게 사업과 대학원 수업을 병행하게 하신 것도 섭리였다.

하지만 세우는 일보다 넘겨주는 일이 더 힘들다는 것을 절감하게 되었다. 애당초 이 일은 건물이 아니라 사람을 세우려는 하나님의 계획으로 시작된 일이다. 머뭇거리다가는 점점 더 어려워진다.

이사회가 열렸다.

　"오늘부터 저는 이사회에 참석하지 않을 생각입니다. 하지만 제가 꼭 필요할 때에는 불러 주세요. C형이 모든 문제를 잘 해결하고 이끌어

줄 것으로 믿습니다. 학위 과정 공부가 만만치 않습니다. 제가 일과 공부에 전념할 수 있도록 양해해 주실 줄 믿습니다."

털고 나니 오히려 마음이 편해졌다.

C도 이런 날이 오리라, 생각을 했는지 덤덤하게 받아들였다.

한 달이 채 지나지 않았다.

C의 다급한 목소리가 수화기를 타고 전해졌다.

"폴, 나는 이제 어떻게 해야 할지 모르겠네. 왜 나를 이런 일에 남겨두고 떠났나? 정말이지 자네가 원망스럽네. 편하게 남은 인생을 살아도 되는 내가 이 무슨 고생이란 말인가?"

나는 말 없이 듣고만 있었다.

"저녁 식사 후에 집으로 갈게, 만나서 이야기하지."

무겁고 아픈 마음으로 C의 집에 갔다.

아내는 그냥 들어만 주라고 당부를 한다.

집에 도착하니 내내 나를 기다린 눈치였다.

"어려운 일을 맡기고 가까이서 보고만 있으니 미안하네."

"사업하면서 만나는 사람들보다 더 어려운 것 같아. 사업은 좀 손해 보고 협상하면 쉽게 풀리잖아? 그런데 이건 꺼리도 아닌 것 가지고 한 시간이 넘도록 밀고 당기고, 뭐 이런 사람들이 교회 리더들인지."

"무슨 안건이었는데?"

"매사에 그래. 사사건건 한 번도 제대로 합의되는 일이 없네. 어휴, 머리가 아파. 그동안 어떻게 살았어?"

피식 웃음이 나온다.

"어떻게 살긴, 기도하면서 살았지. 그런데 입장 바꿔 생각해 봤어? 그 사람들이 토론하는 안건들이 별일이 아니라고 생각하는 것 같아? 그렇지 않아. 그런 일에 감정이 상해서 두고두고 말 안 하고 살기도 해. 왜 그럴까?"

"글쎄……."

"주인의식이 강해서 그래. T박사는 교회 일과 자기 일이 일체화되어 있어. 다른 몇 명도 그런 것 같지 않아? 애정을 갖고 일을 하는 것과 그것이 내 일이라고 생각하는 것은 달라. 심각하게 생각하지 말았으면 좋겠어. 물론 그런 사람들과 의견을 한 곳으로 모으는 일은 쉽지 않아. 하지만 이번 일을 통해 하나님께서 이루시려는 중요한 게 있을 거야."

"그게 뭐야?"

"좀 더 지켜보자. 참는 것 잘 하잖아? 이제 큰일은 없을 거야. 대세에 지장이 있는 결정은 별로 없어. 정 힘들 땐 나를 불러. 아무튼, 잘 견딜 것으로 믿어."

우리 부부는 C 부부를 위해 간절한 기도를 해주었다. 기도를 마치고 보니 C의 얼굴이 조금 밝아졌다.

두 번째 상황은 훨씬 심각했다.

이사회 구성원들 사이에 분열 양상이 벌어졌다. 평소에도 자기주장이 강해 C의 리더십을 인정하지 않을 것이라 예상했던 T박사는 매사에 C의 결정에 반하는 의견을 내고 몇몇 이사들을 부추겨 C를 힘들게 했다.

급기야는 내부 상황을 이사회 밖의 사람들에게 불평하는 성숙하지 못한 태도를 보이고 말았다.

C의 실망과 분노는 극에 달했다. 상황을 틈틈이 전해주던 그의 아내도 이젠 C를 염려했다. 만나자는 연락이 왔다. 나는 드디어 올 것이 왔다는 생각이 들었다. 이번에는 쉽게 넘어갈 것 같지가 않았다.

"도저히 더이상 참을 수가 없네. 다음 달에 열리는 교육 위원회에 이사장 사직서를 낼 생각이야. 아무 말도 하지 말게. 난 이미 결정했으니까."

C가 이런 단호한 모습을 보인 것은 처음이었다.

"이사장직은 내려놓더라도 이사직은 가져 가야지. 형이 그만둔다면 내가 다시 맡아야 되겠네?"

나는 외국인 신분으로 이사장이나 이사가 될 수 없는 현지 법 때문에 학교 설립 초기 단계에는 태스크 포스(Task Force) 의장이라는 이름으로 일했었다.

그가 나의 시선을 피했다.

"내가 이사장을 맡으면 형이 도와야 하지 않겠어? 그러느니 그냥 이사장을 맡아. 내가 다시 이사회에 매번 참석하면 되잖아?"

그가 내 말에 조금씩 귀를 기울이기 시작했다.

"내가 하는 말 잘 들어. 처음부터 이 학교를 세우는 일은 '사람을 세우는 일'로 내게 맡기셨어. 지금도 그날의 기억이 선명해. 주님께서는 사람을 세우시길 원하셨어. C형도 그 중의 한 사람이야.

그리고 우리 학생들을 생각해 봐. 저 아이들이 학교에서 성경을 배우고, 매주 예배를 드리고 있어. 그렇게 자란 우리 아이들이 이 나라를 이끌어가는 인물로 서게 될 거야. 역시 '사람을 세우는 일'이야.

빌딩을 고치고 빌딩을 세우는 일은 하나님의 관심사가 아니야. 왜 허물어진 건물을 가진 학교를 다시 세우게 하셨을까? 왜 문을 닫는 이 나라 교회들의 부흥을 위해 우리를 사용하고 계실까 잘 생각해 봐. 하나님의 관심이 어디에 있는지."

그동안 그와 여러 가지 증거를 공유해 왔다. 하나님께서 하시는 일을 늘 옆에서 함께 보았다. 잠시 그와 보낸 힘든 시간이 스쳐 갔다.

"내 도움이 필요하면 언제든지 옆에 있을게. 하지만 선택을 잘해야 할 거야. 나를 택할 건지? 나를 도우신 성령님의 도우심을 택할 건지? 기도하고 결정해. 누구의 도움이 큰지 말이야?

그리고 눈앞에 있는 학교의 내부 안건에서 시야를 넓혀 봐. 이사들 아무도 생각하고 있지 않을 그런 중대한 현안이 있을 거야. 학교의 수년 앞을 내다보고 준비해야 할 일들을 그려봐. 그리고 그 일들을 위해 기도해. 어디서 어떤 도움이 오는지 경험하게 될 거네."

나로서는 최후통첩이었다.

마침 수업이 없어서 두 주간 동안 새벽 기도에 참석했다. 기도 후 간단하게 의논하는 현안들을 가만히 듣기만 했다. 그리고 기도회가 끝나면 아내와 함께 학교 교정 구석구석을 돌면서 C를 위해 기도했다.

C로부터 전화가 왔다.

"지금 어디야?"

"왜? 마침 시내에 나와 있는데?"

"그럼 얼른 학교로 와. 나 지금 학교에 있거든."

하던 일을 멈추고 부랴부랴 학교로 갔다. C가 교문 앞에서 기다리고 있었다.

"무슨 일이야?"

"실은 교문 입구가 좁아서 내년 신입생이 들어오면 체증이 심할 것 같아 기도하고 있었거든."

이 나라는 버스나 지하철 같은 대중 교통시설이 없어서 학부모들이 매일 방과 후에 아이들을 데리러 차를 몰고 와야 한다. 그런데 오래 전에 세워진 학교라 주차장도 작고 진입로가 형편없이 좁았다. 학생이 30명인 경우에는 문제가 덜했지만, 내년에 50명이 들어오고, 또 후년에 50명의 신입생이 들어온다면 심각한 문제가 될 것이었다.

마침내 C가 이 문제를 미리 본 것이다. 그리고 기도했던 것이다.

"저기 좀 봐, 시청에서 도로를 넓히고 있지? 그러면 우린 저쪽으로 정문을 옮기고 진입로를 넓히면 앞으로 문제가 없을 거야. 신기하지?"

그의 목소리가 떨렸다.

하나님께서 C의 기도에 응답하신 것이다. 옆에 서 있던 C의 손을 꽉 잡았다.

우린 그렇게 위기를 해결했다. 1년 후, 우리 둘은 개교 후 첫 번째 체육대회를 마치고 주님의 음성을 들었던 그 운동장에 함께 섰다. 그렇게 C에게 학교 일을 넘겨주었다. 이 과정에서 겪은 갈등은 물론 원망의 해결도 주님의 은혜였다. 그리고 이 은혜는 남은 선교에 귀한 자산이 되었다.

Business As Mission은 영적, 지적, 의지적 영역을 포함한다.

Business에 관련한 이야기를 해야 할 때, 영적인 부분을 어떻게 설명해야 할지에 대하여 난감할 때가 많다. 경영학적 관점에서는 분명 타당하지 못한 비즈니스의 모델이 학교의 사례가 된다. 왜냐하면, 사례의 경우 시장(market)이 없었다. 시장이 존재하지 않는 마케팅은 없다.

시장이 없는 곳에서 시장의 세분화(market segmentation)는 창조적 작업이다. 시장이 없는 곳은 수요와 공급의 법칙에 의한 합리적인 가격 결정이 주제가 될 수가 없다.

교사의 채용이 먼저인가? 아니면 학생의 모집이 먼저인가?

학생도 없고, 교사도 없고, 학교 시설도 갖추지 않은 상태에서 신입생을 모집하는 일은 창조적 사업 임에 틀림이 없다. 만약 지금이라도 누군가 이런 사업의 기획안을 가져와 투자를 요청한다면 이에 응할 사람이 있을까?

영적 영역은 사업의 경험, 경영 지식, 투하 자본의 동원 가능성의 유무를 넘어서지만 의지와 지적 영역에 들어서게 되면 이러한 모든 과거의 경험과 지식이 활용된다. 지금 여기에(Here and Now)서 일에 최선을 다해야 할 이유가 된다. 언젠가는 사용하신다. 모든 일은 가치가 있고 의미 없는 일은 없다.

세계관(Worldview)

Business As Mission 세계관은 마음을 새롭게 하는 훈련이다. 생각을 새롭게 하기 때문이다. 새로운 생각은 행동을 바꾼다.

> 너희는 이 세대를 본받지 말고 오직 생각을 새롭게 함으로 변화를 받아 하나님의 선하시고 기뻐하시고 온전하신 뜻이 무엇인지 분별하도록 하라 (로마서 12:2)

> 모든 이론을 파하며 하나님을 아는 것을 대적하여 높아진 것을 다 파하고 모든 생각을 사로잡아 그리스도에게 복종케 하니(고린도후서 10:5)

하나님과의 관계가 올바르게 형성이 되면(예수님과의 인격적인 만남도 같은 뜻이다.), 피조물을 다스리라(radah)는 아담에게 주셨던 명령의 회복이 우리에게 주어진다. 이 명령은 영적 영역으로서 성령의 인도하심과 도우심으로 가능하다. 성령께서 우리를 위해 무언가를 먼저 행하셨으며, 누군가를 준비시켜 놓으셨다는 가르침은 성경 전체를 관통하는 이야기이다. 우리를 통해 이 땅에서 하나님의 나라를 세우시려는 원대하신 계획은 우리가 올바르게 일을 행할 때(yatab) 한 걸음씩 앞으로 나간다. 이러한 선교적인 삶은 예수를 구주로 섬겨야 할 사람들에게 매우 궁금한 삶의 모습으로 비친다.

아이러니하게도 이 사례가 처음부터 이사회를 떠날 때까지 누군가를 구원해야 한다는 의도가 없었다. 하지만 이 일을 통해 그 나라의 주 종족(majority people group)을 위한 사역으로 이어지게 될지를 꿈에도 생각해 보지 못했다. 사역의 방향성은 하나님께서 하시는 선교(Mission)의 부분이었다.

전략(Strategy)

사례에서 가장 먼저 선택된 전략은 기도였다. 새벽기도 BAM Practice를 실질적으로 유지, 가능한 형태로 선교적 삶을 영위하게 만드는 중요한 것 가운데 하나가 전략이다. 예수님께서도 전략적이었고 바울도 베드로도 예수님과 같이 전략적이었다.

언제 왼뺨을 내밀어야 하고 언제는 도망가고 숨어야 하는지는 전략적 선택의 결과다. 예수님도 때로는 사람들을 피해 멀리 떨어진 곳으로 가셨고, 바울도 광주리를 타고 성을 빠져나오기도 했다. 달리는 열차에 뛰어들어 죽는 것을 '순교'라 하지 않는다.

BAM기업의 전략은 하나님 나라의 확장이라는 결과로 나타나야 한다. 매출의 증가, 순익의 증가와 같은 경영지표는 하나님의 나라 확장에 따라 더해 주시는 은혜로 평가받아야 한다. 그 은혜는 때로는 넘치는 이익으로 주어지기도 하지만 때로는 말할 수 없는 어려움을 통해 우리의 방향성을 바르게 잡아주는 은혜로 보이기도 한다.

기도는 계획의 수립, 사업의 준비 그리고 실행에 있어서 필수적인 요소다. 따라서 전략이 기도와 성령의 능력을 대신할 수는 없다. 따라서 전략은 영적, 지적, 의지적 요소가 합해진 총제적이어야 한다. 아무리 훌륭한 전략도 기도가 빠지면 무용지물이 되고 오히려 해가 되기도 한다.

효과적인 전략에는 반드시 연구와 조사가 뒷받침되어야 한다. 연구와 조사는 사람이 중심이어야 하는데 이를 위해서는 수면 위의 시장을 위해서는 경영학적 연구 방법을 따라야 하지만 보이는 시장 이면의, 수면 밑의 빙산의 가려진 부분에 대하여는 Ethnography Study가 필수적이다.*

타 문화권의 BAM기업의 경우 우리와 같은 외국인은 사도적 역할로 남아 있어야 한다. 문제의 해결은 그들 자신의 몫으로 남겨 두어야 하고 해결의 주체는 반드시 그들이어야 한다. 사사건건 현지인을 가르치려는 자세는 지도력 계발의 큰 장애물이다. 현지인들의 능력 계발이 BAM기업의 성장과 재생산 그리고 배증의 동력이다. 마지막 단계에서 우리는 모두 떠나는 사람이다. 그들만이 남는다. 그들에 의해 모든 것이 지속하도록 전략의 초점을 맞추어야 한다.

시장(Market)

Business As Mission의 출발은 시장(Market)이 있어서가 아니다.
경영학은 지난 경험에 대한 학문이다.
이미 과거가 된 자료들의 분석을 통해 현재와 미래를 가늠한다. 과거에

---

* Ethnography를 쓰는 방법에 대한 자료로 "그들의 눈으로 보는 세상"을 첨부했다.

없는 시장이 계속해서 미래에 펼쳐지지만, 이는 경영학의 주된 관심이 아니다.

마케팅 기법도 과거에 기초하고 시장이 존재해야 의미가 있다.

조직의 경영도 그렇다. 투자나 매출이 발생해야 조직이 있다.

가격의 결정(pricing)은 어떤가? 가격 결정에 가장 중요한 변수는 경쟁자의 가격인데 이 역시 시장이 이미 존재해야 의미가 있다.

Business제국 아래서 비즈니스(business)를 통해 지역 사회의 변혁이 가능한 이유를 사례에서 발견할 수 있다. 아무도 하지 않는 일, 아무도 시도하지 않고 생각조차 하지 않고 있는 일이 시작되면 가능성이 커진다. 경쟁자가 없으니 내가 세우는 기준이 표준이 된다. 내가 정하는 가격이 시장의 기준 가격이 된다. 내가 하는 방법이 마케팅의 연구 대상이 된다.

조직(Organization)

Business 제국에서의 새로운 생각으로 시작하는 business의 준비 단계에서 가장 유의해야 할 부분은 엿보는 사람들이다.

> 사람들이 예수를 송사하려 하여 안식일에 그 사람을 고치시는가 엿 보거늘 (마가복음 3:2)

> 악인의 말은 사람을 엿보아 피를 흘리자 하는 것이거니와 정직한 자의 입은 사람을 구원 하느니라 (잠언12:6)

226

열두 제자와 공적인 삶을 시작하신 예수님을 본받아야 한다. 시작하는 단계에서 BAM의 핵심 가치와 비전을 공유할 대상은 적을수록 좋다. 학교의 경우 Task-force team은 전문 분야별로 1-2명, 총 12명을 넘지 않았다. 이사회에서 논의하는 사항은 기밀 유지 계약서(Non-disclosure Agreement)를 쓰고 실행했다. Business 제국 안에서의 새로운 비즈니스 모델의 출발은 영적 영역이기 때문이다.

초기 이사회는 매일 이어지는 새벽기도를 함께 하면서 매 순간 하나님의 일하심의 역사를 공유하며 서로 힘을 얻었다.

학교가 세워진 후 교사 채용을 의논하면서 모두를 크리스천 교사로 채워야 할지에 대한 격론이 있었다. 결론은 모두가 크리스천이어야 할 이유가 없음이었다. 회교도 교사를 채용했고 이의 유익은 다양한 방면에서 드러나게 되었다. 학교 운영의 중요한 의사결정을 위한 자리 즉, 교장, 교감, 교무주임, 회계와 같은 포스트는 거듭난 그리스도인으로 채웠지만, 나머지는 공개했다. 학교의 경우 최소한 30%만 크리스천 교사를 유지하기로 원칙을 세웠다.

"교회 공동체는 비회원의 유익을 위해 존재하는 유일한 협동조합이다."(윌리엄 템플)

돈, 이익(Profitability)

Business As Mission의 사례에서 '이익'의 의미를 재정립할 수가 있다. 이익은 절대 조건이 아니다.

BAM을 실천에 옮길 것인가? 이 일에 전력투구할 것인가의 결정에 절대적인 조건이 아니라는 것이다. 이익이 먼저라면 사례는 시작할 수 없었다. 우선 타당성 조사(Feasibility Study)가 완성될 수 없다. IRR*의 산출이 불가능하다. 하지만 타당성 조사는 필요하다. 지적, 의지적 영역에서는 그렇다. 학교가 시작되고 얼마 되지 않아 시작된 고민인 개교 2년차 시기에서의 신입생 모집은 철저하게 수익성 분석이 기초가 되었다. 이익은 중요하다. 이익이 없는 사업은 존재하지 않는다. 이런 점에서 BAM이 교회나 선교회와 같은 비영리 법인이나 NGO에서 종종 오해되는 부분이다. BAM의 실천이 영적인 영역에서 멈추는 한계이기도 하다.

BAM기업은 세상으로 들어가 하나님께 속하라는 부르심을 받은 공동체이다. 가장 악한 환경인 비즈니스(Business)제국 안에서 가장 거룩한 삶을 살아야 할 공동체이다.

BAM기업의 출발 이후에는 이익은 영적인 영역과 함께 달리는 자전거의 두 바퀴 중 하나가 된다. 경영학 지식이나 경영의 경험은 매우 유용하게 쓰임 받게 된다.

타 문화권에서 BAM기업의 창업은 현지 리더들에게 BAM세계관 훈련을 위한 최적의 기회다. 특히 돈에 대하여 성경적 관점을 열어 보여주고 이를 모범적으로 실천하는 모습은 제자도의 실제가 된다. 학교가 세워

---

* IRR, Investment return rate의 약어로서 투입된 자금이 회수되는 비율을 나타낸다. IRR이 20%라면 총 투자비가 매년 20%씩 회수되어 5년이면 총 투자비 회수가 된다.

지는 과정에서 이사 가운데 재벌 회장이 있었는데 하루는 내게 이런 질문을 해 왔다.

"폴, 자네 솔직하게 대답해주게. 자네는 정말 부자가 천국에 들어가는 것이 낙타가 바늘구멍 통과하는 것같이 어려운 일이라고 생각하나?" 마치 성경의 부자 청년이 구원과 영생에 대하여 질문한 것과 같은 상황이었다. 나의 대답은 간단명료했다. "그건 어렵다는 것이 아니라 불가능하다는 것이야." 순간 그의 표정이 지금도 눈에 선하다. 나의 설명이 이어졌다. "부자가 천국에 가는 길이 있지" 다시 그의 눈이 휘둥그레 커졌다. "나의 소유가 내 노동의 대가가 아니라 하나님의 은혜임을 고백하는 부자는 천국에 가겠지." 그리고 돈, 풍요, 재물, 부자에 대한 성경의 가르침을 나눴던 기억이 있다.

'우리의 문화가 암시하는 것과는 반대로, 물질적 부는 실질적으로 부의 가장 저급한 형태 중의 하나일 뿐이다. 세상에서 가장 많은 장난감을 소유하고 죽은 사람이 최고의 승자는 아니다. 물질적인 부는 하나님에게서 나오는 풍요함의 미약한 대체물에 불과하다.'[*]

지배구조(Governance Structure)

"지배구조(governance)는 한 조직이 특정 목적을 달성하기 위해 주요한 의사결정을 내리는 구조나 틀을 말합니다. 여기서 조직은 기업은 물론 국가, 학교, 비영리단체 등을 모두 포함합니다. 대한민국이란 국가

---

[*] 대로우 밀러, 『생각은 결과를 낳는다』, p. 110, 예수전도단

는 대통령, 입법부, 행정부, 사법부가 있고 이들이 국가 운영(통치)을 위한 의사결정을 내리는데, 바로 이러한 구조가 지배구조입니다. 한마디로 지배 구조란 한 조직을 다스리는 구조를 뜻한다고 보면 됩니다. 그렇다면 기업 지배구조(corporate governance)는 기업을 다스리는 구조를 가리키는 말이 되겠지요. 가장 보편적인 기업 형태인 주식회사는 최고경영자, 이사회, 주주총회 등의 기관들이 설치되어 있고, 이 기관들이 경영 수익 및 기업가치 극대화와 같은 기업 목적을 달성할 수 있도록 전략적 의사 결정을 내리는데 이런 구조가 바로 기업 지배구조입니다."*

"기업은 영원히 존속 발전해야 하고 종업원은 일정 기간 기여하다 떠나는 것이다"(S그룹의 경영 체계 1장)

Business As Mission의 개념에서 가장 이해의 차이가 크고 예민한 주제가 지배구조다.

BAM세계관에서 가장 마지막으로 변혁이 일어나는 부분이 돈, 지배구조다. 그만큼 포기하기 어려운 부분이기도 하다.

지배구조의 기초는 '다 하나님 것'이라는 소유의 근본에서 시작한다. 온 우주 만물, 모든 피조물은 다 하나님 것이다. 기독교 세계관의 기본인 이 원칙이 비즈니스(Business)제국에서는 맘몬(돈)으로 대치된다.

BAM의 지배구조는 BAM기업이란 무엇인가? 를 규정하는 범주 중 하나가 된다.

하나님이 소유주라는 개념에서 출발하는 BAM기업의 지배구조는 유기

* 조성훈,"지배구조란?", 조선일보 2013,3,15

적이어야 한다. BAM기업의 시작이 창의적인 Business Model이라면 지배구조 역시 창의적이어야 한다. 다음으로 중요한 BAM 지배구조의 기초는 '창업주는 떠나는 것'이어야 한다.

훈련 받은 2세 또는 소유와 경영의 분리와 같은 방법으로 끊임없이 영향력을 행사하려는 욕구는 "돈을 사랑함이 일만 악의 뿌리"와 같음이다. 창업주가 떠나야 하는 이유는 '재생산(Reproduction)'과 '배증(Multiplication)'을 위함이다.

'재생산'과 '배증'은 사도 바울에 의해서 세워진 교회들과 지도자들이 초대교회의 부흥에 끼친 영향력으로 증명되었다. 바울은 교회를 세우고 지도자가 세워지면 떠났다. 그리고 새로운 곳에서 또 교회를 세우고 지도자를 세우고 또 떠났다. 이렇게 10년여의 교회 개척을 위한 사역에 매진한 바울은 이렇게 고백한다.

> 그리스도의 이름을 부르는 곳에는 복음을 전하지 않기를 힘썼으니 이는 남의 터 위에 건축하지 아니하려 함이라 (로마서 15:20)

가장 강력한 지배구조는 창업주가 떠난 자리에 창업주와 같은 또는 더 능력 있는 BAM Practitioner(B1)가 기업을 더 건강하게 경영하는 것이다. 떠난 창업주는 다른 곳에서 또 새로운 business를 위해 자신의 경험과 능력을 발휘하며 또 다른 디모데를 세우게 된다. 이런 창업주의 사이클에 병행하여 BAM Practitioner(B1)는 창업주로부터 이어

받은 방법으로 자신이 바울의 위치에서 또 다른 디모데를 품고 이 사람을 BAM Practitioner(B2)로 재생산하게 되는데 이 과정이 BAM Practitioner의 배증(Multiplication)의 사이클이 된다. 훈련하고 훈련 받은 사람이 창업을 시도하는 것이 아니라 훈련 시키고 훈련 시킨 사람이 떠나 재창업을 하는 것이다. 이는 바울의 교회 개척의 원리와 같다.

유지 가능성(Sustainability)

지배구조가 하나님의 소유권, 창업주의 떠남 그리고 재생산과 배증의 세 가지 원칙으로 이해되고 실천된다면 유지 가능성은 원칙보다는 방법론에 대한 정리만 남는다.

이양해 주어야 할 대상의 선정과 제자화의 과정인데 교회 개척에서 사용되는 4P's Principle과 내부자에 의한 소유권의 이양(Insider buy-out)을 꼽을 수 있다.

> 4P's Principle은,
> - 개척 Pioneer
> - 양육 Paternal
> - 동역자 Partnership
> - 참여 Participation의 사이클을 말한다.

개척(창업)의 단계에서부터 함께 할 사람의 참여가 중요하다. 앞선 핍박과 고난의 사례에서 드러난 바와 같이 가장 어려움이 많을 때가 창업의 시기이므로 이때 함께 자리를 지킨 사람과 함께 일하는 것은 영적, 지적, 의지적 영역 모두에서 유익하다. 시간이 지날수록 눈빛만 봐도 서로의 마음을 읽을 수 있다.

양육의 단계에서는 잠재적 경영자 수업을 본격적으로 시작하는데, 중요한 결정을 할 때마다 의사결정 과정에 참여시켜 사안을 입체적으로 볼 수 있는 능력을 키워준다.

동역자의 단계는 모든 일을 동료로서 대하며 동등한 위치에서 상호 협력하는 관계다. 이 단계에서는 가능한 모든 결정을 스스로 내리게 배려해주는 것이 가장 중요한데 이때 잊지 말아야 할 것은 실수를 통해서 배우고 성장한다는 것이다. 실수를 많이 할수록 점점 더 많은 결정을 스스로 할 수 있게 되며 경영의 모든 사안에 능동적으로 관심을 갖게 된다.

마지막으로 참여의 단계인데 이때는 업무에 대한 전적인 권한을 주고 창업주는 가능한 사업장에 나타나지 않는다. "필요하면 불러라, 부르면 온다." 학교의 경우 수년째 내게 연락조차 없다. 모두 잘 되고 있다는 증거다. 실제로 학교법인 W를 통해 개교하는 실재를 보고 지금은 6개 지역에 같은 법인의 이름으로 초, 중, 고등학교가 세워졌다. 6배의 배증이 실현된 것이다.

유지 가능성의 핵심은 BAM기업이 아니라 "하나님 나라"여야 한다.

부록 1

제3의 길의 가능성– Business As Mission
한국 BAM운동의 지속 가능성을 위한 제언

The Third Way, Possible? – Business As Mission
Asking again the question of sustainability of Korean BAM movement

백바울, BAM Practitioner/Consultant

제3의 길의 가능성- Business As Mission

부제-한국 BAM운동의 지속 가능성을 위한 제언

백바울*, BAM Practitioner/Consultant

두 가지 질문

질문1

한국 교회는 성도들에게 BAM 의 중요한 가치들을 설명할 수 있을 만큼 충분히 이해하고 있는가? (참고: Business As Mission은 2000년 초부터 서구 선교에 소개되어 2012년 한국에 본격적으로 소개되기 시작했다)

---

* 회교권 국가에서의 회심의 날인 2003년 2월 3일 이후, BAM Practitioner로 살고 있다. 공학배경으로 MBA, MA-Intercultural Study 과정을 마쳤고 2009년에 초, 중, 고교를 세우고 2013년에는 청년들과 BAM 창업(K-bob)을 시도했다.
2012년부터 시작한 BAM School인 JES(Jubilee Entrepreneurship School)의 시작부터 함께 했고 2015년까지 공동대표를 지냈다. 2014년에는 IBA Leaders' Consultation에서 "BAM 지적재산의 공유와 분배" 주제 발표로 참여했다. 현재는 BAM Practitioner 및 Consultant로 2017년 선교한국과 함께 시도한 BAM Case Study 과정인 'BATA-모든 이를 위한 모든 것'을 지역교회들과 함께 열어가고 있다.

질문2

BAM 은 한국의 선교단체들과 전략의 한 부분으로서 화학적으로 결합되어 있는가?

이익이 필수적인 조건이며 이런 이익을 통해 지속 가능한 사업을 지켜내야 하는 노력이 중요한 가치들 가운데 하나인 BAM*을 통해 소유를 하나님의 것으로 인정하고 "형제를 위해 목숨까지 내어 주어야 하는 것이 마땅한"(요1 3:16) 선교적 삶이 어떻게 가능한 것인가?

한국교회와 선교계는 BAM의 핵심가치를 무엇으로 이해하고 있을까? 핵심가치에 대한 이해와 공유는 선교 운동의 가장 기본적 동력이며 어떠한 난관도 돌파할 수 있는 신념 체계를 만든다. 이에 대한 이해를 돕기 위해서 간략하게 BAM의 짧은 역사를 돌아볼 필요를 느낀다.

한국 BAM 은 자생적이었나?

BUSINESS AS MISSION(BAM)이 한국에서 본격적으로 논의된 계기는 2013년 서울 양재 온누리교회에서 열린 IBA서울 포럼이라 할 수 있다. IBA 서울 포럼을 2007년부터 2012년까지 계속된 SKBF(Shanghai Korean Business Forum)의 연장으로 보는 견해도 있지만 SKBF는 중국 상해에 모여 사는 한인들에 의해 시작되어 해를 거듭하면서 중국

---

* How are we doing?–Measuring the Impact and Performance of BAM Businesses, p.6, May 2014, BAM Global Think Tank

밖의 한인 사업가 그리고 선교사까지 대상이 넓어 지면서 한인 디아스 포라 기독교인들의 한 산물이라 할 수 있는데, 실제로 이 포럼의 주관자 는 상해 한인 연합 교회였다. SKBF는 2010년 제4회 대회에 이르러 비로소 선교사 그룹이 비중 있는 참석자로 여겨졌으며[*] 2012년의 제6회 대회까지 상해에서 개최되며 이어졌다.

2013년의 서울 IBA포럼의 공식명칭이 왜 "제1회 IBA 서울포럼"이 아닌 "제7차 IBA서울 포럼"으로 명명되었는지에 대하여 명확하게 제시된 바는 없다. 하지만 IBA서울 포럼의 참가 대상이 그동안의 사업가와 선교사에서 청년이 중심이 되는 대중적 참여로의 이동이 확실한 바 선교 운동(Mission Movement)의 의미로 한국 BAM운동의 시작점은 2013년의 제1회 IBA서울포럼으로 두는 것이 타당하다고 본다. 여기서 선교 운동의 관점에서 '한국 BAM 운동은 자생적이었을까?' 라는 질문을 던져 본다.

'한국 BAM운동이 자생적이었을까?' 라는 질문을 통해 BAM 운동의 동인(motive)을 살피려는 이유는 그동안 한국 선교에 열풍같이 다가왔다가 사라진 선교 운동들처럼 되어서는 안되겠다는 안타까움 때문이며 BAM운동이 한국적 현실에 기반을 둔 토착화 선교 운동으로 논의가 진전되어야 하겠다는 관심 때문이다.

---

[*] 전체 참석자 208명 가운데 선교사 43명, 사업가 112명 그리고 나머지 인원은 지역교회 목회자와 중보 기도자였다. 제7회 IBA자료집, p.27

랄프 윈터는 서구 선교의 실수를 12가지로 정리해서 발표한 바 있으며[*] 한국 선교는 이를 반복하지 않아야 하겠다는 반성의 소리가 그동안 계속 있었다.

앞서 살펴본 바와 같이 한국 BAM운동이 태동하기 이전에 서구 선교는 BAM을 선교의 한 방법론으로 다루고 있었으며 이런 노력의 결실 중 하나로 BAM 보고서가 2004년에 로잔 위원회로부터 발간되었다.[**]

2008년의 제2회 SKBF에 주 강연자로 초대된 Mats Tunehag은 로잔 BAM위원이었고 "그의 참여로 인해 BAM의 정의가 1회에 비해 분명해졌고 또, 다양한 사례들의 등장으로 인해 전 포럼에 비해 풍부함이 있

---

[*] 랄프 윈터,"서구 선교 12가지 실수," 크리스천 투데이, 2007.11.09

1. 대학교가 아닌 성경학교를 설립
2. '땅 위의 천국'이 아닌 '천국에의 구원'만을 강조
3. 교단이 선교 기관을 거치지 않고 선교사를 직접 파송
4. 전문 선교보다 일반 선교에만 치중
5. 현지의 헌신적인 신자들이 스스로를 '기독교인'으로 부르며 서구 교회와 동일시하게 함
6. 선교사 없이 물질만 후원
7. 장기 선교사 대신 단기 선교사 파송
8. 선교의 비즈니스와 비즈니스 선교를 이해하지 못함
9. 질병의 근절이 아닌 치료로 그침
10. 전쟁이 아닌 평화만 생각함
11. 과학을 적대시함
12. 사회 변화를 따라가지 못하는 복음전도

[**] Lausanne Committee for World Evangelization, "Business As Mission," Lausanne Occasional Paper No.59, 2004

었다*" 라고 SKBF는 기록했다. 한국 BAM운동에서 이때 비로소 정리된 서구BAM의 정의가 등장하는데 다음과 같다.**

> BAM은 상대적으로 복음이 적게 들어간 지역의 사람들에게 복음을 전하려는 의도를 가진 리더십에 의해 운영되는 재정적 유지가 가능한 진짜 기업을 의미한다. 하나님 나라의 가치에 근거하여 개인과 지역 사회에서 영적, 경제적, 사회적, 환경적 변화를 가져오려는 목적으로 진행하는 기업이다.

로잔 BAM상임위원이고 글로벌 BAM운동의 리더인 Mats Tunehag의 BAM정의는 한국 BAM운동에 지대한 영향력을 미치게 되고 한국 BAM은 BAM의 정의를 아래와 같이 소개한다.

> BAM은 상대적으로 복음의 영향력이 적게 미치는 문화의 사람들에게 하나님 나라의 영향력과 소식을 전하기 위해서 참여하는 다양한 비즈니스 활동을 의미합니다. 하나님 나라의 가치에 근거하여 관련된 사람들과 지역사회에 영적, 경제적, 환경적 변화를 가져오려는 목적을 갖고 하는 비즈니스 활동을 BAM이라고 정의합니다.***

이후 4회(2010) SKBF에서 넓은 의미에서 BAM이라는 제목으로 추가로 정의의 폭을 넓히려 했지만 새로운 정의라기 보다는 비즈니스라는

---

* IBA Global Think Tank, 제7회 IBA자료집, p.22, 2013

** IBA Global Think Tank, 제7회 IBA서울 포럼 자료집, p.22(이는 메츠 튜네헥의 미 발표 글인 God means mission; An introduction to business as mission, BAM을 인용한 것이다. 발제자 주)

*** ibid, p.79

용어가 주는 혼돈을 의식해서인지 비즈니스를 경영학의 관점에서 구체적으로 설명한 듯하다.[*]

이렇게 정의한 BAM의 전개는 어떤 모양을 갖게 될까? BAM을 '이익이 나는 지속 가능한 진짜 기업을 통해,'라고 정의를 내리면 이익을 어떻게 창출하고 이 이익을 지속해서 낼 수 있는지에 대하여 관심이 확장되고 이런 훈련이 필요하겠다는 교육과 훈련의 당위성은 BAM의 훈련 및 교육의 기관이 필요하다는 구조화의 길로 발을 내딛게 된다.

'진짜 기업'이라는 정의에 의해 BAM기업을 진단하고 분석하기 위한 방법론까지 동원된다. 질문들은 진화해서 이제 이런 질문들이 공통으로 발견된다.

- 선교사가 사업을 하기 위해 어떤 준비를 해야 하나요?
- 제가 있는 Q국에서는 어떤 사업 아이템이 좋을까요?
- 좋은 사업 아이템이 있다고 후원자가 해 보라고 하는데 어쩌지요?
- BAM에 도전하고 싶은데 파송 교회가 어떻게 볼지 걱정이에요.
- 적정 이윤은 몇 %인가요?

이렇게 한국BAM은 온통 비즈니스, 돈, 이익이 주제인 경영학에 물들고 있다.

---

[*] 넓은 의미의 BAM을 "소비, 투자, 생산, 관리에 이르는 비즈니스의 모든 활동들을 하나님 나라의 가치에 의해서 구속 회복하며 이 회복을 상대적으로 하나님나라가 인정되지 않는 삶의 영역과 지역적 영역에 확장하려는 개인과 집단의 노력과 변화"로 소개한다. ibid, p.34

위에서 간략하게 살펴본 바와 같이 한국 BAM의 정의는 서구BAM이 정리한 내용과 차이를 발견하기 어렵다. 한국 BAM운동의 뿌리가 우리 것에서 출발한 것이 아니라 서구 BAM이 그동안 여럿의 선교 운동과 마찬가지 과정으로 한국에 소개되었고 우리는 그동안 비평 없이 서구의 BAM이 주장하는 바를 수용하고 있지는 않았을까? 라는 의문을 던져 본다.

누구를 위한 BAM인가?

이 질문은 BAM이 한국 교회 및 선교회들과 화학적 결합이 가능한가? 라는 질문과 궤를 같이한다. 그동안 우리의 선교는 보내는 교회(선교회)와 가는 선교사 이 둘의 견고한 구조에서 성도는 양 진영의 자원 공급자(Resource provider)로 역할은 제한적이며 수동적이었다. 능동적이고 주도적으로 되라고 하신 "가서 제자를 삼으라"는 대 위임령은 선교사/선교회 그리고 교회의 전유물처럼 되었다.

 역사적으로 선교는 교회로 대표되는 모달리티(Modality)와 선교회로 상징되는 소달리티(Sodality) 이 두 개의 축으로 설명되고 이해되었다. 하지만 엥겐은 "건강한 선교 구조를 만들기 위해 교회와 선교회에 속하지 않은, 새로운 선교 모델을 개발할 필요가 있다"며 제3의 길의 가능성을 말했다.[*]

상해 SKBF와 IBA 서울 포럼이 시작하기도 전에, 하나님의 주권에 의해

---

[*] 엥겐(Charles E. Van Engen), 크리스천 투데이2013.03.06

창의적 접근 지역을 포함하여 다양한 국가, 지역으로 보내 져 BAM이 무엇인지도 모른 채 비즈니스를 통해 선교적 삶을 살아온 한국의 실천가들이 있었다. 필자 역시 그런 삶을 2003년 이후 살고 있으며 모달리티와 소달리티에 속하지 않으면서 제3의 길을 걷고 있다.

필자가 주목하는 한국BAM의 뚜렷한 특징 가운데 하나는 이런 BAM운동과는 무관하게, BAM을 의도적으로 훈련받고 교육받지 않은 사람들에 의해 세계 곳곳에서 실천가로 살고 있는 사람(BAM Practitioner)들을 발견하게 되는 것이며 이 길에 들어서려는 다양한 사람들을 만나게 된다는 점이다. 이는 BAM의 성경적 근거들과 일맥상통하며 각 사례는 하나님 나라의 독특성(Uniqueness)과 보편성(Universality)을 포함하고 있다는 점이다. 이런 점에서 한국 BAM 사례는 누구에 의해 시작된 것이 아닌 자생적이라는 공통점이 있다.

토착화 BAM을 생각한다

요즘 서구 BAM의 특징은 BAM의 정형화 내지는 정의를 내리는 일에 더이상 적극적이지 않다는 점이다. 하지만 한국 BAM은 앞서 살펴본 바와 같이 서구 BAM의 기초적 이론을 비평과 비판의 과정이 생략된 채 들여왔음에도 더 진보하기보다는 서서히 동력을 잃어 가는 듯하다. 왜 그럴까? 일견 개념 정의의 흐름과 핵심은 유사할 수 있지만, 각 나라별 상황에 따라 이에 대한 해석과 적용에 대한 다양성을 열어두고 한국적 특성에 대한 구체적인 제안들이 도출되었다면 강력하고 시대적 흐름을 반영한 전략적 운동으로 자리매김할 수 있었을 것이다.

우리의 BAM은 무엇일까? 한국BAM논의의 시작은 서구BAM을 통째로 부정하는 것이 아니라 그들이 말하는 BAM에 관한 다양한 의견들이 우리의 상황에서 해석되고 정리되어 우리의 말로 우리 성도들에게 전해져야 한다는 것이다. 서구 BAM이 그들의 출처가 있듯이 우리의 BAM은 우리의 뿌리가 있다. 이제부터라도 한국 BAM의 출처를 찾아내고 모아야 한다.

이제까지 필자의 선교적 삶과 그동안 정리된 사례들을 BAM의 여정이라 한다면 이는 분명한 하나님의 개입이라 믿으며 하나님의 이러한 개입은 정의에서 시작해서 방법론으로 전개되는 전형적인 서구적 세계관인 "위에서 아래를 향하는 것"이 아니라 각자의 현실 인식에서부터 시작된 선교적 삶에서 출발하여 각자에 의해 정리될 신학으로 우리만의 "아래에서 위로의 선교" 라고 확신한다. 현장에서 발견되는 사례들의 모습이 그렇다. BAM실천가들은 서구BAM의 정의를 들어보지 못한 사람들이 대부분이었으며 경영학적 관점과 선교 신학적 관점에서 BAM을 훈련받을 기회조차 없던 경우가 대부분이었다. 필자 역시 그런 사례의 주인공이라고 할 수 있다.

그래서 어쩌란 말인가?

이제 핵심적 질문과 만나게 된다. 그래서 어쩌란 말이냐?

BAM을 말하는 사람들이 받게 되는 가장 곤혹스러운 질문이다. 성도들의 관심은 결국 "그래서 어쩌란 말이냐?"로 귀결된다.

한국 BAM운동은 그동안 BAM 이란 무엇인가? 로부터 이의 전파를 위한 방법으로 크게 두 가지의 방법론을 택하고 있다. 포럼/컨퍼런스와 BAM 창업을 위한 훈련이다. 필자는 어쩌면 한국 BAM운동으로는 최초라고 할 BAM School인 JES(Jubilee Entrepreneurship School)의 시작을 주도했던 경험이 있다. IBA의 BAM School의 커리큘럼이 JES에 비해 BAM의 성경적, 선교 신학적 기초를 추가하여 진전을 보이고 있지만 여전히 BAM Practitioner들이 삶에서 만나는 디테일을 담기에는 너무도 큰 간극이 있다. 유감스럽게도 이 간극은 교육과 훈련을 통해 좁혀지거나 해결되지 않을 수도 있다는 생각을 한다. 이제까지의 대부분의 사례는 토지, 노동, 자본이라는 경제이론까지도 무색하게 하기도 한다. 하나님이 개입하시는 일들의 독특성과 보편성이기도 하지만…

포럼이나 컨퍼런스를 통한 설익은 네트워크는 선교 현장에서 신뢰를 쌓아 온 그동안의 노력을 한순간에 물거품처럼 사라지게 하기도 한다. 동역이 아닌 동업의 무서운 결과다. 헌신의 동기가 어디서부터 왔는지에 대한 점검이 빠진 교실에서의 훈련은 "비즈니스도 하고 선교도 한다"는 낭만적 절망의 구렁텅이로 빠지게 할 수 있다. 비즈니스도 선교도 모두 엉망이 될 수 있다는 냉혹한 현실을 잊게 한다. 이런 점에서 사람과 사례의 재생산(Reproduction)과 배증(Multiplication)과 같은 BAM의 핵심적 가치를 삶을 통해 보여주는 사례들을 지금보다 더 많이 찾아 내어 그들이 선교적 삶의 현장에서 보고 배우는 모든 것들을 실천하게 하는 실천적 선교동원에 힘써야 한다. 바울이 그랬던 것처럼 말이다.* 그것을 위해서는 하나님 나라의 세계관으로 무장된 BAM의 Practitioner들 발굴에 사활을 걸어야 한다. 그리고 그들이 미래의 Practitioner들을 견인하도록 개별적이고 세밀한 연결을 절대적으로 필요로 한다. BAM은 거대 행사보다는 다양한 케이스를 세밀하게 연결하고 로드 맵을 제안하고 길을 내는 일에 우선순위를 두어야 한다.

역설적이지만 가장 뜨겁게 복음이 전해졌던 주후(A.D.) 200년까지는 단 하나의 건물 교회가 없었다.** 젊은이 5명으로 시작한 Haystack Prayer Meeting이 미국의 선교 운동의 단초가 되었다. 지금도 세계 곳곳에서 자생적으로 시작되어 점점 영역을 넓히고 있는 아직은 소수의 한국의 BAM Practitioner들에 의해 '**제3의 길**'을 만들어 낼 것으로 기대한다.

이론우선에서 실천이 먼저인 세계관으로의 이동이 발제의 핵심이다. 이를 선교의 '**제3의 길**'이라고 감히 부르려 한다.

고대 희랍 사람들은 세계의 질서와 원리를 정관(Theorein)하고 이를 통해 인식된 세계의 원리에 따라 자기 자신의 삶을 모방(Mimesis)하고

---

* 너희는 내게 배우고 받고 듣고 본 바를 행하라. (빌립보서 4장9절)

** 마이클 그린, 초대교회의 복음전도, 홍병룡 역(서울:복있는 사람,2010),p.34

훈육함으로써 삶의 실천을 도모했다.[*] 이론 우위의 이런 서구적 세계관에 의해 정의된 서구BAM은 선교와 비즈니스를 이론화하고 이를 교육과 훈련으로 실현 가능하다고 말한다. 이런 접근 방법은 필연적으로 선교 운동을 조직화하고 기구화 한다. 조직화는 재정을 필요로 하게 되고… . 하지만 현장에서 보여지는 사례들은 세상이 불변의 체계가 아니며 일하는 우리 인간 각자의 실천에 의해 변혁될 수 있음을 보여주고 있다. 각 사례들은 누구에 의한 훈련이나 재정적 도움을 통해 시작되지 않았다. 재정의 필요는 매우 제한적이었다. 그나마 필요한 재정의 조달도 인위적 방법으로 동원되지 않았다. 행동이 우선이었지 이론이 앞서지 않았다.

이러한 동력을 잃지 않고 사례의 재생산과 배증을 위해서 한국 BAM운동은 아직은 이론보다는 행동 우선의 BAM 세계관으로 중심축이 옮겨져야 한다고 믿는다. 삶으로 살아낸 BAM의 스토리가 더 많이 쌓여야 한다. 한국 BAM운동은 좀 더 많은 에너지와 자원들을 BAM사례의 발굴, 사례 연구, 사례의 선교 신학화 하는 작업에 집중하면 좋겠다.

나가면서

이 글의 목적은 발제에 있다. 제기한 발제의 관점도 필자의 소견에 불과하다. 아울러 필자의 일천한 지식과 경험으로는 발제의 내용에 대하여 해답을 제시할 능력이 없다고 생각한다.

선교 운동으로 BAM은 한국적 요소를 가장 많이 담을 수 있는 그릇이라고 믿는다. 디아스포라 관점에서도 그렇고 이제까지 구축해온 한국교회

---

[*] 강원돈, 물의신학, p.97,한울 1992

와 선교회들이 가진 유, 무형의 선교 인프라를 염두에 두고 봐도 그렇다. 요즘 한국에서 만나는 청년 대학생들의 선교에 대한 열정은 여전히 뜨겁다. 그런 열정을 끌어내 방향만 잘 맞추게 해주면 되겠다는 생각이다.

하나님 나라!
하나님 나라를 세워야 할 곳이 BUSINESS세계이고 business현장이다. BUSINESS제국 속으로 들어가기 위해 예수를 주라고 고백하는 성도 모두는 선교의 하나님(Missio Dei)의 임재 아래 머물러야 한다. 우리를 통치하시는 선교의 하나님께서 우리를 business현장으로 이끄신다. business현장에서 선교적 삶(missional life)을 살아 내는 것, 그 일을 통해 하나님은 우리의 필요를 채우시고, 먹고 마시고 입을 것(이익)을 더해 주실 것(마 6:31)이고, 재물을 얻을 능력을 주실 것(신명기 8:18)이다.
이 시대에 하나님의 선교를 향한 열정(Passion)과 방향성(Direction) 이 둘 사이의 촉매제(Catalyst)로 BAM이 서있다.

두서없는 발제에 대한 가차 없는 비판을 기대하며

2018년 6월
백바울 (sgp21c@gmail.com)

The Third Way, Possible? – BUSINESS AS MISSION

Asking again the question of sustainability of Korean BAM movement

Paul Baek*, BAM Practitioner/Consultant

Two Questions

I would like to proceed with the following two questions.

Question 1

Do Korean churches sufficiently understand Business As Mission(BAM) to the level of being able to explain key concepts of BAM to the

---

* Paul is living a life of BAM Practitioner after repenting fully in Feb 3rd of 2003 in a Muslim country. With a background in engineering, studied MBA, MA-Intercultural Study and established elementary, middle and high schools in 2009 and in 2013, tried a BAM startup (K-bob) with a group of young people through SGP Empower Ltd. Paul joined a BAM School initiative JES (Jubilee Entrepreneurship School) from the beginning and served as a co-representative until 2015. In 2014, participated as a presenter of "Distribution and sharing of BAM intellectual properties" at IBA Leaders' Consultation. Currently, Paul is working as a BAM Practitioner and consultant and collaborate with local churches with 'BATA-Be All To All' program which is a BAM case study procedure.

believers? (ref. BAM was first introduced to the Western missional world in early 2000 and was introduced fully to Korea in 2012.)

Question 2

Is BAM "chemically" integrated with Korean missionary organizations as part of a strategy?

Through BAM*, which considers profit essential and the effort of maintaining a sustainable business by profits important, is the missional life possible by recognizing possession as God's and "laying down our lives for our brothers?" (1 John 3:16)

How do Korean churches and missional bodies understand the core values that define BAM?
Understanding and sharing the core values are the basic power supply that enables overcoming any obstacles by building principle systems. To help better understand it, I feel the need to overview the short BAM history.

Was the Korean BAM autonomous?

The time when BUSINESS AS MISSION(BAM) was discussed in Korea in full-scale can be pointed to the 2013 IBA Seoul Forum that was held

---

* How are we doing? −Measuring the Impact and Performance of BAM Businesses, p.6, May 2014, BAM Global Think Tank

at Onnuri Church in Yangjae. Some see the IBA Seoul Forum as a continuation from the SKBF(Shanghai Korean Business Forum), which was held from 2007 to 2012, but we should remember that the sponsor of the SKBF was Shanghai Korean Community Church. The SKBF was initially organized by Koreans who lived in Shanghai, China and later on more participants were added from Korean businessmen living outside China and missionaries as well. The SKBF was a byproduct of the Korean diaspora Christians. By the 4th SKBF, it was evaluated that the missionaries were sizeable participants* and the forum continued to the 6th gathering in Shanghai in 2012.

However, it is not clear why the 2013 Seoul IBA Forum' was officially titled as the "7th IBA Seoul Forum" instead of the "1st IBA Seoul Forum." But instead it ran under the title the "7th IBA Seoul Forum." I find it more logical to see the beginning of the Korean BAM movement as the 1st IBA Seoul Forum in 2013 because the forum publicly marked the evident participation of young people as main axis as compared to that of businessmen and missionaries previously.

Then, let me ask: 'From the perspective of mission movement, was the Korean BAM movement autonomous?'

The reason we are exploring the motive of the BAM movement by

---

* Among the total participants of 208, there were 43 missionaries, 112 businessmen, and the rest was local church pastors and intercessory prayer teams. 7th IBA Resource, p.27

questioning the autonomy of the Korean BAM movement is two-fold: There were too many transient missional movements in Korean mission community and we need to pay attention to BAM as indigenous missional movement based on realities in Korea.

Ralph D. Winter shared 12 mistakes previously made by Western mission agencies[*] and there has been a voice of self-criticism that the Korean mission communities should not repeat those mistakes.

As mentioned above, before the birth of the Korean BAM movement the Western mission communities saw BAM as one of the missional

---

[*] Ralph D. Winter,"12 Mistakes by the Western Mission Agencies," Christian Today, 2007.11.09
1. The Mistake of Starting Bible Schools, Not Universities
2. The Mistake of Only "Salvation in Heaven," not "Kingdom on Earth"
3. 3. The Mistake of Congregations Sending Missionaries, Not Using Mission Agencies
4. The Mistake of Whole Congregations in Direct Involvement, Not Professional Missions
5. The Mistake of Insisting that Devout Followers of Jesus Call Themselves "Christians" and Identify with the Western Church
6. The Mistake of Sending Only Money, Not Missionaries
7. The Mistake of Sending Short-Termers, Not Long-Termers
8. The Mistake of Not Understanding Business in Mission and Mission in Business
9. The Mistake of Healing the Sick, Not Eradicating Disease Germs
10. The Mistake of Thinking "Peace" Not "War"
11. The Mistake of Assuming Science Is a Foe Not a Friend
12. The Mistake of An Evangelism That is Not Validated and Empowered by Social Transformation

methods and the fruit of such efforts were the publication of BAM reports by the Lausanne Committee in 2004.[*]

Mats Tunehag, who was a keynote speaker at 2nd SKBF in 2008, is a member of the Lausanne Committee and it is recorded that "by his participation the definition of BAM became clearer than the first forum and the advent of various cases enriched the second forum compared to the first one."[**] At this time an organized BAM definition finally appears in Korean BAM movement and it is defined as the following[***]:

> BAM is the real business that is financially sustainable, led by
> the leadership that has the motive of preaching the Good News
> in the region where the gospel is not well- shared relatively.
> BAM is the business that proceeds with the purpose of bringing
> spiritual, economical, social, and environmental transformations in
> individuals and societies based on the value of Kingdom of God.

As a senior Lausanne BAM Committee member and a leader of global BAM movement, Mats Tunehag significantly influenced the Korean

---

[*] Lausanne Committee for World Evangelization, "Business As Mission," Lausanne Occasional Paper No.59, 2004

[**] IBA Global Think Tank, 7th IBA Resource, p.22, 2013

[***] ibid, p.22(Author's note: this was excerpted from unpublished manuscript of Mats Tunehag's God means mission; An introduction to business as mission, BAM)

BAM movement and the Korean BAM definition as outlined below:

> BAM means involving the various business activities to bring the Kingdom of God's influence and the Good News to the peoples in cultures that have relatively little influence of the gospel.
> We define BAM as business activities with purpose of bringing spiritual, economical, and environmental transformations in related individuals and societies based on the value of Kingdom of God.[*]

Subsequently, at the 4th SKBF (2010) there has been an attempt of expanding the definition of BAM with the title of 'A broad sense of BAM', but this was not a new definition but a more specific explanation of business because the term business elicits some confusion.[**]

What will be the development of BAM in this definition?
If we define BAM as 'the real business that is financially sustainable …,' we come to a conclusion that our interest expands on how we can continuously generate profits. Also, we seek for education that provides such training and the justification of training leads to

---

[*] ibid, p.79

[**] A broad sense of BAM means "all business activities including consumption, investment, production, and management will be redeemed and restored by the Kingdom of God's values; this restoration is the expansion of individual and organizational effort and transformation in the region where God's Kingdom values are relatively less recognized." Ibid, p. 34

institutionalization of BAM training and education.

The 'real business' definition draws the methodology of defining and analyzing the BAM business according to the definition.

Now the questions evolved and the following common questions are asked:

- How can the missionaries prepare in order to do a business?
- What business items might be good for the country I reside in?
- My supporter suggests that he/she has a good business item. What should I do?
- I would like to do BAM but I worry how the sending church would view it.
- What is the proper profit rate in percentage?

BAM is being tainted all over with entrepreneurship which studies business, money, and profit.

As observed briefly above, the definition of Korean BAM has little differences from that of the Western BAM definition. I would like to question whether we have accepted the Western view of BAM without any criticism, just like other mission movements whose roots did not begin from our own.

BAM for Whom?

This question is similar to the question "Is BAM 'chemically' integrated with Korean missionary organizations?" Until now, our mission has been carried out on two foundations, i.e. the sending churches (mission agencies) and the sent missionaries.

In this firm structure, believers play a limited and passive role as resource providers. Even the Great Commission, that was supposed to empower believers to act and take the initiatives, has been regarded as a commission exclusive for missionaries, mission organizations, and churches.

Historically, mission was explained with two main parts — **Modality** that represents churches, and **Sodality** that represents mission organizations. However, Charles E. Van Engen mentioned the possibility of the Third Way because he thinks "in order to create healthy mission structures, we need to develop a new mission model that does not pertain to both church and mission organizations.[*]

Even long before the SKBF in Shanghai and the IBA Seoul Forum began, there had been Korean practitioners who had lived missional life through business without knowing about BAM but sent to various creative access countries and locals by God's sovereignty. I also have lived such a life since 2003 and am walking the Third Way with belonging to neither Modality nor Sodality.

---

[*] Charles E. Van Engen, Christian Today, 2013.March 6

One of the distinctive characteristics I am paying close attention to in regard to Korean BAM is regardless of this BAM movement, and I have met and found various BAM practitioners who did not receive any BAM training or education deliberately but live among the nations paving the Third Way. This pattern is mutual to the biblical foundation of BAM and each case includes the uniqueness and universality of the Kingdom of God. In this, Korean BAM cases have something in common: They were not initiated by someone else, but started autonomously.

Thinking about the Indigenous BAM

One recent trend of the Western BAM is that they no longer actively define the BAM or standardize it. However, it seems that Korean BAM is losing its dynamic and is not making further progress despite the fact that it imported the basic theories of the Western BAM without any criticism. Why is this the case? In my humble opinion, the flow and core of concept definition may be similar, but if they were more openly approached according to context by each nation's environment with rich possibility of application and interpretation, and if specific BAM suggestions pertaining to the Korean context were encouraged, Korean BAM might have settled as a powerful mission strategy movement that reflects the modern era.

What is our BAM? The beginning of Korean BAM discussion should not wholly deny the Western view of BAM, but should contextualize the various BAM opinions according to our environment and share them with our believers in our own language. Just as the Western BAM has their own sources, we have our own roots for our BAM. Starting now, we should find and gather the roots of the Korean BAM.

I believe that it is the divine intervention by God if my missional life and the arranged BAM cases can be called the BAM journey. I am confident that God's intervention does not begin from the definition to development of methodology just like traditional Western mission worldview which is top-down, but it is a bottom-up that will begin from each individual's practical recognition which leads to missional life shaping the theology by each person.

Such are the actual cases found in the field. Most BAM practitioners were those who did not hear about the Western definition of BAM and who did not have the opportunity to receive the entrepreneurship or theological BAM training. I was one of these people, too.

So what?

Now we arrive at the core question. So what?
This is the most uncomfortable question the BAM speakers receive.
The believers' attention ultimately ends with "so what?"
The Korean BAM movement is largely taking the two methodology

to propagate the answers to 'what is BAM?' One is forums or conferences, and the other is training for BAM startups. I have an experience of leading what may be the first BAM School in Korean BAM movement, the beginning of JES (Jubilee Entrepreneurship School). The curriculum of BAM School in IBA is making progress by adding biblical and theological mission foundations, but there still is a large gap between the theory and the actual details that the BAM Practitioners face in life. Most cases so far even seem to ignore the economic theory that handles land, labor, and capital. This is because of the uniqueness and the universality that God's intervention brings out.

Unready network through forums and conferences can dissipate the longtime efforts of built trust in mission field in one moment just like bubbles that burst. This is the devastating consequences of "association" instead of "partnership." Training without confirming the dedication motivation can make people fall into the pit of romantic despair in name of "doing business and mission altogether." It can make us forget about the cruel reality that both business and mission can be in jeopardy. In this, we need to find the cases that show the core values of BAM in actual life through reproduction and multiplication and encourage people to practice everything they learn and witness from the missional life just like Paul did. [*] To achieve this we need to seriously focus on discovering BAM practitioners who are armed with Kingdom of God's worldview. And we absolutely need individual and detailed connections so that these people can multiply future BAM practitioners. Instead of huge conferences, BAM needs to put its priority on connecting various cases in detail, suggesting the roadmaps, and make roads.

Ironically, there was not one single church building until A.D. 200 when the gospel was shared most fervently. [**] Likewise, the Haystack Prayer Meeting became the foundation of the America's missional movement with just five young people. Even at this moment I expect a few Korean BAM practitioners who autonomously start and are continuously expanding their areas to pave the Third Way.

The point of this proposal document is to outline necessity of the change in worldview from theoretical priority to practice base. I would like to boldly declare it as the mission's 'Third Way.'

The ancient Greeks organized their world rules and principles

---

[*] "Whatever you have learned or received or heard from me, or seen in me — put it into practice." (Philippians 4:9)

[**] Micahel Green, "Evangelism in the early Church", translated by Byung-Ryong Hong (2010), p.34

(Theorein) and based on their theories pursued practicing in life by mimicking one's life and disciplining (Mimesis).* The Western worldview that centralizes the theoretical practice defines the Western BAM and argues the realization of education and training through the theorization of mission and business. This approach inevitably systematizes and institutionalizes the mission movement. And the institutionalization needs finances⋯

However, the actual cases in the field show that the world is not an immutable system but can be transformed by each individual's works and practices. Each case did not begin with another's training or financial help. The financial need was very limited. Even the necessary financial supply wasn't done with a deliberate method. Practice was the priority and the theory wasn't.

In order not to lose such dynamics and for the sake of reproduction and multiplication of cases, I believe that Korean BAM should be centered on practice-first BAM worldview rather than theory-based worldview. The stories of BAM that live the actual life should be more accumulated.

It may well be better for the Korean BAM movement to focus its energy and resources on discovering BAM cases, researching case

---

* Won-Don, Kang, "Theology of Water" p. 97 published by HanWool 1992

studies, and theologizing the cases.

Wrapping Up

The purpose of this document is to propose. The proposal is merely an opinion of the author. And I believe that I still cannot give all answers to the proposal with my limited knowledge and humble experiences.

I believe that BAM is the largest receptacle for mission movement that can encompass most Korean characteristics. It still rings the same idea for considering the perspective of Diaspora and the immaterial and material missional infrastructure that Korean churches and mission organizations have. The missional passion is still fervently ongoing for college students I meet in Korea. I think a proper directing of the passion is all needed.

The Kingdom of God!
The place to build the Kingdom of God is the BUSINESS world and the field. In order to enter into the BUSINESS empire, all believers who profess Jesus as the Lord should stay under the presence of the Missio Dei. God of Mission who reigns us leads us to the business field. Living the missional life in the business field, we will be fulfilled our necessities through work, be added our profits for eating, drinking, and clothing (Matthew 6:31), and be given the ability to produce wealth (Deuteronomy 8:18).

At this age between the Passion and Direction of mission, BAM stands as the Catalyst for these two.

Sincerely expecting the constructive criticism on the proposal,

June 2018

Paul C. Baek (sgp21c@gmail.com)

우리의 초점은 어디에 있는가

우리의 초점은 어디에 있는가?
2018. 12. 18.

그 교회의 목양실은 거룩함을 잃어버렸는가? 적어도 나의 눈에는 그렇게 보였다. 늘 핍박과 고난을 염두에 두고 공격적인 세계에서 오랜 기간 살아온 내게는 몇 사람의 사역자들이 모인 목양실 안에서 오가는 대화 가운데 가장 많이 사용되는 단어들이 낯설게만 느껴졌다. '교회', '목사', '집사', '세례', '믿음'과 '성화에 대한 고백'과 같은 단어들은 대부분의 이슬람 국가들과 같은 예수님을 따르는 신자가 매우 적거나 그리스도가 알려지지 않은 곳에서는 거의 사용되지 않는다. 이러한 단어들은 예수를 주라 고백하는 믿음의 공동체 안에서는 매우 중요한 단어들이지만 내가 머물고 있는 곳에서는 이런 단어들을 단 한번이라도 자유롭게 사용하길 소망하는 기도 제목일 뿐이다. 이런 단어들은 지혜롭게 사용하지 않으면 위험한 지역에서는 핍박과 죽음으로 내몰릴 수 있다.
잠깐 생각을 해보자. 파송하는 교회의 선교 담당 리더들 그리고 선교 단체의 리더들과 선교사가 모일 때 자주 나오는 토픽은 무엇인가? 선교 관련 단어들은? 우리의 초점은 어디에 있는가?

효율적인 선교를 위한 노력은 여러가지 요소들의 융합의 결과다. 보내는 나라의 문화 그리고 가서 섬겨야 할 종족들의 문화의 영향, 파송하는 단체의 각각 다른 목표 내지는 현지 리더십의 개발, 다양한 상황화 이슈와 같은 요소들은 하나님의 선교의 지극히 작은 부분이다. 복잡하고 풀기 어려운 문제들이 산적한 선교 상황에서 섣부른 일반화의 오류의 가능성을 무릅쓰더라도 이 글을 통해 대부분의 선교사역에 존재하는 세 가지 기본 요소에 대해서 설명해보고자 한다. 우리는 이 세 요소들 사이의 창조적인 긴장감 속에 항상 있어야 한다고 주장하고 싶다. 그렇지 않으면 본질이 아닌 부가적인 일에 지나친 강조를 하게 되어 우리의 초점을 잃어버릴 수 있다.

선교전략을 실행하는 기관

초점을 잃어버리는 것은 선교사들의 탈진과 비현실적으로 광범위한 선교 행정 그리고 세계적으로 보편성을 보이는 비복음화지역의 무서운 확장으로 이어질 수 있다. 위의 삼각형을 한번 연상해보라. 삼각형 밑변에는 선교 전략을 실행하는 기반을 나타낸다. 그리고 우리가 맞춰야 할 초점은 삼각형 맨 꼭대기에 있다. 이 그림이 추천하는 필수요소들은 각 삼각형의 꼭지점에 위치하여 중요성을 나타내며, 나머지는 각각 선교사의 필요와 행정적인 요소, 그리고 잃어버린 영혼의 필요들을 나타낸다.

다음 세 가지의 각기 다른 경우의 삼각형을 고려해보자. 그러나 이 글의 의도는 각 요소의 우선순위를 매기기 위함이 아니다. 이것들은 없어서는 안 될 기본적인 요소들이다. 이 글의 의도는 초점이 바뀔 때마다 어떻게 선교적인 조화와 전략, 지원 시스템이 바뀔 수 있는지 이해하는 데 있다.

모델 #1: 선교사에게 초점

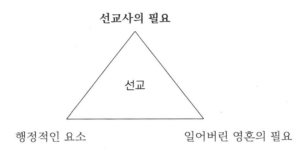

이 모델은 구조화된 조직 내부에 더 신경을 쓰는 선교회와 선교사를 나타낸다. 그들의 선교 자원은 매우 제한되어 있다. 선교사를 위한 다양한 조언은 반드시 필요하다. 선교사의 보안, 숙식, 생활비, 그리고 자녀교육 등은 중요하다. 그러나 이러한 것들이 일차적 관심사가 될 것인가? 선교사의 필요에 집중한 논의에서 당신은 다음과 같은 토픽을 기대할 수 있다. 논의의 중심은 교통수단, 주거환경, 예산, 생활비, 그리고 자녀교육이 된다. 경쟁력 있고 능률적인, 또 다문화적인 의사소통을 하는 것보다 선교사로서의 위치와 선교의 효율성을 위해 조직된 여러 위원회를 섬기는 것이 우선 될 수 있다. 리더십의 욕심과 직분을 위한 "대선을 치르는 것"은 관계와 선교 화합의 장을 망칠 수 있다. 새로운 신자 혹은 신입 선교사들은 이러한 후방 시스템들이 그리스도의 복음을 전하는 조건이라고 잘못 배울 수 있다. 이렇기에 선교사들의 파송 중지를 요구하는 목소리가 정기적으로 나오는 것은 놀라운 일이 아니다.

선교의 본질적 관점인 대 위임령의 관점에서 보면 이러한 상황은 혼란스럽다. 선교사의 필요가 초점이 될 때, 자주 구조적인 한계에 부딪히게 된다. 초점이 선교사에게 모이면 선교사는 더 큰 일과 많은 예산에 집중하게 되며 이는 선교사들이 필요 없는 지역에 머무르게 하는 결과를 낳게 된다. 슬프게도, 이러한 초점은 섬기고 있는 사역지의 사람들이 스스로 리더십을 발휘하는 여지를 주지 않거나, 그들 스스로 넘어서야 할 보이지 않는 문화적, 사회적, 정치적 장벽들을 넘도록 장려하지 않는다. "너희들은 불가능하지만 우리는 할 수 있다! 우리가 초점이기 때문에"라는 목소리만 들릴 뿐이다.

더 나아가서, 우리가 중국, 북아프리카 혹은 중동과 같은 복음에 적대적인 창의적 접근 지역에 있다면, 한정된 예산과 인적 자원의 상황에서 다른 선교사와 경쟁하게 된다. 이 모든 상황의 결국은 '우리', '우리의 선교', '우리의 필요'가 초점이 되어버린다. 그래서 선교사와 선교사역, 그리고 행정부는 하나님의 나라가 아닌 선교사 개인의 관점에 사로잡히는 근시안적인 초점에 시달리게 된다.

모델 #2: 행정에 초점

행정적인 요소

선교

선교사의 필요　　　　　　　　일어버린 영혼의 필요

이 모델은 선교회의 내부를 보지 않는다. 대신 잃어버린 양들이 거주하는 지역의 구조를 발전시킬 뿐이다. 선교의 구조와 정책, 위원회, 행정은 중요하다. 행정은 자원을 마련해주며, 정보를 모으고, 보다 나은 능률을 위해 선교사들을 훈련시킨다. 그러나, 행정을 도표 맨 위에 놓으면 다음 같은 일들이 벌어진다. 행정이 초점이 되면 선교사에게 서열 올라타기 유혹이 찾아온다. 자주 사용되는 단어들은 '보스', '권력', '책임자', '권위자', '정책', '절차' 등과 같다. 이런 구조에서의 전략은 위에서부터 아래로 내려오는 수직적 구조이다. 그리고 모든 선교 행정은 매뉴얼(manual)과 업무 절차도(flow chart)대로만 사역이 진행된다. 행정에서 오는 간편함이 복잡한 세상에서 오는 수많은 실제 도전들보다 앞서게 된다. 이제 사역 존재의 명분은 보고서 제출, 문제를 일으키지 않는 것, 그리고 행정부에 도전하지 않음이 되어버린다. 이러한 자기 보존의 노력들은 현지 신자들이 바라지도 않고 그들을 도울 수도 없는 행정기관으로 남게 될 뿐이다.

행정이 맨 위에 있으면, 헌신의 초기에 가졌던 뜨거운 열정과 비전에 대한 나눔이 훨씬 적어지게 된다. 경영 모델에 맞추기 위해서 새로운 비전은 소리소문 없이 뒷전이 되고 만다. 비전을 가능하게 만드는 능력이 시스템을 유지하는 힘으로 둔갑해버린다. 아마도, 법적인 문제와 행정적인 문제를 강조했던 유대 기독교인이 사도 바울에게 공동체에 들어오려면 머리를 밀라고 했던 것과 비슷한 맥락 일지도 모르겠다.

이러한 모델에 영향을 받는 선교사는 두 개의 전선에서 투쟁하게 된다. 잃어버릴 위험이 도사리고 있는 전선에서 벌어지는 영적 전쟁과 후방의 지원 시스템 사이에서 동시에 고군분투하게 된다. 이러한 상황에 속해 있는 선교사는 영적으로 매우 위험한 환경에 있다는 것을 깨달아야 한다. 그렇지 않으면 선교사가 의도적이지 않게 잃어버린 영혼의 필요보다 그를 파송한 단체나 교회의 입장과 요구를 더 대변하게 된다. 그리고 이 모델에 있는 선교사는 자신이 줄다리기의 중심에 있는 듯한 느낌을 받는다. 수치화 할 수 있는 숫자들이 더 중요하게 된다. 기관들에 보고하는 일이 사역의 필요보다 더 앞서게 된다. 하지만, 행정은 어떤 불필요하거나 나쁜 것은 아니다. 행정은 기본적으로 필요한 선교 사역의 하나이며 효율적인 선교를 위해 필수이다. 그러나 제일 중요하거나 우선순위에 놓아야 할 최우선의 초점은 아니다.

모델 #3: 잃어버린 영혼의 필요

잃어버린 영혼의 필요

선교

선교사의 필요   행정적인 요소

아, 너무 당연한 말을 하다니! 물론 우리 모두는 잃어버린 영혼이 우리의 초점이 되길 원한다. 하나님께서 부르신 소명이다. 그것이 바로 우리가 익숙한 환경과 문화를 떠난 이유다.

이 모델은 영적 전쟁에 대비하게 해주며 내부보다는 외부를, 후방보다는 전방을 더 바라보게 한다. 복음주의 세계에 있는 모든 자원이 잃어버린 세계를 위해 헌신하게 된다. '네트워킹', '기도', '금식', '세계관', '옹호', '전략', '핍박', '희생'과 같은 단어들이 미팅에서 자주 나온다. 잃어버린 세계가 우리의 동기와 하나님 앞에 깨어진 마음으로 엎드리게 만든다. 선교사에게 종의 신분을 상기시켜주며, 그들의 필요를 잃어버린 영혼의 필요에 맞추게 한다. 비전이 선교사를 실질적으로 붙잡으며 사역의 필요에 따라 창조적인 행정 모델이 성장한다. 잃어버린 영혼이 초점이 될 때, 선교사와 교회의 임무를 구성하는 일이 쉽게 식별된다. 더 명확하게 선교회와 선교사가 섬길 수 있는 지역과 진입, 출구전략 등을 결정할 수 있다.

잃어버린 영혼이 초점이 될 때, 공통된 임무 속에서 선교사와 행정부는 조화를 이룰 수 있다. 행정가들은 잃어버린 영혼을 섬기는 선교사를 세움으로 간접적인 영향을 준다. 선교사는 잃어버린 땅에서 하나님께서 하시는 일에 대해 보고함으로 행정을 강화시킨다. 선교 행정가들이 천국의 열등 시민으로 취급되어서는 안된다! 사역의 배정이야말로 변수들을 하나의 공통 목표로 변화시킨다. 이러한 임무의 특징은 초점을 정하는 데 있다. 선교사를 관리하는 행정가는 정보와 전략을 큰 그림 속에서 다루어야 한다. 잃어버린 영혼에 초점을 맞춘 선교사는 지식을 다루어야 한다: 그리스도가 누군지, 그리고 우리의 삶에 개입하는 예수님의 손길이 무엇인지를.

요약하자면, 세 개의 요소들의 균형을 잡는 것을 강조하는 것이 이 글의 목적이 아니다. 세 가지 요소들은 긴장 속에서 유지가 되어야 한다. 선교사의 필요는 중요하나 잃어버린 영혼의 필요와 복음을 명확하게 제시하는 중요성이 더 우선이다. 행정은 투명하고 안정적이고 유연해야 한다. 우리는 행정이 그리스도가 없는 세계에 초점을 맞추는 일을 지속해서 할 수 있도록 우리의 관심을 쏟아야 할 것이다. 누가복음 15장에서 예수님은 100마리의 양을 전부 책임지는 목자를 요구하지도 않았으며, 양들이 머무는 장소나 관리되어지는 방법에 대해서 과소평가 하지도 않으셨다. 예수님은 간단하게 그의 제자들을 우선순위에 따라 초점을 맞추도록 하셨으며, 그것은 바로 잃어버린 양을 찾는 임무였다. 영원의 약속이 있는 99마리는 잃어버린 한 마리를 위해 쓰임 받는 바 되었다.

잃어버린 영혼에 초점을 맞추면 우리 밖에 있는 한 마리의 양을 찾을 수 있을 것이다. 선교사에 초점을 맞추면 99마리의 필요를 주로 이야기하게 된다. 행정적인 필요에 우선을 둔다면 잃어버린 양이 거주할 가장 훌륭한 우리를 소유하게 될 것이다.

능동적인 청취자가 되자. 당신의 삼각형 꼭대기에 무엇이 있는지 확인해보라. 앞으로 당신의 파송 단체나 교회, 친구들을 만나게 되거든 당신이 주로 이야기하는 내용과 기본적인 초점에 대해서 노트하라. 당신의 일정을 점검해보라. 당신은 몇 개의 직분을 섬기고 있는가? 어디에 시간을 쓰고 있는가? 아마도 우리는 우리의 보물과 말씀, 시간이 있는 곳을 재발견할 것이다. 거기에 우리의 마음도 있다.

K. Perkins/6 September 1996 copyright@백바울

부록 3

핍박과 폭력적인 문화에 사는
무슬림 배경 기독교인과 세례

핍박과 폭력적인 문화에 사는 무슬림 배경 기독교인과 세례

배경

1991년에 무슬림 인구가 99.9%인 소말리아에 150명 정도의 무슬림 배경의 기독교인(MBB)이 있었다. 7년 후에 이 중 4명만이 살아남았으며 소말리아에 아직 거주하고 있었다. 역사적으로 소말리아에서 벌어지는 핍박은 극심했지만, 이 정도의 핍박은 처음이었다. 문명사회가 황폐해지면서 이슬람 근본주의자들이 더 등장했으며 이것은 이 지역의 신자들에게 전례에 찾아볼 수 없는 핍박으로 이어졌다.

의심할 여지도 없이, 순교한 자들은 예수님의 제자들이었다. 그런데도 이들의 때 이른 순교는 개개인의 예수님과의 관계와 직접적인 연관이 없었다. 비극적으로, 대부분 이러한 순교는 가족과 이웃에게 복음을 증거했다기 보다는 서구권에서 온 크리스천 일꾼들과 관계를 맺은 이유에서였다. 깊이 있는 현장의 인터뷰를 통해 밝혀진 사실은 이러한 죽음에 이르게 하는 계기가 부차적인 이슈와 더 연관되어 있다는 점이었다.

이 사실을 뒷받침하는 예화이다

- 어떤 경우에는 무슬림 배경 기독교인들이 서구권에 본사를 둔 기독교 구호단체와 일을 했다는 이유만으로도 살해당했다.
- 또 다른 경우에는 외부인과 함께 예배를 정기적으로 (혹은 공개적으로)

드렸다는 이유로 살해당했다. 단순히 서양인과 함께 있는 것을 보이거나 그들과 시간을 많이 보낸다는 사실이 지역사회에 적대감을 불러일으켰다.

- 다른 무슬림 배경 신자들은 그들이 성경공부 관련 물건을 지니고 있는 것을 발각될 때 핍박을 받았다. 이러한 교재는 대부분 그들이 이해할 수 있는 정도가 아니며 그들의 교육배경보다 훨씬 더 높은 수준이었다.
- 마지막으로 그들의 친구와 이웃에게(많은 경우 문화적으로 적합하지 않은 방법이 쓰인다.) 전도하기 위해 서양인에게 고용된 무슬림 배경 기독교인은 즉각적으로 극심한 핍박을 받았다.

물론, 어떤 특정의 사건이나 관계를 무슬림 배경 기독교인의 순교와 직접적인 연관을 지을 수는 없다. 어느 한 사건이나 관계가 순교의 요소로 유일하게 지목될 수는 없다. 그러나 서양 선교사의 활동과 리더십이 지역 신자들에게 위험부담을 안기게 하는 선교 문화를 만든 점은 부정할 수 없다. 가장 중요한 사실은 이 위험은 예수님을 적극적으로 증거하기 위해서 온 것이 아니라는 점이다.

순교는 예수님을 따르는 자라면 모든 신자에게 가능한 것이다. 부활의 길목에서는 처참한 십자가형이 있어야만 했다. 성부 하나님은 그의 자녀들의 희생적인 죽음을 (아직도) 허락하심으로 더 깊은 영혼들의 구원을 주셨고 교회를 구원의 역사에 깊이 뿌리내리도록 하셨다. 순교가 이 글의 주제이긴 하나, 일부러 권장하는 것은 아니다. 이 타락한 세상에서 핍박과 순교는 예수님을 따르는 모든 이에게 오는 현실일 뿐이다. 서양에서는 기원후 3세기의 테툴리아누스 (주: 카르타고의 신학자)의 "순교의 피는 교회의 씨앗이다"라는 말을 자주 반복한다. 아마도 그러한 말은 극심한 핍박을 받아보지 않은 이들에 의해 경박하게 더 인용되었는지 모르겠다. 하나님께서 핍박을 그의 궁극적인 목적을 위해 사용하지만, 순교는 아버지가 없는 자녀, 사랑하는 배우자가 없는 남편과 아내, 리더십의 목소리가 일시적으로 없는 공동체를 초래한다. 순교는 어디서 혹은 어떻게 벌어지든 비극적인 일이다. 그러나 순교가 만약 부차적인 이유로 벌어진다면 그것은 더 비극적이다.

소말리아의 최근 역사를 되돌아볼 때, 이제 막 자라나는 연약하고 젊은 소말리아 교회에 극심한 핍박이 찾아온 듯하다. 그리고 슬프게도 많은 핍박은 예수님의 부활하심과 복음을 증거하는 이유가 아니라는 점이다. 물론, 소말리아에서 벌어지는 하나님의 이야기는 아직도 진행 중이다. 그러나 인간적인 관점에서 본다면, 소말리아 민족과 땅에서 믿음을 재생산할 수 있는 제자들이 거의 몰살되는 것을 목격한 셈이다. 하나님께서는 그리스도를 위해 순교하는 이의 피를 예수님의 증인을 세우고 깊이 성장시키는데 반드시 사용하신다. 그러나 신자들의 죽음이 예수님의 은혜에 대해서 증거하기 때문이 아니라 그저 외부인과의 관계 때문에 초래하였다면, 순교의 긍정적인 효과는 매우 한계가 있다.

신자의 세례만큼 핍박을 즉각적으로 가져오는 믿음의 행동은 별로 없다. 특히 세례가 외부인에 의해 격려되고 이행되면 더욱 파괴적이다. 본문은 핍박과 폭력이 난무하는 문화권에 사는 무슬림 배경 기독교인들의 세례와 관련한 이슈를 다룰 것이다. 세례와 관련해 일어나는 특수한 어려움 들을 나열하고, 부차적인 이유로 벌어지는 박해를 줄일 수 있는 선교학적 관점을 제시하고자 한다.

놀랍게도 이 글의 목적은, 혹은 모든 선교 기관의 목적은, **핍박을 없애고자 하는 것이 아니다.** 핍박을 없애는 유일한 길은 아예 전도를 멈추는 것밖에 없다. 그래서 본문의 목적은 핍박을 끝내자는 것이 아니다. 본문의 실제 의도는 핍박이 온다면 그 이유가 예수님의 증인이고 제자이기 때문에 오는 확신을 얻도록 도와주는 데 있다. 단순히 고용되었다는 이유로, 예배를 드렸다는 이유로, 그리고 성경공부 교재를 소유했다는 이유로 죽임을 당하는 것은 예수님의 부활 하심을 적극적으로 증거 하는 것과는 다른 일이다.

본문의 간증은 60개국의 예수님의 제자들 중에 그리스도를 따름으로 핍박을 자주 받는 사람들의 이야기다.

지금까지 600개의 인터뷰가 진행되었다. 박해는 무신론자, 공산당원, 불교 신자, 힌두교 신자, 그리고 이슬람 신자 등에게 받았다. 300개 인터뷰는 무슬림 배경의 그리스도인들을 상대로 하였다. 핍박을 받은 사람과 그들의 친구와 가족에게 고난의 신학을 연구하는 데 동참해 달라고 양해를 구하였다. 이는 폭력과 박해가 난무하는 곳에서 대 위임령을 이행하는 서구 교회에 도움이 될 것이다. 이 연구목적 중의 하나는 외부인 때문에 받는 핍박을 줄이는 방법을 찾는 것이다.

생사를 가르는 핍박의 교훈

핍박을 받은 사람들로부터 많은 것을 배울 수 있었다. 가장 중요한 발견은 핍박을 부르는 중요 요소를 밝혀낸 것이었다. 전 세계적으로 핍박을 받는 공통적인 일차적 이유는 개인이 예수님을 구주로 영접한 것을 인정함이다. 다른 나라에서 박해를 받는 그리스도인을 위해 기도를 할 때, 서구권 교회는 보통 핍박을 없애 달라고 기도한다. 이들은 긍휼한 마음으로 핍박을 끝내 달라고 기도한다. 그러나 이는 전도를 멈출 때만 가능한 일이다. 명백하게도 박해 자체를 없애는 것은 바람직한 소망은 아니다. 그렇다면, 어떻게 핍박을 받는 이유가 증인의 삶에서 오는 것을 알수가 있을까?

핍박하는 박해자의 이유를 들어보는 것은 유익할 수 있다. 박해자는 무엇을 정확히 금지하려고 하는 걸까? 많은 경우 박해자는 공동체가 말씀을 읽고 찬양을 할 수 있는 권한을 뺏으려고 한다. 공적 예배가 어떤 특정한 장소에서 드리도록 허락이 된다면, 박해자는 가정집과 같은 다른 곳에서 믿음을 표현하는 것을 금한다. 공동체가 그들의 소유지, 그리고 건물, 재산 등을 소유한다면 박해자는 그들의 물질적 재산에 국한되도록 노력할 것이다. 박해자들이 가장 문제 삼는 것은 지역에서 훈련받은 성도인 리더가 이끄는 가정 기반의 공동체이다. 대부분 이들은 입으로 복음을 전하는 능력이 있기 때문이다.

현대시대에 교회를 가장 많이 핍박하는 이슬람에 대해서 통찰력을 얻는 것은 특히 중요하다. 한 예로 아프리카의 뿔 (the Horn of Africa)에서 무슬림 배경 그리스도인들이 새로 온 서양 선교사들에게 이슬람의 신앙과 전통에 대해 통찰력을 기르도록 지도해준 일이 있다. 새로 온 한 선교사가 이 15명의 무슬림 배경 그리스도인들에게 국적을 물어보았다. 바로 한 무슬림 배경 그리스도인 장로가 대답하였다. "우리는 국적이 없소. 기독교인이 됐기 때문이요." 기독교로 개종하기 전에 이들의 국적은 종교적 정체성에 기반한다. 많은 경우 한 나라의 시민이 된다는 것은 무슬림이 되는 것을 의미한다. 예를 들어 "나는 사우디인이고 무슬림입니다"라고 말하는 것은 중복해서 말하는 것이나 다름없다. 이러한 세계관에 사는 무슬림 배경 그리스도인이 예수님을 따르기 시작하면 그들은 직장을 잃어버리고, 교육기회를 박탈당하며, 목숨을 잃어버릴 수 있을 뿐만 아니라, 그들 자신이 민족 정체성을 희생했다고 믿는다. 인터뷰 자료에 의하면 새롭게 기독교로 개종한 무슬림 배경 신자들은 그들에게 복음을 전한 선교사의 국적으로 개종했다고 믿는다! 그 이유는 무엇일까?

이슬람의 용어사전에 의하면, "그리스도인"이라는 단어는 "서양인"이라는 뜻이다. 그리고 "서양인"이라는 단어는 "그리스도인"이라는 뜻이다. 대부분 무슬림의 눈에 기독교는 서양 사회를 병들게 하는 낙태, 마약중독, 포르노, 그리고 범죄 등이 있는 문화에서 온다고 본다. 또한 기독교인은 아프가니스탄과 이라크 침략에 일조하였다. 기독교인은 이스라엘 편이다. 기독교인은 모든 세계를 서양화하는 목적이 있다. 그들은 물질만능주의에 사로잡혀있다. 교회는 이러한 비평에서 배우는 것이 현명하겠지만, 이슬람 용어 사전을 다루는 것은 더 현명할 것이다. 비록 뜻이 틀리거나 정확하지 않아도, 이슬람은 교회에 많은 것을 가르쳐 준다.

세례의 특수한 문제

이슬람 시점이 특히 도움을 많이 주는 것은 무슬림이 예수님께 개종하는 것에 대한 보편적인 이해이다. 간단히 말해서, **이슬람은 세례를 개종으로 간주한다.** 이슬람 신자의 시각으로는 세례를 받는다는 것이 구원을 받는 것이다. 300명의 인터뷰를 통해 계속 발견된 공통점은 개종자의 세례 이후에 바로 찾아오는 극심한 핍박이다. 세례를 받기 전에는 이들이 성경공부를 하거나, 기독교 라디오 방송을 청취하거나, 기독교 문화의 신자가 다니는 교회에 참석하거나, 서양 선교사를 지속해서 만나는 일 등이 어느정도 허락됐다. 물론, 어떤 경우에는 이러한 일에 심한 반대가 있었다. 그러나 그것은 무슬림 배경 신자가 다른 기독교인 신자에게 세례를 받고 난 후의 핍박 정도에 비하면 아무것도 아니다.

이슬람 신자들은 세례야말로 그들의 자녀가 그들의 이전 삶과 분리되는 것으로 간주한다. 그들은 세례가 옛 삶을 버리고 새로운 세계관을 받아들이는 것으로 본다. 비록 거북한 시각일지라도 이슬람의 관점에서 설명한다면, 세례는 마치 개종자가 자살테러리스트가 폭탄을 몸에 장착하는 것과 같다. **이슬람 신자에게 세례는 돌아올 수 없는 강을 건너는 것이다.** 마치 이슬람은 세례의 중요성과 무게를 (아마도 서양교회보다 더) 제대로 이해한 것처럼 보인다!

본부에서 온 부담

기독교 신앙을 지키는 대부분의 사람들은 그들의 배경과 상관없이 다음과 같은 점을 동의할 것이다: 세례는 아주 중요하다. 세례는 하나님의 나라를 확장하는 중심이며, 따라서 선교에 매우 중요하다. 세례는 특히 새로운 신자가 자신의 정체성을 공동체에 뿌리를 내리도록 돕는 매우 중요한 역할을 한다. 또한, 공동체가 제공하는 것으로부터 정체성을 찾는다. (상호 지원과 양육, 책임감, 새로운 가족, 예배의 장소, 공적 예배 등이 공동체가 제공하는 것들이다)

선교사가 자신이 일하고 있는 곳에서의 신자의 세례에 대해 잘못 이해하거나 과소평가를 하면 신앙 성장을 의도적이지 않게 방해할 수 있다. 선교사는 문자 그대로 수백 명의 무슬림 배경 신자들에게 세례를 줄 수 있으면서도, 선교사의 존재 없이는 존립할 수 없는 교회에서는 무슬림 배경의 신자에게 주어지는 세례가 거의 일어나지 않는 점은 아이러니하다. 인터뷰가 시사하는 바 세례는 매우 중요하다는 점인데, 무슬림 배경 신자와 서양선교사의 세례의 중요성에 대한 인식이 매우 다름도 드러낸다. 선교사는 자신을 보내는 선교 기관이 따르는 교리를 대부분 따르며

측정할 수 있는 결과에 집착할 수 있다. 세례 받는 숫자도 그중 하나이다. 그리고 눈에 보이는 '성공'에 갈급 하다. 그러한 세계관을 가진 선교사는 세례가 중요하다고 쉽게 동의한다. 그러나 쉽게 간과하는 점은 세례의 영향을 어떻게 폭력과 핍박의 문화 속에서 바꿀 수 있는지 고민하는 것이다. 무슬림 배경 신자들도 세례가 매우 중요하다고 동의하지만, 아예 다른 이유를 든다.

시간과 장소의 문제

이슬람 문화 안에서 선교사는 대부분 새로운 신자들에게 개종한 지 3개월에서 6개월 후에 세례를 받으라고 권장을 한다. 이 통계는 개종 과정과 상관이 없이 벌어지는 일이다. 그런데 무슬림 배경 신자가 다른 무슬림 배경 신자에게 세례를 준다면, 개종한 지 3년에서 5년 후에 세례를 준다. 이 관점으로 세례를 주는 시기에 관해 설명하는 것은 쉽지 않다. 선교사는 그들이 세례를 빨리 주는 이유가 성경적으로 순종하는 노력에 있다고 설명한다. 무슬림 배경 신자는 세례를 주는 시간을 지체하면 아주 중요한 세례 단계를 밟기 전에 그만큼 신앙을 굳게 성장할 수 있다고 본다. 이처럼 세례는 선교사와 무슬림 배경 신자 양쪽에서 솔직하게 지속해서 논의를 해야 할 영역인 것이다.

인터뷰의 다른 인상적인 점은 세례와 새로운 교회 개척의 관계였다. 선교사가 무슬림 배경 신자에게 세례를 주면, 그 신자의 핍박은 즉각적이고 파괴적이다. 무슬림 배경 신자의 세례가 한밤중이나 지역, 나라 밖에서 이루어져도 어찌 된 일인지 가족이나 친구가 세례 받은 사실을 금방 알아챈다. 어떤 시도를 해보아도 세례를 받았다는 사실은 도무지 숨길 수 없는 것 같다. 구전 문화에서 퍼지는 소문은 인터넷 속도에 비할 정도다. 이 현실로부터 피할 수 있는 유일한 길은 무슬림 배경 신자가 세례를 받은 후에 가족과 친구들에게 돌아가지 않는 방법 뿐이다. 이러한 선택은 당연히 이해할 만하다. 선교사는 그리스도 안에서 새로운 형제 자매들에게 진실한 사랑과 관심을 주지만, 지역에서 새로운 교회 개척 운동은 갈 길이 멀다. 안타깝게도, 세례를 더 자주 할 때마다 그 지역의 새로운 신자가 증가하기 보다 줄어드는 경우가 자주 있다.

공개적으로 혹은 비밀로?

세례와 핍박의 관계 때문에 선교사는 무슬림 배경 신자들에게 비밀로 세례를 주려고 한다. 이러한 좋은 의도에도 불구하고 선교사는 의도치 않게 두려움과 불안을 심어주며 이는 개종자의 신앙 성장을 가로막을 수 있다. 박해하는 지역사회나 가족에게 왜 그들의 이웃과 자녀에게 세례를 받은 것에 대해 핍박하는지 물어보면, 그들은 자주 이렇게 대답한다. "내 자녀/이웃은 외국인이 자행한 종교적인 의식에 비밀로 참여했소. 이는 서양 사람이 됐다는 것을 의미하고 우리 쪽 사람들을 반대한다는 말이오." 이에 대한 선교적 암시는 명확하다. 핍박은 "외국적인 의식"이나 "외국인의 침략"에 대한 사회적으로 대응하는 반응인 것이다. 이러한 선입견에 갇혀, 지역사회는 그리스도의 복음과 신앙요소들을 받아들이는 것이 불가능하다. 지역사회를 외국의 영향으로부터 보호하는

것이 유일한 관심사다. 신앙적인 질문은 거의 하지 않는다. 이 모든 과
정이 단순히 외부인의 부적절한 영향과 지역사회의 부정적인 반응으로
변해버렸다.

세례가 매우 중요하지만 심지어는 세례 자체가 부차적인 이유가 되어버
렸다. 세례를 받기 때문에 핍박을 받는다는 것은 예수님이 누구인지 믿
기 때문에 오는 핍박과 같은 것이 아니다.

한번 세례를 받는 것이 좋다면, 여러 번 세례를 받는 것은 더 좋은 것인가?

인터뷰에서 드러난 다른 점은, 대부분의 무슬림 배경 신자들은 그들이
예수님을 구주로 고백한 지 5년 안에 세례를 세 번에서 다섯 번 다시 받
는다는 것이었다. 다른 선교회에서 활동하는 선교사와 협력하여 통계자
료를 공유하는 과정에서, 우리는 무슬림 배경 신자들의 세례 받는 숫자
가 매우 과장됨을 발견하였다. 이들이 다른 선교 단체로부터 세례를 몇
번이고 다시 받기 때문이다. 선교 단체는 무슬림 배경 신자가 자매 단체
로부터 이미 세례를 받았다는 사실을 잘 알지 못한다. 한 사람의 세례가
여러 다른 공동체에서 몇 번 집계될 수 있다. 어느 한 특정한 나라에서
천명 넘는 신자가 있다는 보고서를 읽는 것은 놀랍지 않다. 인터뷰를 통
해 드러난 그 나라의 실제 신자 수는 고작 200명에서 300명 정도다. 이
차이는 무슬림 배경 신자가 계속 다른 단체에서 세례를 몇 번이나 받기
때문이다. 게다가 신자가 세례를 받을 때마다, 극심한 핍박 확률은 급격
히 늘어난다.

여러 번 세례를 받는 동기 중 하나는 세례를 받는 것이 선교단체에 고용될 기회와 연결이 된다는 점이다. 암묵적이든 명시적이든, 무슬림 배경 신자들에게 세례를 받는다는 것은 직업을 얻을 수 있는 입사자격으로 받아들여지고 있다. 세례의 또 다른 압박은 가끔 선교사에서 오기도 한다. 파송 단체와 교회가 세례를 선교 효율로 평가를 하면 세례를 미루기가 힘들어진다.

방법과 의미

세례 문제는 선교단체들의 신학적인, 역사적인, 그리고 교리적인 차이로 더 복잡해진다. 무슬림 배경 신자가 침례교단 선교사에게 세례의 상징에 대해서 배우며 세례를 받는 일은 드문 일이 아니다. 그리고 얼마 지나지 않아 영적인 갈망함 혹은 새로운 직장을 구할 수 있는 기회 때문인지, 그 신자는 하나님의 성회 선교사에게 세례를 받으면서 성령충만함에 대해서 배운다. 다시 이 신자는 루터교단 구호단체로 가거나 장로교단 단체로 갈 수 있다. 이러한 '순례'는 진리를 향한 갈망함 이거나 고용, 교육, 배우자, 미국에서 살 기회를 노리는 동기일 수도 있다. 동기가 무엇이든, 이 신자는 (짧은 시간 내에) 전신 침례, 관수식, 살수 세례 등 지난 2000 년 동안 서구 교회가 해온 모든 종류의 세례를 경험했을 수 있다.

일반적으로 무슬림 배경 신자에겐 세례 방법이 그렇게 중요하지 않다.

세례에 관한 신학적 배경은 혼동을 가져올 수 있다. 무슬림 배경 신자들은 무(無)에서부터 그리스도에게 나아오지 않는다. 어떤 경우에는 이미 교회 문화에 노출되어 있을 수 있다. 역사가 깊은 교회가 이슬람이 들어오기 전에 이미 있는 경우가 많이 있다. 제대로 배우지 못한 신자들은 세례에 대한 다른 신학과 전통에 이미 영향을 받았을 수 있다. 이 영향은 무슬림 배경 기독교인과 그들의 신앙에 깊게 미친다.

순례의 예화

모하메드라는 남자를 상상해보라. 그는 신기한 꿈과 비전을 경험하여 영적인 순례에 나섰다. 이러한 여정은 3년에서 5년 정도 걸린다. 이 시간 동안 그는 성경을 접하게 되었고 읽고 공부하였다. 또한, 그는 20명에서 30명 정도 되는 복음과 관련한 영적 만남을 체험한다. 성령님은 적절한 시기에 다시 모하메드에게 어떤 이를 보내주셨다. 이 과정은 성경에서 자주 나오는 과정과 비슷하다: 요셉은 파라오에게 보냄을 받았고, 아나니아는 사울에게 보냄을 받았으며 빌립은 이디오피아 내시에게 보냄을 받았다. 이처럼 많은 다른 사람들이 모하메드에게 보내졌다.

경건하고 매우 좋은 증인 덕분에 모하메드는 예수님을 구주로 영접하기에 이른다. 그리고 그는 다른 무슬림 배경 신자에게 세례를 받는다. (이 이야기에서 누가 세례를 주었는지는 중요하지는 않다. 놀랍게도 무슬림 배경 신자가 서로에게 세례를 줄 때, 세례 방법에 대한 가장 큰 영향은 성경공부나 다른 신자와의 논의에서 오지 않는다. 모하메드와 그의 친

구에게 세례 방법 영향을 준 것은 예수 영화였다! 가장 흔한 세례 방식은 영화로부터 온다)

그래서 모하메드는 영화 '예수' 버전의 세례를 받았다. 이제 그는 그의 신앙 여정과 (영접한 후 몇 년 뒤에 받은) 세례를 예수님과의 관계를 **상징**하는 것으로 설명할 것이다.

만약 모하메드가 결혼했다면, 그는 자기 가족에게 돌아갈 것이다. 그리고 3개월 내지 6개월 안에 그는 아내에게 고백할 것이다: "여보, 나 이제 기독교인이요. 이제 이 집은 기독교인 가정이요. 그래서, 당신도 이제 기독교인이요."

물론 그의 아내는 충격을 받는다. 그의 무분별 해 보이는 행동에 그녀는 이혼할 수 있고 그를 가족에게 고발할 수도 있다. 그러나 많은 경우 아내가 남편에게 의존하고 순종하는 마음이 깊이 있기에 그녀는 복음에 대해 조금 더 잘 아는 남편에 의해 신앙이 그녀에게 선포되었음을 받아들인다. 몇 달 후, 그는 그녀에게 세례를 준다.

인터뷰에서 모하메드는 그의 신앙과 아내의 신앙을 다르게 설명할 것이다. 심지어 그는 아내가 참 신자가 아니라고 말할 수도 있다. 그러나 그녀는 그에게 결혼하였고 그녀의 세례는 (모하메드가 말하길) 그녀 자신이 믿음을 받아들일 **상징**이라고 이야기할 것이다. 어느 날, 그녀는 참

신자가 될 것이다.

모하메드는 아직 끝난 것이 아니다. 그의 신앙은 무에서부터 탄생한 것이 아니기 때문이다. 그의 종교적인 환경은 가톨릭이나 정교회를 포함한다. 그리고 그는 이들에게 영향을 받았다. 그는 3달이 된 아들에게 사랑스러운 눈길을 보낸다. 그는 아들이 얼마나 어려운 환경을 겪을지 안다. 이슬람 교육시스템에서 고전할 것임을 알고 있다. 모하메드는 많은 신학적인 질문이 있다. 그러나 그는 가톨릭이나 정교회가 옳음을 믿는다. 그래서 모하메드는 아들에게 유아세례를 주고, 이 세례가 실제로 **구원을 얻게 하도록** 기도한다.

세례가 상징에서 거룩한 의식으로 한 가정 안에서 매우 짧은 시간 내에 바뀌는 것을 주목하라. 모하메드는 침수 세례를 받았을 수 있다. 그리고 그의 아내는 관수식 세례를 받았고, 그의 아들은 살수 세례를 받았을 수 있다. 모하메드는 세례의 신학이나 적절한 방법에 대해서는 거의 관심이 없다. 그는 이보다 더 깊고 다른 관심이 있을 뿐이다.

이러한 세례 방법들은 각각 외부지역사회의 참여가 있을 수 있다. 그들의 신학적인 혹은 성경적인 이해와 상관없이 모하메드와 그의 가족은 이 과정을 하나씩 밟을 때마다 박해가 더 오는 것을 경험한다. 갑작스럽게 그들은 그들 지역사회에서 외부인이 되고 만다. 만약 그들이 폭력이 만연한 환경에 살고 있다면 보통은 안전한 나라로 도망칠 수 있도록 선교사가 제안한다. 모하메드와 그의 가족이 경험하는 핍박은 대부분 외부 선교사나 외국 기독교인 교회에서 하는 세례와 연관되어있다.

배워야 할 교훈

아마도 이슬람은 서구 세계가 잊은 것을 이해할지도 모른다. 이슬람은 세례의 의미에 대해서 교회보다 더 깊이 이해할지도 모른다. 세례는 하나님 나라에 생활이 새로 맞춰지는 것과 가족과 친구들에게 새로운 관계로 대하는 상징이다. 간단하게 말해서 세례는 새로운 삶을 나타낸다. 놀라운 사실은 예수님은 한 사람이라도 그가 있던 나라로부터 내몰게 하시지는 않았다. 모든 상황에서 예수님을 구주로 받아들이는 순종은 지역에 한정된 경험이었다.

서양사람들이 무슬림 배경 기독교인에게 세례를 줄 때 생기는 신학적인 부패 사례가 늘고 있다. 인터뷰 자료에 의하면 상당수의 많은 신실한 선교사가 충실하게 증인의 역할을 잘 감당하여 무슬림들이 구원의 과정을 겪도록 도와주며 세례를 준다고 한다. 그럼에도 불구하고 선교사가 파송 단체의 기대에 부응하거나 문화적으로 아주 적절한 선교사역을 했음에도 새로운 교회가 개척되는 결과는 매우 드물다. 왜 그럴까? 인터뷰를 통해 드러난 사실은 무슬림 배경 신자들이 신앙의 여정과 세례가 외국인의 사역과 연관이 있다는 것이 밝혀지면 극심한 박해가 일어난다는 것이다. 어떤 경우에는 많은 무슬림 배경 신자들이 감옥에 갇히고 심하게 두들겨 맞는다. 그들에게 왜 다른 무슬림 배경 신자들을 전도하고 만나고 거룩한 공동체를 이루지 않는지 물어보면, 거의 예외 없이 신뢰 문제와 신학적인 부패 사례가 거론된다.

무슬림 배경 신자들은 다른 신자를 선교사가 있을 때만 만난다. 만약 선교사가 다른 곳으로 재배치가 되거나 안식년으로 휴가를 떠나면, 무슬림 배경 신자들은 서로 만나는 것을 거부한다. 그들 모두가 외국인과 연루가 되었다는 이유로 감옥에 갇혔음에도 불구하고 왜 서로 만나기를 꺼리는지 물어보면 이런 대답이 돌아온다. "이 나라의 사람은 믿을 수가 없소." "그럼 누구를 신뢰하죠?" "우리는 선교사를 신뢰합니다." "하지만 선교사와의 관계 때문에 당신은 감옥에 갔잖아요." "네 그렇죠. 그건 사실입니다. 하지만 그래도 우리는 선교사를 신뢰합니다."

선교학적인 관점에서 이 명백한 모순은 문화적으로 이해할 수 있다. 무슬림 배경 기독교인은 그들에게 예수님을 안내한 자를 신뢰한다. 디모데는 바울을 신뢰한다. 그리고 바울은 그가 잘 알게 된 디모데를 신뢰한다. 그는 디모데가 신앙과정에서 노력했던 것을 보아왔다. 그는 디모데가 박해를 인내하는 것을 보아왔다. 신뢰는 같이한 경험을 통해 쌓아진다. 무슬림 배경 신자는 그들이 신뢰하는 사람들과 공동체로서 만날 것이다. 흥미롭게도, 외부인이 무슬림 배경 신자들의 믿음을 세우는데 더 큰 공헌을 할수록, 이 신자들은 다른 무슬림 배경 신자를 덜 신뢰하는 경향이 있다.

이러한 결과로 극심한 박해를 경험할지라도 대부분의 무슬림 배경 신자는 그들 자신과 다른 사람들을 선교사에게 데려와 구원의 기도를 받게 하고 세례를 받게 한다. 왜 그런가? 왜 선교사는 이 시점에서 관여할 필요가 있을까? 예외 없이 무슬림 배경 신자는 "내가 세례를 받을 때는 예수님을 더 오래 알고 깊은 종교 훈련을 받은 선교사에게 받는 것이 낫습니다."라고 대답한다. 요한복음 3장 22절은 예수님이 직접 세례를 베푸는 증거를 남긴 구절이다. 그러나 요한복음 4장 1절에서 예수님은 이 일을 속히 그의 제자에게 넘겼다. 구절은 명확하게 "예수께서 친히 세례를 베푸신 것이 아니요, 제자들이 베푼 것이라"라고 말한다. 사도 바울은 세례적 부패에 대해서 고린도전서 1장 13절에서 17절까지 설명한다. 그는 이렇게 결론을 내린다: "그리스도께서 나를 보내심은 세례를 베풀게 하려 하심이 아니요 오직 복음을 전하게 하려 하심이로되."

이러한 무슬림 배경 신자의 공통적인 견해는 치명적이다. "내 구원은 지역 신자보다 예수님에 대해서 더 잘 아는 선교사에게 맡기는 것이 더 낫습니다" 이것이 바로 신학적인 부패이다. 의도치 않게 선교사는 1세대 제자들에게 "1급 신자"와 "2급 신자"와 같은 신임을 줄 수 있다. 선교사에게 직접 축복을 받고 싶은 이러한 갈망은 박해를 더 가져올 수 있다. 무슬림 배경 신자가 체포될 때, 체포하는 당국은 이 신자들에게 개인적인 신앙에 대해서 물어보지 않는다. 박해자는 성경이 어디서 났는지, 누가 그들에게 '예수' 영화를 주었는지, 누가 기독교인 증인, 물건과 돈을 공급했는지 알고 싶어 한다. 무슬림 배경 신자가 외부인과의 관계 때문에 체포되는 일은 매우 흔하다. 이러한 박해 과정에서 개인적인 신앙은 거의 언급되지 않는다.

이 땅에서 예수님의 사역은 난폭한 환경에서 벌어졌다. 로마인들의 지배 아래 유대인 지도자들의 반대는 심각했다. 그러나 수 천의 회개자가 오순절을 통해 돌아오기 전, 예수님은 문화적으로 들어가 하나님 나라를 너무 효율적으로 성육신해서 한 명의 제자도 그의 3년 사역 기간동안 극심하게 박해를 받은 적이 없었다. 그 누구도 감옥에 갇히지 않았다. 아무도 몰매를 맞지 않았다. 단 한 명도 순교 당하지 않았다.

종교적인 그리고 세속적인 폭력이 흔한 환경 속에서 예수님은 문화 속으로 들어가서 수많은 사람들이 듣고, 이해하고, 믿을 수 있는 공동체를 형성하도록 하셨다. 이 모든 일은 사람들이 극심한 박해를 받기 전이었다.

신학적, 그리고 선교학적 제안

몇 개의 결론적인 논평을 순서대로 나열해보았다.

첫 번째로, 인터뷰 자료는 세례가 세례자와 신앙공동체 가운데 이루어져야 한다고 추천한다. 그리고 그 세례자와 신앙공동체에서는 선교사가 주축이 되지 않는다. 분명히 신약에서 일어난 세례는 지역공동체에서 벌어졌다. 지역사회 밖의 세례는 통상적인 것이 아니었고 예외였다. 사도행전 8장 26~39절에 나오는 에티오피아 내시 이야기는 예외적 사례로 인용될 수 있다. 그러나 이 구절에 대해 핍박을 받는 신자들의 의

견은 다르다. 그들의 시각에서 이 에티오피아 내시가 "에티오피아 여왕 간다게의 모든 국고를 맡은 관리인"인 점이 중요하다고 본다. 그들은 이 내시가 수레를 타고 여행을 하고 있었으며 이것은 공동체에 둘러싸여 있다고 본다. 내시는 종이 이끄는 수레를 타고 있었다. 다른 이들은 그와 함께 여행하고 있었다. 이 전체 공동체에서 그의 공동체는 내시가 무슨 경험을 하였는지 볼 수 있었다. 서구권 사람들에게는 이 구절은 별개로 고립적인 세례로 비추어진다. 그러나 무슬림 배경 신자는 에티오피아 내시의 세례는 공동체 안에서 이루어졌다고 본다.

성경적인 표준은 공동체 안의 세례이다. 그리고 이 표준은 한 개인의 가족 구성원과 친구가 함께 세례를 받는 배경을 가지고 있다. 신약에서는 외부인이 주는 한밤중의 세례나 다른 나라로 이동해서 주는 세례의 증거는 없다. 세례 요한이 예수님께 준 세례, 고넬료 집안의 세례, 빌립보 간수의 세례는 모두 대표적이다. 세례 받는 자의 장소와 배경은 매우 중요하다.

많은 무슬림 배경 신자들이 예수님께로 나아온 후 심리학적인 장애를 겪는 것은 서양 선교사에게 무시당하거나 거부당할 때 생기는 증거이다. 알코올 중독, 여러 번의 재혼, 성적 타락, 그리고 우울증 등이 있다. 왜 그런가? 이슬람은 그들의 신자에게 어떻게 삶을 살며, 공동체를 형성하며, 매일을 사는 법에 대해서 가르친다. 언제 일어나며, 언제 기도하는지, 어디서 기도하는지, 어디를 향해 기도해야 하는지, 그리고 기도

해야 할 단어까지도 알려 준다. 성별로 삶을 규정한다. 일상에서 벌어지는 모든 일을 이슬람은 간섭한다. 젊은 무슬림이 예수님을 영접하고 외부인에게 세례를 받을 때 그는 사회적 정체성과 가족을 잃어버린다. 그의 '옛 문화'에서 그는 죽었으며 배척되어졌다. 그러나 그는 아직 신약의 공동체로 부활 하지도 못했다. 그와 그의 전도자, 세례자, 선생은 서로 너무나 다른 세계에 산다. 이 새로운 개종자는 삶 구조 자체를 잃어버렸지만 새로운 것으로 교체 되지도 않았다. 공동체가 없이는 이 무슬림 배경 신자는 '잃어버린' 셈이다. 구원을 받았음에도 불구하고 말이다!

둘째로, 인터뷰 자료와 신약성경을 고려해보면 비슷한 문화(near culture)나 같은 문화(same culture)에 있는 사람이 무슬림 배경 신자에게 세례를 주는 것이 바람직하다. 세례를 주는 사람이 외부인으로 간주되면, 극심한 박해와 신학적 부패가 일어날 확률이 높다. 서양에서는 세례자가 신학교 학위와 교육, 지위, 그리고 임명으로 지정된다. 옳고 그르든, 성직자와 회중의 식별은 명백히 있다. 그러나 박해가 심한 환경에서는 세례가 지역주민에 의해 사랑으로 주어질 때 공동체는 금세 형성된다. 남편이 아내에게, 아버지가 자녀에게, 이웃이 이웃에게. 같은 문화와 비슷한 문화의 신자가 세례를 주면 부차적인 이유 때문에 오는 박해는 크게 줄어들며 이전의 공동체는 그리스도 안에서 새로운 공동체로 변한다. 핍박이 올지라도 예수님의 정체성 때문에 오며 예수님이 만드시는 공동체 때문에 온다. 핍박이 늘어나도 이미 시작된 공동체의 지원이 있다. 오해하지 마시라. 이는 이슬람이 서양선교사가 회심을 도와 예수님께로 돌아온 자들을 핍박할 권리가 있다는 것이 아니다. 주장하고자 하는 것은 선교사는 아주 민감하게 지혜롭게 사역하고 일해야 한다는 것이다.

외부인이 잠깐 그들의 나라에 머물러도 그들에게 세례를 간청하는 것은 무슬림 배경 신자에게 드문 일이 아니다. 만약 무슬림 배경 기독교인이 외부인에 의해 전도되고, 재정적인 지원을 받으며 모임을 하게 된다면, 그들의 공동체 안에서의 동기는 무엇이겠는가? 인터뷰 자료에 의하면 무슬림 배경 기독교인은 그들의 가족, 친구, 이웃에게 지역적으로 책임이 있어야 할 필요가 있다.

세례에 대해 확립된 신학은 분명히 중요하다. 오랜 세기 동안 교회는 세례가 상징인지, 표시인지, 성례인지 논쟁을 벌였다. 교회는 누가 세례를 줄 권리가 있는지, 어떤 방법으로 세례를 주어야 하는지 다루며 핍박하였다. 전신 침례, 관수식 세례, 살수 세례는 모두 성경적이다. 이것은 무게 있게 다루어져야 할 중요한 문제다. 그런데 전 세계적으로 300개가 가까운 인터뷰에서는 방법과 신학에 대한 문제가 무슬림 배경 신자들 중에서 단 한번도 거론되지 않았다! 무슬림 배경 기독교인은 그들이 한 서양 선교사 가정을 만날 때마다 여러 번 세례를 받는다. 심지어 고용기회를 얻기 위해 세례를 받는다고 할지라도, 각 교단에서 주는 세례의 유익을 누린다. 무슬림 배경 신자는 무엇인가 빠졌다는 느낌으로 한 단체에서 다른 단체로 옮겨 다닌다. 일반적으로 그들은 그들 공동체 내에서 다른 무슬림 배경 신자에게 세례를 받을 때까지 세례를 반복적으로 받는다. 그리고 그들은 마침내 이렇게 이야기한다. "이제서야 집에 왔구나! 나는 진정한 신약의 공동체를 발견했다. 이것이 진정한 교회다."

무슬림 배경 신자는 박해와 폭력의 환경에서 세례에 관해 한가지 교리만 신경을 쓴다. 그 질문은 이것이다. "나는 지역공동체 안에 그리스도로 세례를 받았는가? 이 교회는 나를 돌보며 날마다 같이 책임지고 모든 것을 나누는가? 내가 직장을 잃어버리거나 내 가족으로부터 배척당하거나 감옥에 갇히거나 순교를 당해도 이 새로운 영적 가족은 나와 내 가족을 돌보는가?" 안타깝게도 이러한 점은 폭력적인 문화에서 주는 세례에 관해 선교사와 파송 단체에게 중요하지 않다.

세례, 무슬림 배경 신자, 그리고 선교사가 함께 다루어지는 위치는 지역사회에 있어 매우 중요한 기초적인 문제다. 몇 세기에 걸쳐 쌓은 재산, 건물, 모든 소유물을 뺏긴다면 근본적으로 교회라는 것은 무엇일까? 그리스도의 몸에 속한다는 것은 과연 무슨 의미일까?

세례는 핍박과 박해의 환경 속에서 교회 개척에 가장 중심적인 요소이다. 특히 신앙이 성장하고 있는 지역일수록 세례는 중요하다. 근본적으로, 세례는 막 자라는 교회의 산모와 같은 역할이다. 여기에 아주 놀라운 혜안이 있다: 세례가 진정한 신약을 따르고 문화에 민감하면, 항상 교회를 만들어낸다. 세례는 교회를 낳는다. 이는 한 가족, 한 부족, 혹은 집에 가는 수레를 탄 에티오피아인 뿐일수도 있다. 그러나 교회가 열매로 맺힌다. 이 점은 예수님에 대한 믿음을 증오하는 환경일 수록 더욱 그러하다.

수천 명의 무슬림들이 지역교회의 무슬림 배경 신자에게 세례를 받는 날이 오기를 간절히 소망한다. 그날이 오기 전에, 선교사의 공동체와 외부 기독교인 교회에 속하는 것은 세례를 신학적으로, 선교학적으로 올바르게 해석하는 것만큼 중요하다. 계속 이렇게 실천을 하면 세례는 무슬림 배경 신자들이 새로운 신약성경적인 교회를 세우도록 도와줄 것이다.

어떤 이에게는 이 글이 서양 선교사에게, 특히 핍박이 심한 선교지로부터 자리를 비우라는 글로 받아들일지 모르겠다. 만약 서양사람들이 계속 핍박과 신학적 부패를 일으킨다면 왜 계속 머무는지 의아할 수 있을 것이다. 왜 연약한 지역 신자에게 극심한 어려움을 주는가? 근본적으로, 서양 신자들은 예수님으로부터 주어진 대 위임령을 그리스도의 몸 일부분으로서 순종적으로 실천해야 할 것이다. 땅끝까지 모든 민족에게 가라는 명령은 아직도 유효하다. 그리고 그 명령은 아직 취소도, 완성도 되지 않았다.

핍박받는 자들에게 귀를 기울이는 것은 매우 중요하다. 무슬림 배경 기독교인은 환난과 박해가 있는 지역에서 서양 선교사가 복음을 전하는 것을 멈추는 것을 원하지 않는다. 그들은 그것을 존경하며 그 부르심을 따라 하고자 한다. 그들은 다른 문화에 증인으로 들어가는 것을 주시하며 본보기로 삼는다. 그들은 서양 선교사가 성경적인 결혼과 건강한 육아를 하는 것을 본다. 무슬림 배경 신자는 하나님의 보좌 가운데 모든 가족이 함께 예배를 드리는 것에 대해 흥분한다. 지역 신자는 서양 신자들의 존재가 그들 민족 가운데 폭넓게 씨 뿌리는 것에 주목한다. 이 성육신은 새로 온 문화적으로 언어적으로 재능이 있는 외국인과 수많은 영적인 대화를 통해 일어난다. 이런 영적 대화는 서양 사람들이 없는 곳에 있는 무슬림에게는 거의 일어나지 않는다. 그들에게 예수님의 증거와 이슬람의 결점에 대해서 나눌 수 있는 안전한 사람들이 지역적으로 없기 때문이다. 무슬림 배경 신자는 라디오 방송과 영화를 통해 하나님의 말씀을 들었다. 그들 가운데 육신의 열매를 맺었고 그리스도를 성육신하게 하였다.

본문은 서양 선교사에게 대 위임령을 거부하라는 의도는 없다. 잃어버린 영혼을 위해 열심히 일하는 것보다 더 지혜롭게 일하라고 간청을 하는 것이다. 서양 교회가 진실한 공동체, 그리스도의 몸, 그리고 교회에서 세례를 받는 의미에 대해서 잊은 걸까? 이 기쁨과 "모든 것을 나누는" 책임을 잃어버린 서양 교회는 세례를 단순히 방법과 교리적인 것으로 치부해 버린다.

다양한 신학 배경을 가지고 온 서양선교사는 그들 가운데 진정한 공동체와 교회를 모범적으로 세우는 것이 현명할 것이다. 그리고 선교사는 새로운 무슬림 배경 신자에게 주류 문화 속에서 신약의 진정한 공동체, 교회를 세우도록 권장하고 안내해야 할 것이다. 무슬림 배경 신자 가운데 성령님이 이끄시고 말씀에 기반한 건강한 신약 성경적 교회가 세워진다면, 이 공동체들이 그들만의 성경적이고 하나님께 영광을 돌리는 세례 신학을 세울 수 있음을 확신한다. 이것이 우리의 기대에 정확히 미치지 못한다고 할지라도 성경적일 것이다. 다른 한편으로 선교사는 계속 그들만의 관점에서 서구권 시각이 들어간 세례 신학을 계속 강조할 수 있다. 안타깝게도 이는 새로운 신약 성경적 교회를 남기지 못할 것이다. 이것이야말로 비극적인 선택이라고 우리는 주장하고 싶다.

무슬림 배경 기독교인은 박해를 없애 달라고 요청하지 않는다. 그들은 그들이 박해 가운데 순종적일 수 있도록 서양 교회에 기도를 부탁한다. 핍박이 올 때, 부차적인 이유 때문이 아니라 예수님 때문에 오기를 소망한다.

K. Perkins/10 December 1998, ⓒ백바울

부록 4

미전도 종족은 왜 미전도 종족인가?

미전도 종족은 왜 미전도 종족인가?

현대 선교운동이 본격적으로 추진동력을 얻게 됨에 따라, 미전도 종족을 접촉하려는 시도를 잠시 멈추고 다음과 같은 질문을 우리 스스로에게 해 봄이 좋겠다. "복음을 전혀 들어보지 못한 이들에게 예수의 증인을 보내는데 있어 장애물들은 무엇인가?" 모든 민족에게 2020년까지 '교회'를 세우려는 시도와 함께 "주후 2000년의 선교운동," 또는 "10/40 창"과 같은 새로운 단어들이 선교계의 화두가 되고 있다.

미전도 종족에게 복음을 전하는 것에 대해 장애물을 살펴보는 것은 선교 관계자가 단순히 지도상에 무언가를 표시하는 것을 넘어서게 해주며, "가라"고 하신 처음 명령에 대한 우리의 응답이다. "가는 것"은 "머무는 것"보다 실제로는 쉽다. 복음을 전혀 들어보지 않은 이들에게도 장기적으로 확실하게 그리스도의 존재를 심어줄 수 있다. 이는 특히 예수 그리스도의 복음에 대해 매우 호전적인 곳일수록 그렇다. 복음이 미전도 종족에게 뿌리를 내리는 것에 있어 어려움을 파악하는 것은 선교기관과 교회와 선교사에게 방해물을 넘을 수 있는 방법을 모색하게 도와준다.

이러한 장애물은 무엇이 있을까? 중요도와 상관없이 나열해보았다.

1. 추수 정신(Harvest mentality)

신약에서 전도(Evangelism)라는 단어의 뜻은 "알리다" 혹은 "선포 하다"다. 알리고 선포하는 선교사의 임무에 "추수"라는 필수 요소가 추가되었다. 선교사들 사이는 순종이라는 잣대로 점검하고 하나님과 사역자들 사이의 관계는 하나님의 임재로 점검해야 할 의무가 우리에게 있다. 너무나 분명하게도 선교사의 임무는 모든 민족이 분명하게 복음을 들을 때까지 나누는 것이며 하나님께서 믿음으로 부르신 이들에게 세례를 주고 가르치는 것이다.

이러한 사역의 결과로서 주어지는 "열매"에 관심 갖는 것은 선교사 뿐만 아니라 보내는 사람들에게도 영향을 준다. 선교지에 있던 두 명의 동료 선교사들은 안식년 중에 본국에 있는 한 교회를 방문했다. 한 명은 선교활동의 성과가 좋았던 지역에서 일했고 다른 이는 북 아프리카에서 일했다. 전자의 선교사는 여럿의 교회 개척과 함께 엄청난 수의 회심자에 대해서 보고하였다. 후자는 한 명의 회심자와 개종 후 다시 이슬람으로 돌아간 3명의 "탕자"에 대해서 이야기 하였다. 누구에게 교회가 더 많은 후원을 지원했을까?

아프리카의 뿔 (The Horn of Africa-HOA, 북동부 아프리카 지역을 의미하며 이디오피아, 소말리아가 있는 코뿔소의 코의 모양을 닮은 지역을 말한다)에 있는 무슬림 중에 예수님을 영접하는 수치는 매년 한 선교회 당 한 명이다. 그나마도 소말리아에서는 지난 50년 동안 개종자 평균 10명 중에 8명이 이슬람으로 돌아간 "탕자"였다. 이런 결과는 어떤 중요한 점을 시사하는가? 우리들의 사역을 성공으로 이끄는 중요한 요소는 무엇이며 사역의 평가는 무엇으로 하는가? 영적 열매가 잣대인가? 아니라면 그럼 영혼을 추수하는 것이 하나님의 뜻에 어긋나는 것인가? 그것도 절대 아니다! 그러나 추수가 잘 되는 지역에만 집중하는 것은 균형을 갖춘 성경적인 접근이 아니다. 이는 한번도 예수님을 들어보지 못한 이들에게 해가 되는 접근이다.

중요한 점은 모든 민족에게 "가라… 전하라… 그리고 가르치라"에 대한 순종이다.

2. 우리는 교회를 세우는 것에 단 한가지 방법만 안다.

80%의 미전도 종족은 글을 읽거나 쓸 줄을 모른다. 한 소말리아인 유목민은, "당신이 예수님에 대해서 말하기 전에 어떻게 교회를 내 낙타에 태울 수 있는지 보여 주시오."라고 말했다.

복음에 적대적 환경에 있는 많은 미전도 종족은 교회와 목사가 없거나 성경공부를 하는 그룹이 거의 없는 곳에 산다. 복음을 받아들인 개종자들로부터 우리들 마음속에 깊이 뿌리내리고 있는 교회건물, 공동체 예배, 교회 의자, 찬송가와 같은 교회와 관련한 요소들을 배제한다면 그들은 어떻게 하나님을 만날까?

"복된 소식"을 나누는 것은 본질적으로 "예수님 안에 거한다는 것이다. 성경공부, 공동체 예배, 세례, 성찬식의 부재는 사역을 하는 이들에게 무슨 영향이 있는가?

기독교적 환경과, 문화, 나라들에 대해 아는 것이 아무런 유익이 없을 선
교지 사람들에게 기독교적 요소들을 나누려고 하는 서구권 문화의 고질
적인 욕심을 봐라. 영적 탈진(burn-out)의 확률이 실체적으로 높다. 나는
선교사들이 한번도 그리스도의 사랑을 겪어보지 못한 불신자들에게 사
랑, 기쁨, 평안, 오래 참음, 친절함과 같은 열매들이 나타내도록 애를 쓰는
것을 볼 때 마다 가슴이 아팠다.

교회를 세우는 것에 있어서 새롭고 다양한 방법을 구축하는 것은 미 접
촉 지역에서는 필수다.

3. 보안

선교단체들은 그들의 프로그램과 선교사들을 홍보하여 필요한 기금을
모아 성장하며 유지한다. 그렇다면 보내는 자들과 신학교, 선교 서적 출
판사들은 경험해 보지 않았고 설명하기 어려운 사역들을 어떻게 말할
까? 가끔 필요한 사역을 알리는 것보다 단체의 홍보가 앞서는 경우가
있다. 회심한 무슬림 비즈니스맨에 대해서 상세하게 설명하고 보고 한
결과가 그를 죽음에 이르게 할 수 있는 상황이라면 이를 어떻게 보고하
겠는가?

그러면서 어떻게 이 사역을 위하여 선교 기금을 모으고, 스태프를 고용
하며, 기도 후원을 부탁할 수 있을까?

이 둘 사이에 엄청난 긴장감이 있다! 그래서 많은 선교 기관들은 이러한

애매모호함을 다루기 벅차 해하며 교회 개척이 어렵고 선교 보고서를 작성할 수 없는 지역을 기피한다. 후방에 있는 교인들, 목회자들, 선교 지도자들이 선교사들을 안전하게 지키려는 배려들이 불신자들에게 예수님에 대해 들을 수 있는 기회를 주고 싶어하는 공동체의 바람을 자주 앞선다.

4. 핍박

복음에 적대적인 지역에서 무슬림 사역을 시작했을 때 우리의 동기이자 멘토가 와이프와 나에게 이런 지적을 하였다. "당신이 무슬림들에게 복음을 나누어 믿음을 가지도록 '성공'한다면, 당신은 누군가를 죽이는게 되오." 나는 이 경고를 대표단의 형식적인 이야기로 대수롭지 않게 여겼다.

내가 처음으로 가르친 3명의 회심자들이 그들의 믿음으로 인해 살해당하기 전까지 말이다.

우리가 목표로 지정한 그룹 중 70%의 회심자들은 선한 의도를 가진 사역자들에 의해 그들의 터전에서 축출당했다. 나는 핍박 받는 지역에서 얻은 개종자들을 안전한 곳으로 빼내는 방법을 지지하지는 않는다. 그런데도 그러한 환경에 남겨진 60%의 신자들은 엄청난 핍박이나 죽음을 당했다. 내 동역자들은 그들의 회심자들이 맞거나, 가족에게 쫓겨나거나, 총상을 당할 때 마다 절망을 안고 나에게 왔다.

복음을 증거하는 이보다 받아들이는 쪽이 엄청난 결과를 초래한다는 점에 대해서 당신은 어떻게 감정적으로 또 영적으로 정당화 할 수 있겠는가?

이것의 진짜 이슈는 성경적이다. 예수님은 그만큼 가치가 있는가? 당신 같은 복음을 가진 증인으로서? 예수님의 약속을 믿는 쪽에게는? 예수님은 그를 위해 죽는 것뿐만 아니라 그로 인해 죽음을 초래하는 회심자에게도 가치가 있는가? 나는 신임 선교사 훈련과정에서 이런 도전을 심어준다. "당신이 예수님이 주장하는 대로 그가 길이요, 진리요, 생명이라는 것과 그가 하나님의 아들이며 구원의 유일한 길이라는 것을 믿지 않는다면, 제발 조용히 있어 주시오. 당신이 잘 모르는 것 때문에 누군가를 죽음에 이르게 하지 마시오."

5. 기독교에 대한 무지와 편견

아프리카 소말리아에서 소말리아인이 된다는 것은 무슬림이 된다는 것이다. 소말리아인에게 그들이 무슬림인지 물어본다면 그들은 웃을 것이다. 특히 이슬람에는 종교와 국가에 대한 구별이 없다. 이슬람은 경제, 정치적인 운동일 뿐만 아니라 종교 단체이다. 나는 가끔 새로 들어온 스태프가 전 무슬림 회심자들에게 어느 국적 출신인지 물어보는 것을 본다. 답변은 슬픔에 어려 돌아온다. "나는 나라가 없습니다. 크리스챤이거든요."

그들의 세계관 안에서 소말리아인이 된다는 것은 무슬림이 된다는 것이다. 반대로 그들은 미국인이 된다는 것은 기독교인이 됨을 맹신한다. 이스라엘이 기독교로 개종한 유대인들을 추방한다는 정책을 추구한다는 것이 얼마전이지 않았는가? 이스라엘인이 된다는 것은 유대교인이 된다는 것을 의미한다.

그러므로, 그들에게 "기독교인"은 무엇을 의미하는가? 군인들, 외교관들, 비영리단체들, UN 관계자 등… 이 국외거주자들은 술을 마시며, 바람을 피우기도 하고, (무슬림이 보기에) 깨끗하지 않은 음식들을 먹는다. 그들의 눈엔 이 모두가 "기독교인"으로 보인다. 소말리아를 회복하기 위하여 파견된 3만 명의 미군병사들은 무슬림을 반대하는 "기독교인"인 것이다.

많은 미전도 종족들은 기독교가 서구를 대표한다고 믿으며, 기독교는 낙태와 높은 범죄율과 마약의 종교이다. 그래서 선교지에서 그리스도를 따르는 진실한 제자는 출발점에서 출발하지 못한다. 우리는 세보에서 네보 후퇴한 불리한 조건에서 출발한다.

6. 기후

내 친구는 아프리카를 기후와 온도 별로 지도를 만들었다. 그 위에 그는 선교사들의 위치와 숫자를 표시했다. 온도가 증가하면 증가할 수록 선교사들의 수가 줄어들었다. 또 그는 특별히 그 위에 이슬람을 신봉하는 미전도 종족을 표시했다. 신봉하는 온도가 증가할 수록, 복음이 들어가지 않은 미전도 종족의 비율이 높았다.

미전도지역은 세계에서 기후적으로 매우 좋지 않은 곳들이 많다. 이슬람은 이런 환경에 맞추어졌다. 미전도 종족을 접촉하는 일은 익숙한 환경에서의 계속된 탈출을 의미한다. 이슬람 선교는 우선 이런 곳에 집중한다. 기독교 선교사들은 이런 곳을 기피한다.

7. 비용이 든다!

지난 몇 해는 소말리아 국가의 폐해만 보였다. UN의 평화유지군의 등장과 함께 외국인들의 생활비가 치솟았다. 기본 집 렌트비는 한 달에 4천 불 넘어갔다. 자동차 렌트비는 이륜 구동은 하루에 30불이며 사륜 구동은 하루에 40불이다. 아프리카의 뿔에 있는 미전도 종족을 섬기고 있는 교회기반 단체들은 그들이 사역하기 원하는 종족 환경에서 섬길 재정적 여유가 없다.

우리는 더 검소하게 살아야 하는가? 그건 맞다. 그러나 많은 경우 미전도 종족을 접촉하는 유일한 방법이 프로젝트나 생필품을 마련해주는 길 밖에 없을 때가 있다. 국가들이 그들의 민족을 돕기 위해 복음을 활용해야 하는가? 그렇다! 그러나 교회가 흩어져 있거나 거의 없는 상황에서는, 외국인 선교사에게 얼마 동안 기대는 수밖에 없다. 복음전도자들이 성육신적인 선교를 섬기기 위해 국경을 넘어야 할 필요가 있는 곳에 재정적인 지원이 필수이다. Business as Mission과 같은 자비량,전문인 선교가 계속 강조되어야 한다. 그러나 어떤 곳에서는 선교 자체가 불가능한 곳도 있다.

8. 높은 스태프 유지비용

"최전방"에서 살고 있는 것 자체가 선교사들을 크게 지치게 한다. 많은 경우 기독교 공동체에서 떨어져서 혹독한 기후 환경과 극심한 영적 전쟁을 치른다. 많은 선교기관들은 부르심을 받은 자들을 연결하고 준비시키며 선교지로 보내는 것을 잘 감당한다.

그리고 그들을 잊어버린다.

지속적으로 나는 미전도 종족과 함께 사는 하나님의 사람들이 6개월에서 1년 정도 버티는 경우를 계속 보았다. 고립과 핍박, 위험, 부족한 목회자 지원 시스템이 그들에게 스트레스를 주며 쉽게 탈진하게 한다. 미전도 종족을 접촉하는 일은 지속적인 관심과 돌봄이 필요한 일이다. 특별한 위기가 닥칠 때만 도와주거나 도움을 소개하는 정도로는 불충분하다.

우리는 우리 사람들을 돌보아야 한다.

결론적으로, 미전도종족이 아직도 미전도종족인 이유는 많다. 내 막내아들이 유아였을 때, 아이의 형들은 짓궂은 형제들이 그렇듯이 그를 괴롭혔다. 형들이 막내에게 사과를 했을 때, 막내는 이렇게 말하는 법을 배웠다.
"미안하다는 말로는 충분하지 않아!"

미전도 종족을 접촉할 때는 가는 것 만으로는 충분하지 않다. 전세계로
가는 것은 하나님께서 순종하는 자들에게 문을 열어 주시므로 그리 어려
운 일이 아니다. 하지만 잃어버린 종족들과 함께 머물며 역동적인 사역과
그들을 접근하는 일은 여러장애들을 넘어야 할 놀라운 도전인 셈이다.

K. Perkins

26 September 1998 ⓒ백바울